ディープテック・スタートアップの知財・契約戦略

弁護士
柿沼太一───編著

弁理士
**大瀬佳之・奥村光平・加島広基・北原悠樹・
澤井 周・竹本如洋・南野研人・森田 裕**───著

DEEPTECH STARTUP

中央経済社

はじめに

ディープテック・スタートアップ（以下，本書では「DTSU」という）には，明確な定義はありません。本書では「技術の確立や事業化・社会実装までに長期の研究開発と大規模な資金を要し，リスクは高いものの国や世界全体で対処すべき経済社会課題の解決にも資すると考えられる革新的な技術の研究開発に取り組んでいるスタートアップ」[1]と定義します。

このようなDTSUは，根本的かつ巨大な社会課題（持続可能な社会／環境の実現，社会のDXの実展，ウェルビーイングの促進などのビッグアジェンダ[2]）を解決するための重要な担い手として近時大きな注目を浴び，公的な支援なども拡大されています。

一方で，同じスタートアップでも，WEB系，IT系スタートアップと異なるDTSUの特色として，①研究開発やその事業化・社会実装までに長期間を要する，②成長に多額の資金を要する，③多様な技術・多岐にわたる学問領域の知見を組合せ，各種ステークホルダーとのエコシステムの中で事業に取り組むことが多い，という特徴があります。

そのようなDTSUが成長し，研究開発活動をビッグアジェンダの解決に結びつけるための必須の要素はいくつかあります。

たとえば，公的な支援の充実やエコシステムの拡大・整備は非常に重要な要素となりますが，それらが揃ったとしても，DTSU自身が強くなければ意味はありません。

そこで，本書では，DTSU自身が強くなるための「知財戦略」と「契約戦略」に焦点を当てました。

DTSUの知財戦略・契約戦略に豊富な知識と経験を持つ専門家（弁護士・弁理士）を執筆陣として，知財戦略・契約戦略に関する基本的な考え方から，実践的なテクニックに至るまで詳細に記述しています。

実践的なテクニックは本書を読んですぐに現場で使えますし，基本的な考え方については，自社独自の知財戦略・契約戦略を立案する際に必ず役に立つものと

1　NEDO『「ディープテック・スタートアップ支援基金／ディープテック・スタートアップ支援事業」に係る公募について』（https://www.nedo.go.jp/koubo/CA2_100404.html）

2　研究開発に係る無形資産価値の可視化研究会研究開発型スタートアップの無形資産価値の可視化に係る課題検討ワーキンググループ『ディープテックスタートアップの評価・連携の手引き―事業会社とディープテックスタートアップの連携に向け―』https://www.meti.go.jp/press/2023/06/20230602006/20230602006-1.pdf

なるでしょう。

　本書の特徴として以下の点が挙げられます。

- ・　知財戦略と契約戦略のどちらか一方ではなく，両者を相互に補完する車の両輪のような存在として捉えている
- ・　知財戦略については，特許権を中心とした「技術」の保護を中心としつつ，商標権・意匠権を中心とした「ブランド・デザイン」の保護についても十分な紙幅をとって解説している
- ・　特に「技術」の保護については，権利化戦略のキモ，技術領域ごと（医薬・バイオ，AI，ソフトウェア，新素材，ハードウェア）の詳細な権利化戦略，大学関連発明の特徴と対応方法，特許取得費用のリアルな一面など，多岐にわたって深く解説している。
- ・　契約戦略については，DTSU特有の契約戦略について総論的に解説したうえで，特許庁が公開しているモデル契約に即して，すぐに契約交渉で使えるノウハウを紹介している。

　DTSUの当事者の方々，起業家，大学の教職員や企業の研究者，学生，DTSUの支援者（地方公共団体，大学，VC，コンサル等）のみなさまに，本書をご活用いただけると心より嬉しく思います。

2024年7月

著者を代表して　柿　沼　太　一

目　　　次

第2部 **契約戦略**

Column

凡　例

OIモデル契約書	オープンイノベーション促進のためのモデル契約書
東京大学MTAモデル契約	東京大学産学協創推進本部「成果有体物提供契約書」
大学知財GGL	大学知財ガバナンスガイドライン

〔判例関係〕

最（第一小）判	最高裁判所（第一小法廷）判決
知財高判	知的財産高等裁判所判決
民集	最高裁判所民事判例集
判時	判例時報

序 章
知財戦略と契約戦略の関係

　「知財戦略」「契約戦略」いずれも多義的な意味を持ちますが，本書では，「知財戦略」を**「事業化を見据えた強い知的財産権を取得・保有するための戦略」**と定義し，「契約戦略」を**「合理的な条件で他者とアライアンスを組むための戦略」**と定義します。

　ディープテック・スタートアップ（DTSU）のビジネス構造は大きく**「研究開発フェーズ」**と**「事業展開フェーズ」**に分かれます。

図表序-1　DTSUビジネスの構造

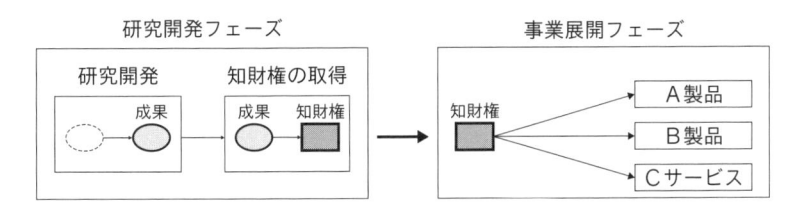

　「研究開発フェーズ」においては，基礎・応用研究開発を行い，その結果得られた研究成果（知的財産）について，知的財産権（特許権・著作権等）を取得します。

　そして，その後の「事業展開フェーズ」においては研究開発フェーズで得られた知的財産権を利用して独占性・排他性を確保しながら製品販売やサービス提供を行っていきます。

　なお，「研究開発フェーズ＝売上が生じないフェーズ」「事業展開フェーズ＝売上が生じるフェーズ」ということではありません。研究開発フェーズにおいても

1

共同研究や受託研究を行うことでDTSUは売上を得ることができますし，特に，創薬分野・バイオ分野では，DTSUと企業との間の共同研究において一定の成果が生じた際にDTSUが大きなマイルストーン報酬を支払ってもらう契約も多く，DTSUにとって重要な収入源となっています。

このようなビジネスを行うDTSUの事業戦略におけるポイントは「事業化を見据えた強い知的財産権を取得・保有するための戦略（知財戦略）」と「合理的な条件で他者とアライアンスを組むための戦略（契約戦略）」の2つです。

1 事業化を見据えた強い知的財産権を取得・保有するための戦略（知財戦略）

DTSUのビジネスが知的財産権をベースにしている以上，知財戦略が重要であることは強調してもしすぎることはないほど重要です。

当然のことではありますが，特許を中心とする知的財産権は取得すればよいというものではなく，「強い」知的財産権を取得しなければ意味がありません。

特に，資金力に乏しいDTSUにとっては，大企業のように多数の特許を取得する資金的余裕はなく，数は少なくとも「強い」知的財産権を取得する必要が高いといえます。

では「強い」知的財産権とはどのようなものでしょうか。

技術的に高度な内容や，新規性が極めて高い内容の知的財産権が「強い」のでしょうか。

実はそうではありません。

どのような内容の知的財産権を取得する必要があるのかを検討する際には「そもそも自社のビジネス戦略は何なのか」「そのビジネス戦略の実現のためにどのような内容の知的財産権を取得するべきなのか」という知財戦略を立案する必要があります。

そこで本書では，この「事業化を見据えた強い知的財産権を取得・保有するための戦略」を「知財戦略」と定義し，第1部で検討します。そこでは，まず「知財戦略の基本」に遡って基本的な考え方を示し，その後「技術を保護するための知財戦略」と「ブランド・デザインを保護するための知財戦略」について詳細に説明をしています。

特に「技術を保護するための知財戦略」においては，DTSUが取り組む各技術領域（医薬・バイオ，AI，ソフトウェア，新素材，ハードウェア）ごとに豊富な知

識・経験を持つ弁理士が，まさに「強い」知財を取得するための「キモ」について，そのノウハウを惜しげも無く披露します。さらにDTSUは大学の技術を活用することも多いため「大学関連発明について」という独立の項目を設けて詳細に解説しています。

2　合理的な条件での他者とアライアンスを組むための戦略（契約戦略）

次に，リソースに限りがあるDTSUにとって，研究開発や事業展開を全て単独で行うことは現実的には不可能ですし，かつ単独では研究も事業も十分にスケールしません。そのため，DTSUにとっては，研究開発フェーズ，事業展開フェーズいずれのフェーズでも第三者とのアライアンスが必要不可欠となります。

第三者とのアライアンスの条件はすべて「契約」によって決まるため，DTSUは，契約条件をタフに交渉し，自社にとって有利な契約を締結する必要が極めて高いということになります。

本書ではこの「**2　合理的な条件での他者とのアライアンスを組むための戦略**」を「契約戦略」と定義付け，第2部で詳細に検討します。経産省・特許庁が作成・公表しているモデル契約など[1]の条項例を紹介しつつ，実務的に特に交渉ポイントとなる部分について深掘りして解説します。

単に個別の契約条項の解説にとどまらず，各フェーズ（情報交換フェーズ，技術検証フェーズ，共同研究開発フェーズ，ライセンスフェーズ）においてDTSUが有利な契約交渉をするための実践的なノウハウを豊富に盛り込みました。

なお，モデル契約は詳細な条項ごとの解説が付されたものも公開されているため，本書で解説がされていない部分については，そちらを参照してください。

 Column　DTSUに対する投資家の目

みずほ情報総研による報告書[2]によると，VCがスタートアップに対する投資判断の際の必須条件として設定することがある項目として，「大学等に帰属され

1　特許庁「オープンイノベーションポータルサイト」『OIモデル契約書』
　https://www.jpo.go.jp/support/general/open-innovation-portal/index.html
2　みずほ情報総研『ベンチャー企業が適切に評価されるための知財支援の在り方に関する調査研究報告書（平成30年度 特許庁産業財産権制度問題調査研究報告書）』（2019年3月）
　https://www.jpo.go.jp/resources/report/sonota/document/zaisanken-seidomondai/2018_04_zentai.pdf

ている権利について譲渡，もしくは専用実施権を受けているか」が約6割と最も高いものでした（同報告書p.22）。

　他にも，「ビジネスモデルの範囲をカバーする権利を取得できているか」「他者の参入排除できる権利を取得できているか」「コア技術に関する権利の無効化リスクがないか」「大学等とのライセンス契約条件が適切か」「他社に権利侵害された場合に権利を行使できるか」等の項目について，約4 ～ 5割のVCが重視しています。

図表序-2　投資判断の必須条件

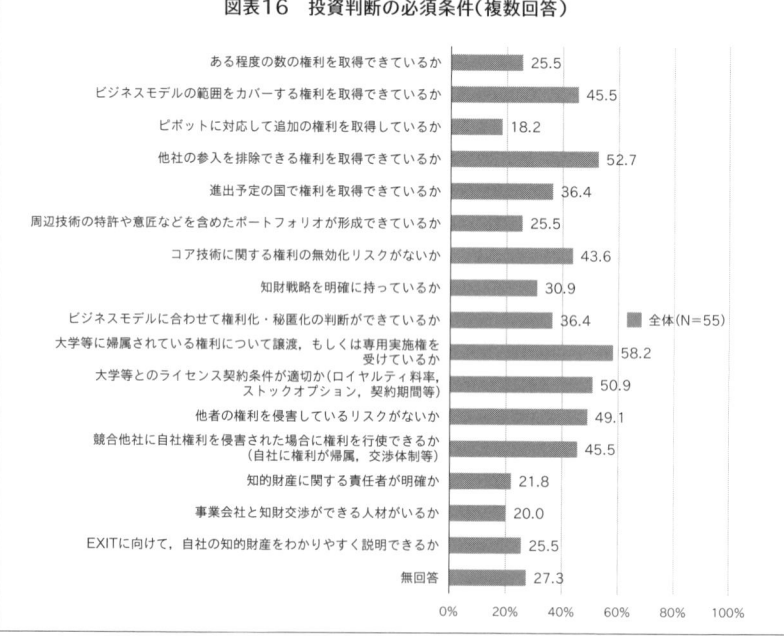

（iii）　知的財産の評価・支援

〈投資判断の必須条件として設定することがある項目〉
大学等に帰属されている権利について譲渡，もしくは専用実施権を受けているかが58.2%と最も多かった。次いで，52.7%の企業が他社の参入を排除できる権利を取得できているかを挙げた。

図表16　投資判断の必須条件（複数回答）

項目	全体（N=55）
ある程度の数の権利を取得できているか	25.5
ビジネスモデルの範囲をカバーする権利を取得できているか	45.5
ピボットに対応して追加の権利を取得しているか	18.2
他社の参入を排除できる権利を取得できているか	52.7
進出予定の国で権利を取得できているか	36.4
周辺技術の特許や意匠などを含めたポートフォリオが形成できているか	25.5
コア技術に関する権利の無効化リスクがないか	43.6
知財戦略を明確に持っているか	30.9
ビジネスモデルに合わせて権利化・秘匿化の判断ができているか	36.4
大学等に帰属されている権利について譲渡，もしくは専用実施権を受けているか	58.2
大学等とのライセンス契約条件が適切か（ロイヤルティ料率，ストックオプション，契約期間等）	50.9
他者の権利を侵害しているリスクがないか	49.1
競合他社に自社権利を侵害された場合に権利を行使できるか（自社に権利が帰属，交渉体制等）	45.5
知的財産に関する責任者が明確か	21.8
事業会社と知財交渉ができる人材がいるか	20.0
EXITに向けて，自社の知的財産をわかりやすく説明できるか	25.5
無回答	27.3

出所：みずほ情報総研（2019）『ベンチャー企業が適切に評価されるための知財支援の在り方に関する調査研究報告書』

　いずれのポイントも，「①　事業化を見据えた強い知的財産権の取得・保有」と「②　合理的な条件での他者とのアライアンス」に関連していると言えるでしょう。

第 1 章

知財戦略の基本

1 事業をさまざまな知的財産権で多面的に保護する

「知的財産」もしくは「知財」という言葉を良く耳にすると思いますが，実は，これら知財を保護する知的財産権という個別の権利は存在していません。知的財産基本法の2条に「知的財産」および「知的財産権」の定義が規定されています。

知的財産基本法

第2条 この法律で「知的財産」とは，発明，考案，植物の新品種，意匠，著作物その他の人間の創造的活動により生み出されるもの（発見又は解明がされた自然の法則又は現象であって，産業上の利用可能性があるものを含む。），商標，商号その他事業活動に用いられる商品又は役務を表示するもの及び営業秘密その他の事業活動に有用な技術上又は営業上の情報をいう。

2 この法律で「知的財産権」とは，特許権，実用新案権，育成者権，意匠権，著作権，商標権その他の知的財産に関して法令により定められた権利又は法律上保護される利益に係る権利をいう。

つまり，ここで規定される「知的財産権」とは，人間の創作活動により生み出されるさまざまな権利についての包括的な用語であり，特許権，実用新案権，意匠権，商標権，著作権等の別の法令で定められた権利をまとめた呼び方になります。

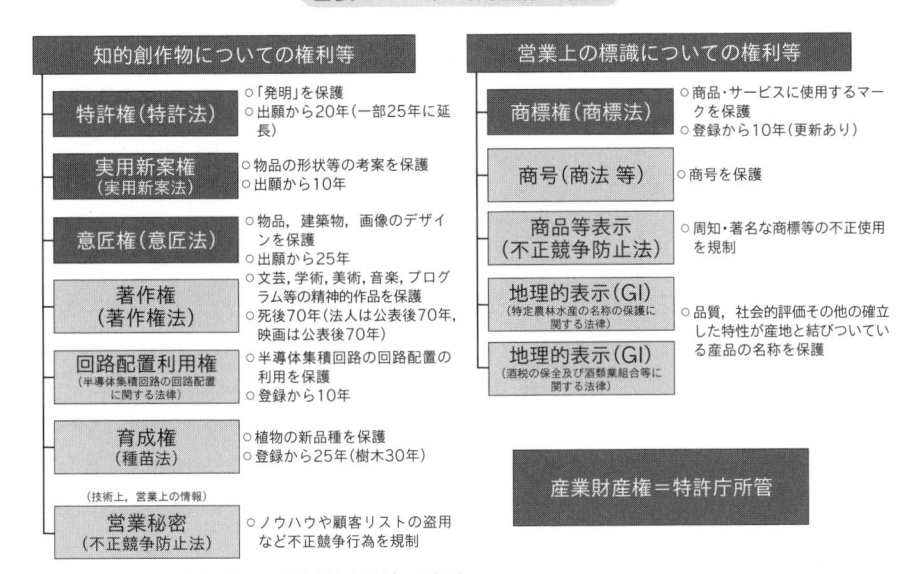

図表1-1　知的財産権の種類

出所：特許庁「2023年度『知的財産権制度入門』」10頁より

　スタートアップが事業を行うに際し，日々知的創作活動を行って新しい商品やサービスを生み出していきますが，このような商品やサービスをさまざまな知的財産権で包括的に保護することにより，自社の事業を守り，競合他社に負けない攻めの経営を行えるようになるのです。

　図表1-2は，ハーレーダビッドソンというオートバイを製造・販売する企業が，商品であるオートバイをさまざまな知的財産権で保護している例です。中心の画像は今から約100年前の1928年に登録された，オートバイのキックペダルに関する技術を守る特許権です。左上は，1911年に登録されたハーレーダビッドソンのブランドを示すロゴを守る商標権です。右下は1919年に登録されたハーレーダビッドソンのオートバイのデザインを守る意匠権です。右上は，最近販売されているオートバイの写真が著作権で保護されているものです。

　この例でわかるように，1つの商品に関する技術・デザイン・ブランドなどをさまざまな角度から知的財産権により保護することが可能です。

　スタートアップ企業は，今までにない革新的な商品やサービスを生み出すことで成長を続けますが，このような革新的な商品やサービスというものは，模倣されやすいものです。模倣されてしまうと，開発コストを抑えて商品やサービスを投入されてしまい，後続の企業に容易に追いつかれてしまいます。自社の研究・

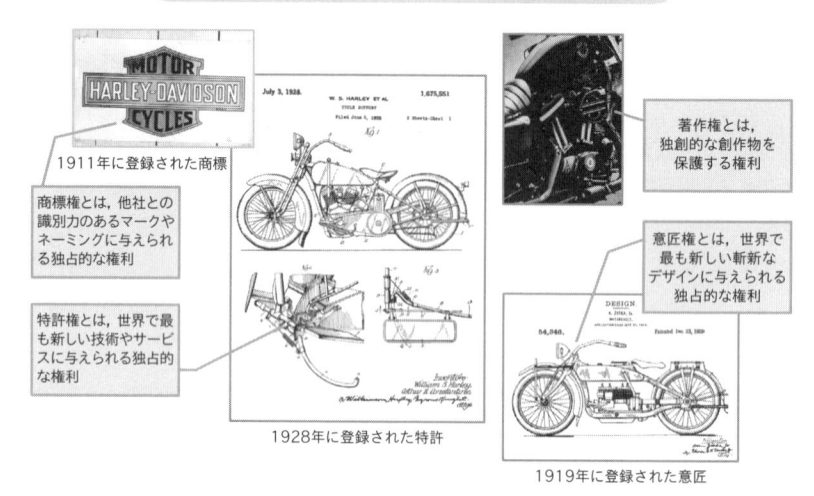

図表1-2 特許権・意匠権・商標権・著作権の例
（米国特許商標庁・ハーレーダビッドソン）

1911年に登録された商標

商標権とは，他社との識別力のあるマークやネーミングに与えられる独占的な権利

特許権とは，世界で最も新しい技術やサービスに与えられる独占的な権利

著作権とは，独創的な創作物を保護する権利

意匠権とは，世界で最も新しい斬新なデザインに与えられる独占的な権利

1928年に登録された特許

1919年に登録された意匠

出所：米国特許商標庁，Harley-Davidson Museum（https://www.harley-davidson.com/us/en/museum/）

開発投資の成果である商品やサービスを適切に知財で保護することで，後続企業を牽制し，競争優位性を保った状態で事業を継続することが可能になります。

2 ビジネス戦略と知的財産戦略

2-1 知的財産権を取得する意義はビジネスにおける競争優位性の確保である

　知的財産権を取得する意義は，究極的にはビジネスにおける競争優位性の確保です。一般的に，ビジネスにおける競争優位性の確保に繋がらない知的財産権の意義は小さく，競争優位性の確保に繋がる知的財産権の意義が大きいのは当然です。このことは，説明するまでもなく直観的に理解できるでしょう。

　知的財産権の取得によりどのような状況を達成できるかによって，その知的財産権の意義は大きく変動します。両者の関係は，一般的には**図表1-3**のように整理されるでしょう。

図表1-3　知的財産権の意義

知的財産権取得により達成できる状況	知的財産権の意義の大きさ
①　市場全体の独占	大きい
②　競合が市場に参入できるが競合が不利な条件を強いられる	中程度
③　競合が特段の不利なく市場に参入できる	小さい

　図表1-3の①は，知的財産権取得による競争優位性の確保に繋がる場合のうち，もっとも顕著なものです。具体的には，知的財産権を取得することにより，市場全体の独占が達成され，競合他社がその市場に参入することができない場合です。この場合には，市場を独占することができるという意味で，競合に対する大きな競争優位性確保に繋がっていると評価できます。

　次に，図表1-3の②も，競争優位性の確保に繋がるケースです。一例としては，特許保護されている技術を利用できないために，競合が劣った技術を採用せざるを得ないケースや，ライセンス契約等により競合に対して金銭的な代償を支払わせるケースが挙げられます。競合他社は市場には参入できるものの，不利な条件での競争を強いられることから，自社の競争優位性の確保に繋がっています。

　図表1-3の③は，知的財産権取得の意義が小さい例です。知的財産権があっても，競合が特段の不利なく市場に参入できるのであれば，その知的財産は大きな意義を有すると評価することが難しいことは理解できるでしょう。

　しかしながら，図表1-3の③のケースでも，知的財産権を取得する意味が全くないわけではありません。自社技術等が狭くても保護することにより，完全なコピーによる即席の参入を阻止することには一定の意義があると考えられるからです。完全なコピーをさせないことにより，後発メーカーに自社開発のリスクと費用負担を強いることができると考えられます。

　上記で整理したように，競合他社に対する競争優位性を確保する力によって，基本的には知的財産権の意義や価値が定まるため，知的財産権を取得する際には，単に取得するのではなく，競合他社に対してビジネス上の競争優位性を発揮するように設計してから取得する必要があります。

　ともすれば知的財産権を取得すること自体が目的となりがちですので，この点は当たり前のように聞こえますが，非常に重要な視点です。

2-2 知財戦略検討に際しては事前のビジネス戦略策定が重要

　このように，知的財産権を取得する意義は，究極的にはビジネスにおける競争優位性の確保にあることからすると，知的財産権を取得するに際しては，技術の保護にのみ視野を固定してはならないということになります。技術を保護しても必ずしも市場全体の独占性には繋がらないし，むしろ，図表1-3の③（競合が特段の不利なく市場に参入できる）となることが避けられないためです。

　ビジネスにおける競争優位性を確保することが目的であることを考慮すると，知財戦略の検討に際しては，事前にビジネス戦略を具体化し，そのビジネス戦略における適切な知財保護の形を逆算的に検討することもまた重要です。もっとも，具体的なビジネスを想定できない場合や，想定通りに進まない場合を考慮して技術そのものを保護する策も同時に講じる必要があります。

　技術保護の視点のみで知財保護を求める場合には，そのとき生じた発明に振り回される羽目になるでしょう。当然のことですが，技術は，知財保護の観点で望ましい順序で創出されるものではありません。したがって，技術が創出される度に出願をするという枠組みしか有しない状態では，知財保護が運任せのものとなることに留意が必要です。

　この運任せの要素を低減するとともに，ビジネス上の競争優位性確保を目指すためには，ビジネス戦略を事前に策定し，そこから逆算的に検討することにより，どのポイントでどのような知財を確保するかを検討することが有益となります。

2-3 事業領域ごとのビジネス戦略の精緻化

　DTSUでは，開発している技術（基盤技術）が1つのアプリケーション（製品やサービス）に閉じていることは少なく，さまざまなアプリケーションに開けており，広く世界を変える可能性に期待して開発を推進しているケースは少なくありません。しかし，上述のように，知的財産権を取得する意義は，具体的な市場における競争優位性ですから，具体的な市場を検討しないことには知財戦略に関して精緻な議論はできず，結果として，競争優位性も担保されないことになりかねません。

　事業領域が複数にわたる場合，その事業領域それぞれについて技術水準が異なっていたり，想定競合企業が異なっていたり，自社技術の優位性が異なっていたりするものです。したがって，事業領域ごとに知財戦略を具体的に検討することが必要となり，その前提として事業領域ごとのビジネス戦略の事前の検討もまた

必要になります。

2-4 知的財産権は，収益性の高い市場（ビジネス）に向けて取得すると有利である

　市場において競合に対する競争優位性を確保することが知的財産権取得の重要な意義になることは上記においてすでに述べたとおりです。そうすると，そもそも知的財産権取得を目指すべき「市場」をどのように決定・設定すればよいかといった点が問題となり得ます。

　これは，ビジネス上重要な市場と考えればよいでしょう。

　ビジネス上重要な市場とは，簡単にいうと，収益性が高い市場です。開発技術の応用可能性が多岐にわたる場合，収益の小さな市場ばかりを保護しても有意義ではなく，仮に収益性の高い市場の保護が不十分であれば，競合他社に対する競争優位性は当然に低下すると考えられるからです。逆に，収益性が高い市場を中心に保護が結実すれば，収益性の低い市場の保護が不十分でも，競合他社に対する競争優位性は大きくは損なわれないでしょう。

　したがって，検討は，収益性の高い市場を中心に行うべきです。収益性の高い市場を独占できる知的財産権なのかは，開発している技術に大きく依存するため，開発技術ごとに個別具体的に検討する必要があります。

　この観点で，収益性の高い市場とは，製品の販売なのか，サービスの提供なのかを考えることが重要です[1]。製品販売が大きな市場を形成するのか，サービス提供が大きな市場を形成するのかは，ビジネスごとに変わり得るものであるからです。仮に製品開発を行っているスタートアップの場合に，製品そのものの価値は大きくなくとも，その製品を活用したときに大きな価値をもたらすものも多いでしょう。たとえば，製品自体は世界に数台で足り，その製品を世界中で繰り返し活用してもらうことにより大きな収益を得るタイプのビジネスです。製品の市場よりもサービスの市場のほうが大きくなり得るならば，サービスを保護することの意義がより大きくなることは明らかです。

　次いで，サプライチェーン[2]を考えることも重要です。製品開発およびその

1　20世紀は大量生産した製品を大量に販売することにより収益を上げることが自動車メーカーや電機メーカーを中心に盛んに行われました。収益性の高い市場は，製品の販売であったために，知的財産権も製品にフォーカスする実務が確立し，その実務は確固たるものになっています。反面，ルーチンで製品を検討して保護をするという流れの中で，サービス提供の保護を意識しなければ，その保護が疎かになる場合があります。

2　サプライチェーンとは，製品やサービスが顧客に届くまでの事業活動の連続的な連結をいいます。原料の購入，製品の製造，物流，販売・マーケティング，およびサービス提供などの連続的な連結があり得，この中でどこを権利化すると競合他社に対して影響力を持つかを考えることは重要です。

製品を用いたサービス提供までの流れを具体化し，それぞれに市場が存在すると仮定した場合の市場規模を検討し，そのうえでいずれの市場を保護することが効果的なのかを検討するのです。

2-5　開発難易度を考慮する

ディープテック分野では，開発目標ごとにその開発難易度が大きく変わる場合があります。特に，製品やサービスの安全性担保が必要な分野で顕著です。これ以下に限定されるものではありませんが，たとえば，自動運転，医薬，食品，AIなどでは安全性の担保が必要となり，そのため，開発目標によっては開発ハードルが高い場合があります。

技術的な参入障壁を突破するだけではなく，障壁を突破した技術をいかに早期に手中に収めるかが，その後の事業の競争優位性に直結します。続いて開発する後発の参入者は，参入障壁を突破した技術（または類似技術）を利用することにより，開発リスクを低減して（その参入障壁の低い領域および，当該技術を転用可能な参入障壁の高い領域に）早期に参入しようとすると考えられるためです。

技術を先行開発した企業が，技術的な参入障壁を突破した技術に関する特許を取得することはとても重要です。

技術的な参入障壁を突破した技術に関する特許を取得していれば，他社に開発技術の利用を認める場合には，ライセンス料を取得することができるうえに，他社に開発技術の利用を認めない場合には，他社は改めてその高いハードルを越える技術を入手しなければならず，影響力を持つことができるからです。

このように，開発難易度の高い分野では，使える技術が限られるために，新しく使えるようになった技術（特に高い技術的障壁を突破した技術）に関する知財の取得は有効であると言えます。医薬では，米国医薬食品庁（FDA）による承認を得た技術は非常に高額でライセンスがなされていることからも，高い技術的障壁を突破した技術の価値を窺い知ることができます。

2-6　特許制度を活用した発明保護のポイント

開発技術を広く特許で保護するための一般的な手法を説明しましょう。

発明が達成するべきハードルの高さと，取得できる特許の広さは，一般的に**図表1-4**に示される関係性を有することが知られています。

技術者目線では不可解かもしれません。

これは，達成すべきハードルが高い発明は優れているため，そのことを評価して，広く発明を権利化することが認められるべきであると通常は考えるためです。

図表1-4　発明が達成するべきハードルの高さと取得できる特許の広さとの関係

達成すべきハードルが高い発明

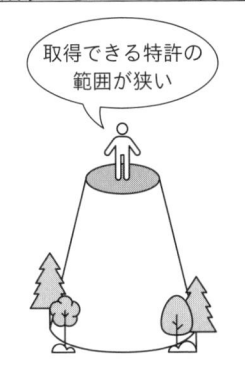

取得できる特許の範囲が狭い

達成すべきハードルが低い発明

取得できる特許の範囲が広い

しかし，特許制度は，そのようには設計されていません。**むしろ，その制度設計上は，達成すべきハードルが高い発明は狭くしか権利化できないという不都合を抱えており，特許制度上，広く保護が可能な発明は，達成すべきハードルが低い発明です。**

　これは特許制度の本質に由来する法則です。

(1) 特許要件

　まず，特許制度では，いくつもの特許要件（例：進歩性，サポート要件等）が存在し，すべての特許要件を満たす発明しか権利化することが許されていません。逆にいうと，達成すべきハードルが高い優れた発明を創出し，ある特定の特許要件を圧倒的な充足性により越えても，越えた分についてプラスの評価が得られたり，他の特許要件の不足を補ったりする仕組みにはなっていないのです。

　特許要件の中で，技術者が特に理解しておく必要があるものが進歩性とサポート要件です。進歩性は，公知技術からの容易想到性（容易に思いつくか）に関するもの，サポート要件は，いわゆる発明の完成性に関するものです[3]。出願人が設定した「達成すべきハードル」を越えると理解できる発明以外はサポート要件を充足しないと判断されて拒絶される点に留意が必要です。

3　専門的には，サポート要件は，発明が完成していることが理解できるように明細書が記載されているかどうかで判断されるため，法律上は，記載要件として整理されています。しかし，明細書の記載方式の問題は，知財専門家の領域であるため，技術者は，発明の完成性に意識を向けていればよいでしょう。

(2) 「達成すべきハードル」の高さと権利の広さの関係

発明は，一般的に，何らかの技術的課題を解決する技術手段です。

出願人が設定した「達成するべきハードル」が高い発明は，当該ハードルを越えることができれば進歩性を得やすくなることは直観的に理解できると思われますが，ハードルの高さゆえに，それを越えるためには発明の厳選が必要となり，権利化できる発明の範囲が狭くなる傾向があります。

これに対して，出願人が設定した「達成するべきハードル」の低い発明は，厳選が不要であり，権利化できる発明の範囲が広くなりやすいと言えます。そして，進歩性の観点では達成すべきハードルの低い発明であっても，先行技術に対する動機付けも示唆もない発明であれば，進歩性を有することとなる点に留意が必要です。**進歩性は，一般的な意味で容易に思いつきそうかどうかではなく，その技術分野で通常なされているかどうか，および文献的に動機付けられているか，示唆がなされているかに大きく依存するのです。**

そのため，発明はその抽出段階から図表1-4を踏まえる必要があります。

言い換えると，発明の抽出方法自体が，技術中心の考え方でよいわけではなく，先ほど説明したような特許制度の特性に合わせた発明の抽出を行う必要があるのです。

たとえば，発明者が「発明が完成した」と考える前に，実は特許法上の発明はすでに完成している可能性もあります。あるいは，発明者が完成したと考える発明では「ないもの」を発明として抽出しなければ，特許で有効な保護を図ることができない場合も実は非常に多いのです。

そのため，発明が完成するまで待ってから知財専門家に相談するのでは遅い可能性があり，発明の抽出段階から，特許での保護のさまざまな可能性を考えてくれる専門家との共同が必要になることはいうまでもありません。

そのうえで，すでに説明したとおり，抽出した発明とビジネス戦略との関係を考慮する必要もあります。

知財専門家と共同で仮抽出した発明がいかなる保護価値があるかを検討し，ビジネス戦略や特許制度の観点で不十分なら別の発明を抽出することが必要であり，**単に今たまたま認識できている発明を権利化すればよいというものではないのです。**

2-7　技術開発段階に応じた知財戦略

便宜上，技術開発段階をコア技術（基盤技術または要素技術）の開発段階と，コア技術に基づく製品・サービスの開発段階（まとめて「製品化段階」という）とに

分けて論じます。

　多くの場合，コア技術の開発段階では，特に新しい動作原理の技術について，広い応用可能性を備えたコア技術をまずは構築しようと試みます。一般に，いったんコア技術が構築されれば，その後は製品化段階に移れますが，一定の水準に達したコア技術でないと，製品化段階で躓くリスクが生じると考えられているためでしょう。

　いずれにしても，優れたコア技術を開発するのが，DTSUの1つの重要な目的となることは説明するまでもないでしょう。そして，コア技術の開発段階では，新しい動作原理の技術について広く応用範囲を保護する特許を取得する必要があります。この際，上述のように，達成するべきハードルが低い発明ほど，広く権利化する余地が大きいことを十分に認識する必要があります

　したがって，**特許戦略上の発明の抽出は，技術開発とは意識を変えて行う必要がある**と言えるでしょう。すなわち，技術開発は，優れた技術を生み出そうという目的の下で行われる活動であるのに対し，特許戦略上は，達成するべきハードルが低い発明ほど，広く権利化する余地が大きいという意味で，目指すものが180度異なるのです。この点には十分な留意が必要です。

　さらに次の製品化段階に話を進めます。

　コア技術の確立までは，特許による広い権利の確保が重要になるため，技術の高性能化よりも，特許によりいかに広い権利を確保できるかという観点（すなわち，効果は低くてもよいという観点）で技術構築を目指すのが好ましいと考えられます。必ずしも高いハードルを要求しない発明のほうが広く特許で保護できるからです[4]。

　しかしながら，コア技術が確立し，製品化段階の開発に移行すると，開発の方向性はその技術を高レベルなものへと昇華させることを目指すこととなり，通常は，特許制度との相性が悪化します。すなわち，高いレベルの技術（通常は，達成すべきハードルが高い発明）の開発に方向性がシフトする中で，特許制度上は，狭くしか権利化できない方向へと少しずつ舵が切られることとなるのです。

　この流れは開発においてほとんど普遍的・必然的に生じるものであり，まずは，**現在の開発ステージがコア技術の確立段階なのか，その後の製品化段階の開発なのかを客観的に把握する必要がある**と言えます。そして，製品化段階の開発に取り組んでいる場合，特許戦略の変更が必要であることが多いのです。

4　上記を理解してくると，特許取得が楽しくなり，広い特許をより多く取得することが目的となって，高レベルの技術開発への注力が疎かになり，製品化段階への移行が遅くなるというリスクがある点にも留意が必要となります。

製品・サービスは，コア技術を高めていれば自然に到達するというものではありません。製品・サービスを成立させるためには，コア技術を製品・サービスに適合させる追加的開発がほぼ必須になるでしょう。発明は，そのような追加的開発からも生じ得ます。

したがって，いったん，コア技術の構築に至ったら，（その後の開発により取得できる特許の広さは狭くなるので）それを完璧なものに仕立てあげる前に，先んじて製品・サービスのゴールに向けて，どのような開発要素が必要になるのかを見極める必要があると考えられます。

追加的な開発要素自体が，コア技術固有のものである場合には，コア技術が非公開の間は，そこで生じる発明は，容易に想到し得たとは言い難く，進歩性を有する発明となりやすいと言えます。そのうえで，達成すべきハードルが低い発明を積極的に抽出することで，コア技術の周辺部分において広い特許を取得する余地が生じる点に留意が必要です。

また，まだ実用化されたことのない技術を開発している場合には，実用化上必要な技術を見極め，それに対して特許保護をすることも考えられます。まだ，誰も試みたことがなければ，進歩性を確立することが容易である場合もあるためです。

たとえば，タッチパネルの実用化前の段階を想定しましょう。タッチパネルの開発をしているときに，パネルの感度や時間分解能などの各要素の性能を高める研究が必要であると考えて研究を続けると，時間と共に取得できる特許はどんどん狭くなります。

一方，発明の視点を大きく変えて，タッチパネルの実用化上重要な技術や皆が使いたくなるような技術，たとえば，指のジェスチャー（フリック，スワイプ，ダブルタップ，ピンチイン／アウト，ドラッグ等）を感知して動作するプログラムなどの製品・サービスの提供上必要となる発明を先んじて取得することができれば，そのようなプログラムを有するすべてのタッチパッドに及ぶ権利を得ることができるかもしれません。

このように，タッチパネルにおいて技術的に優れているかどうかとは無関係に，広い特許を確保する余地が多分に残されており，**実用化上必要な技術の見極めと，その開発への取り組みや権利化はとても重要になります。**

特許戦略は，常に競合に対する競争優位性を確保するために，特許制度の特性を生かして，何に着目し，何を権利化すると効果的かを検討することに尽きるのです。

2-8　状況の変化とそれに伴う知財戦略の変更の重要性

　DTSUでは，技術の可能性を予測し，その予測に基づいて事業戦略を立案し，製品・サービス開発を推進します。しかし，時間とともに，自社の戦略も他社の戦略も市場も変わりうるものです。

　自社の戦略の変更の例としては，技術の可能性に関する予測が変更され，これに伴って立案した事業戦略も，その後の製品・サービス開発も変更を迫られる場合が挙げられます。製品・サービス開発がある程度まで進むと，見える世界が変わり，それゆえに当初立案した事業戦略も，その後の製品・サービス開発も変更を必要とする場合もあるでしょう。

　また，競合他社が事業戦略，製品・サービス開発の方向性に変更を加える可能性もあります。この動向のような競合他社の動向の変化も，自社の競争優位性に影響する場合があります。

　さらには，市場全体が時間経過とともに変化します。市場が伸びる方向，市場の移動等の変化は特に稀な現象ではなく，あらゆるスタートアップ企業が経験するものです。

　先に説明したように，知財の目的は，事業における競合に対する競争優位性を確保することです。したがって，上記の状況変化によっても，依然として最適な知財戦略となっていることの検証が不可欠であり，もし，よりさらに最適な知財戦略があるならば知財戦略を最適なものへと変更することが求められることになります。この観点から，市場，事業戦略，競合他者の動向を踏まえて常に知財戦略の修正の要否をモニタリングしておく必要があります。

2-9　知的財産デューディリジェンスという関門

　DTSUは，その発展段階に応じて評価を受けることとなります。DTSUが受ける評価は，財務デューディリジェンス，税務デューディリジェンス，法務デューディリジェンス，事業デューディリジェンスなど多岐に渡ります。一定の規模以上の投資を受ける際には，投資（買収を含む）の妥当性を評価するために，規模に応じた粒度感でのデューディリジェンスがなされます（一部が省略される場合もあります）。

　事業の競争優位性は，DTSUの価値の要部を支えるものです。したがって，知的財産の保有の有無のみならず，事業の競争優位性を付与する知的財産を有しているかが，知財デューディリジェンス（以下「知財DD」という）における評価の対象です。

知財DDは，少額投資の場合にはなされないか，または小規模になされ，投資規模が大きくなるにつれて大規模化し，かつ徹底したものとなることが通常です。最終的にはスタートアップのバリュエーション（価値）が高まったときに，そのスタートアップがより大きな規模の投資を集めるには，大規模かつ徹底した知財DDをクリアすることが求められることになります。知的財産の質は，企業のバリュエーションが高まったときには，そのバリュエーションを支えるものとして一層重要となります。知的財産自体に価値が宿っているのではなく，会社およびその事業に価値が宿ったときにその価値を守るのが知的財産の役割であるためです。当然，会社およびその事業の価値が大きくなればなるほど，その事業において競争優位性を与える観点で，知的財産の価値（および意義）は高まり，その評価は徹底したものとなります。したがって，**知的財産は，常に優先度が高い重要な事業に競争優位性を与えるように構築されなければなりません。**

特許に関しては，特許は発明が公開された後には二度と取得することができない点で，挽回が極めて難しい部類の知的財産です。発明を特許出願すると，出願日から1カ月6カ月後に公衆への公開に付されます。そして，公開により，発明は新規性および進歩性を喪失するので，出願のやり直しが不可能となります。

したがって，特許出願は，DTSUの支援およびその技術分野に精通し，事業開発における出願の最適な配置および位置付けから出願の内容に至るまで，事業価値を最大化するための検討をしてくれる専門家とともになされる必要があり，かつ，相当の予算を予定しておくべきでしょう。

3　ステージごとの知財戦略

3-1　DTSUの各ステージ

スタートアップは創業してから成長と発展の過程でいくつかの異なるステージを経験します。これらのステージは，シード期，アーリー期，ミドル期，およびレイター期の4つに分類されることが一般的です。

シード期は，スタートアップの最初のステージであり，アイデアや概念が形成される段階です。この段階では，創業者はビジネスモデルを構築し，市場調査を行い，プロトタイプ製品の開発に取り組みます。資金調達は，主に創業者自身，家族，友人，エンジェル投資家などから行われます。

アーリー期は，ビジネスがより具体的な形を取り始める段階であり，製品やサ

ービスが市場でテストされ，顧客からのフィードバックが得られるようになります。この段階では，若干の収益を上げ始める場合もありますが，得られる利益はまだ安定していないことが一般的です。資金調達は，エンジェル投資家やスタートアップキャピタルから行われることが多く，市場シェアや事業の拡大を目指すことになります。

　ミドル期は，スタートアップが成熟し，安定した収益を上げるようになる段階です。この時期には，市場での競争力を高め，新たな市場への進出を検討することが一般的です。組織も拡大し，経営陣や従業員の数が増えます。資金調達は，スタートアップキャピタルやプライベートエクイティから行われることが多く，さらなる事業拡大やイノベーションを推進することになります。

　レイター期は，スタートアップがさらなる成長を達成し，市場での地位を確立する段階です。この時期には，利益が安定し，経営効率が向上することが一般的です。レイター期のスタートアップは，事業拡大や新規事業の立ち上げ，競合他社との提携や買収，国際市場への進出など，さらなる成長戦略を追求することになります。レイター期には，スタートアップは事業の安定性や規模が評価され，将来の成長や戦略的価値に基づいて投資判断が行われます。最終的に，スタートアップはIPOを通じて株式市場に上場するまで成長を続けることになります。

　DTSUは，①研究開発の成果の獲得やその事業化・社会実装までに長期間を要することにより不確実性が高い，②多額の資金を要する，③事業化・社会実装に際しては既存のビジネスモデルを適応できないといった特徴がありますが[5]，本節では上述したスタートアップの4つのステージにおいて主にヒト（組織），モノ（自社の知的財産），カネ（資金）の3つの観点から留意しなければならないことを解説します。

3-2　シード期に気をつけるべきこと

　シード期のスタートアップは資金面，人員面でのリソースが非常に少なく，また，経営者が知財以外にも資金調達，製品やサービスの開発，営業等のさまざまなタスクを担うため，知財まで余裕が回らないのが一般的です。しかし，それでも特許や商標等の知的財産について以下の事項は優先的に取り組んだほうが良いでしょう。

　まず，会社名，ロゴ，商品名，サービス名等が決まっている場合は，商品やサービスの内容をプレスリリース等で公開してしまうと，他社に模倣されたり商標

5　経済産業省産業技術環境局『ディープテック・スタートアップ支援事業について』（2023年2月）
https://www.meti.go.jp/shingikai/sankoshin/sangyo_gijutsu/kenkyu_innovation/pdf/026_05_00.pdf

の横取りをされたりするリスクが生じます。このため，シード期の段階から，会社名や商品名，サービス名について商標登録出願を行うことが望ましいです。商標登録出願は，特許出願と比べて費用がかからないため，資金面でも大きな負担にはなりません。特に，会社名については登記を行う前に他社の登録商標がないか，また自社の社名が商標登録できるか否かを調査し，確実に商標権を取得しておくことが望ましいです。

　また，ビジネスのスキーム自体に独自性がある場合は，サービスの実装化の前にアイデア段階でも特許出願を行うことにより，ビジネスモデル自体について将来の他社からの模倣を防止することを目指すべきです。

　一方で，新たなアイデアや技術について，すでに市場を形成している競合他社が特許を取得していないか調べる必要があります。せっかく新たなアイデアや技術について開発を行い商品やサービスを市場に出しても，他社の特許を侵害している場合は，特許紛争に巻き込まれることにより差止請求や損害賠償請求が行われるリスクを抱えることになります。このような特許紛争はスタートアップにとって大きな負担となり，最悪の場合，市場からの退場を余儀なくされる場合があります。

　スタートアップのシード期は，参画メンバーが1～5名と非常に少なく，専業の知財担当者を置くことは困難であるため，大抵の場合CEOまたはCTOが知財担当を兼ねることになります。知財担当の仕事の1つとして外部の特許事務所探しがありますが，自社のカルチャーと相性が良く，かつ腕の良い弁理士を探すことが望ましく，この際に事務所単位ではなく人単位で自社にマッチした良い弁理士を見つけることが大事になります[6]。

　また，社内の知財の管理を行うにあたり，業務委託という形で外部の知財専門家に副業という形でジョインしてもらうケースも増えています。最近はスタートアップの知財担当者のコミュニティも拡大しているため，業務分野が重複しない他社のスタートアップの知財担当者に副業という形で参画してもらう方法もあります。もし社内のメンバーが知財を担当する場合は，必ずしも知財について深い知識は必要ありませんが，知財検定3級程度の知識があれば外部専門家との連携もスムーズに進みます。

3-3　アーリー期に気をつけるべきこと

　アーリー期もシード期に引き続いて資金面，人員面でのリソースが少なく，い

6　24頁以下参照。

かに少ない予算と人員で知財をカバーするかが大事になってきます。事業計画書に関しては，アーリー期ではある程度しっかりとできあがっているでしょう。事業計画書に沿ってビジネスを進めるにあたり，将来的に競合他社の参入をビジネスモデル特許等でどのように防ぐかを検討することが大事になります。

また，DTSUでは，アーリー期に新たに開発された技術やアイデアに対して，特許権や商標権等の知的財産権の取得を目指すことも重要です。シード期の初期段階における技術やサービスについて特許出願や商標登録出願を行うことにより，安心してしまうスタートアップも多いですが，改良，改善された技術やアイデアについて知財での保護がおろそかになると，将来他社に同じ事業分野への参入を許してしまうことになります。引き続き自社の知的財産権の強化に努めましょう。

他の企業や大学，研究機関等とオープンイノベーションによる共同研究，共同開発を行う場合は，秘密保持契約，技術検証（PoC）契約，共同研究契約等の契約書のチェックが重要になります。とりわけ，共同研究の成果の帰属については，契約でしっかりと定めておかないと，後々大きなトラブルとなるので要注意です。特に大企業と共同研究を行う場合は，先方が自社に有利となる契約書の雛形を用意している場合もあるので，そのまま受け入れることなく知財専門家を交えてレビューを行い，自社が不利になる点は修正を要求する必要があります[7]。

また，共同研究，共同開発を行うにあたり，それまでの自社の知財と，共同研究等により得られた知財とを切り分けることが大事ですが，そのようなタスクも外部の知財専門家の手を借りるのが賢明です。このように，アーリー期以降のオープンイノベーションでは知財に関して注意すべき点が増えるので気をつけなければなりません。

スタートアップは，VCや投資家からの資金獲得のため，シード期やアーリー期にピッチ（短いプレゼンテーション）を行う場合が多いです。このようなピッチや投資家との質疑応答において，経営者が未出願の技術等について話してしまうと，公知となり，将来の権利化にあたって障害が生じたり，競合他社に模倣されたりするおそれがあります。ピッチを行う前に，発表内容について知財による保護が担保されているか，事前に確認を行うことが望ましいです。

また，スタートアップは自社の製品やサービスのプレスリリースをアーリー期やミドル期に行うことが多いです。とりわけアーリー期では，新しい製品やサービスが市場に投入されるタイミングで，プレスリリースを通じて製品の認知度を高めるとともに，顧客や投資家に対してビジョンや価値提案を伝えることで，市

7　詳細は第2部参照。

場でのポジショニングを確立することが求められます。このとき，プレスリリースを自社の技術やサービスについて特許出願を行う前に行ってしまうと，将来権利化する際にプレスリリースの内容が先行技術として挙げられる場合がありますので，経営者は広報活動と知財活動を連携させる必要があります。

3-4　ミドル期に気をつけるべきこと

　ミドル期は，シード期やアーリー期に比べて資金面，人員面に余裕がでてくるため，知財に関しても，ヒト，モノ，カネの観点でより多くのリソースを割くことができるようになります。社内の開発者や設計者を知財兼任としたり，すでに他の企業の知財部で働いている経験者を知財専任として採用したりすることにより，兼任または専任の知財担当を置き，社内の知財管理を行わせることが大事になります。またミドル期になると，自社の事業計画に基づいて将来の核となる特許や商標の取得を狙うよう，知財戦略の構築も重要になってきます。

　特許や商標について10件以上の権利をすでに取得している場合は，自社の知的財産権の管理が重要なタスクとなります。複数の新規事業が社内で並行して進行している場合，知財担当がすべての事業内容を理解していないと権利取得に漏れが発生することがあるため，知財担当には社内全体を見渡す広い視野が求められます。

　一方で，自社が取得した知的財産権を経営者が把握していない場合もあるので，知財担当は経営者との連携も密に取ることが必要です。とりわけ，市場で販売する商品やサービスのネーミングについて，商標登録出願に漏れがないかしっかりと確認しておくことが望ましいです。商標登録出願のし忘れによるトラブルはよく発生するので，上場前に余計な問題を極力抱えないようにすることが重要です。

　また，ミドル期には，プレスリリースを通じて新たな取組みや成功事例を発信することで，ブランドの信頼性や認知度をさらに高め，顧客や投資家からの支持を獲得することが重要ですが，兼任または専任の知財担当が置かれている場合に広報部門との連携が上手くいかないと，特許未出願の技術やアイデアが知財担当に確認することなくプレスリリースされてしまう可能性もあるため，知財担当は広報部門との連携も密に行う必要があります。

　ミドル期のスタートアップは上場に向けての準備を開始することになりますが，内部統制システムの整備やIR活動の充実化を図るとともに，知財についても自社の知財ポートフォリオの整理や他社の知的財産権侵害リスクの確認，営業秘密等の内部統制の強化にも努めるべきです。この際に，弁護士や弁理士等の知財に

関する外部専門家と連携し，適切なアドバイスやサポートを受けることが大事になります。

3-5　レイター期に気をつけるべきこと

レイター期のスタートアップは，上場に向けて自社の知財ポートフォリオの整理や他社の知的財産権の侵害リスクの確認，営業秘密等の内部統制の強化等をさらに推し進める必要があります。上場に向けた企業価値評価の際に，社内の知的財産権の適切な評価を行い，投資家に対する情報開示に努めなければなりません。また，知的財産権に関する訴訟リスクを適切に管理し，上場時に企業の評価に影響を与えないようにすることが重要になります。

IPOを通じて株式市場に上場するスタートアップは，概ね上場の約2年前から特許出願件数を増やし，企業価値を向上させることが多いです。投資家は，スタートアップが構築する特許ポートフォリオを重要な評価基準の1つとして考えているため，特許出願件数を増やすことで，より魅力的な投資先となる必要があります。

とりわけDTSUにとって，特許出願件数が多いことは，研究開発やイノベーションに力を入れていることの証となり，投資家の信頼を獲得しやすくなります。また，海外でビジネスを展開することを予定している場合は，国内特許出願だけではなく海外特許出願もミドル期からレイター期にかけて積極的に行う必要があります。

さらに，取得特許の件数を増やすことで，他社との特許紛争が発生した場合にも交渉力が高まり，ひいては競合他社からの特許権侵害訴訟リスクを軽減することができます。

このように，IPOに向けて特許出願件数を増やすことは，企業価値の向上，リスク軽減，投資家の信頼獲得といったメリットがあるため，近年では多くのスタートアップが上場前に知財面の強化を行う傾向があります。

組織体制としては，レイター期のスタートアップは1名または複数名の専任からなる知財チームを設置し，相応の知財予算を確保することになります。知財チームとしての役割は，社内でまだ権利化されていない技術やアイデアの発掘および権利化，特許事務所等の外部知財専門家との連携の強化，自社の知財ポートフォリオの管理，競合他社の知財の動向のウォッチング，営業秘密の管理等が挙げられます。とりわけ，スタートアップはメンバーの転職が頻繁に生じますが，営

業秘密の管理において，競合他社に転職する者が自社の営業秘密を持ち出さないよう適切な措置を取る必要があります。また，レイター期になると社員が100名を超える場合もありますが，新たにジョインしたメンバーに対する知財教育も1つの重要なタスクとなります。

まだ特許出願を行っていない社内の技術やアイデアについて営業担当が取引先に喋ってしまったり，広報担当が公開してしまったりすると公知となってしまい，後の権利化に困難が生じるおそれがあります。このため，最低限の知財の知識を新たに加わったメンバーに身につけてもらうことが望ましいです。

上場企業の情報開示に関して，2021年6月にコーポレートガバナンス・コードが改訂され[8]，知財への投資についても自社の経営戦略や経営課題との整合性を意識しつつ，わかりやすく具体的に情報を開示すべきであることが盛り込まれました。また，改訂されたコーポレートガバナンス・コードでは，知財への投資の重要性に鑑みて，経営資源の配分や事業ポートフォリオに関する戦略の実行が企業の持続的な成長に資するよう，取締役会が実効的に監督を行うべきであることが盛り込まれています。

このように，スタートアップがIPOを行うにあたり，知財への投資についても投資家から厳しい目で見られるようになってきているため，適切な知財ポートフォリオの構築がレイター期では重要になります。

4 スタートアップの知財戦略を支える人材・組織の構築方法

4-1 組織の中で知財に対する意識を高める

DTSU企業は，ビジネス基盤となるコア技術（シード）を有しており，このような技術的な専門知識に長けた人物がすでに身近にいることが普通です。一方で，いくら良いコア技術を有していても，知財をおろそかにしてしまうと，そのコア技術を横取りされたり，他社の知的財産権を思いもよらないところで侵害してしまったりするリスクがあります。

良いコア技術を持っているからこそ，知財戦略をおろそかにしないことが何より重要です。筆者は，これまでにさまざまなスタートアップ企業と接してきまし

---

8 日本取引所グループ「改訂コーポレートガバナンス・コードの公表」（2021年6月）https://www.jpx.co.jp/news/1020/20210611-01.html

たが，スタートアップの経営者が一律に知財意識を高く持っているわけではありません。たとえば，ある役員が知財の重要性を認識し，知財に力を入れていたにも関わらず，その役員が会社を去った後，後任の社長は知財を無駄な経費としか考えていない，といったこともありました。

これは非常にもったいないことではありますが，逆に考えると，いまこの書籍を読んでいるあなたが知財を意識することで，知財を軽視している同業他社を大きく引き離す可能性を秘めているということです。

さて，知的財産（知財）は，スタートアップ企業の競争力を高めるうえでも不可欠な要素です。知財戦略を効果的に実行するためには，

・そもそもの知財への理解
・開発と知財とが協力する組織の構築（外部の人材を含む）

が求められます。要するに，知財×開発という両輪が重要となるということです。本節では，スタートアップ企業が知財戦略を支える人材と，組織とを構築する方法について解説していきます。

4-2 時期別の組織構築

4-2-1 シード／アーリーステージ

知財をどこから意識すべきか，といった質問をスタートアップ企業の経営者から受けることがしばしばあるのですが，**知財は，投資ラウンド[9]でいう初期のステージ，いわゆるシード／アーリーと呼ばれるようなステージから取り組むべきタスクである**と断言します。

これは，知財制度の特徴とも関連しています。

たとえば発明を保護する特許権であれば，「新規な発明」でないと特許で保護を受けられません。新規とは，世の中において，公開や実施がされていない，という意味であり，すでにウェブサイトに公開した発明や学会発表が済んだ発明は，特許を受けることができません。

要するに，このような**特許制度の性格上，「ビジネスの試行錯誤をして，ある程度軌道に乗ったから，コア技術を特許で保護しよう」という都合の良い戦略をとることができない**のです。

新規なコア技術があり，これからその技術を利用してビジネスを起こしていくという現在のステージから，将来のビジネスを予測して知的財産権を取得してい

9　東大IPC『投資ラウンドとは？スタートアップが知っておくべき資金調達と注意点』（2022年1月11日）https://www.utokyo-ipc.co.jp/column/investment-round/

く必要があります。

(1) 知財の専門家とつながる

さて，ここまでの話で，投資ラウンドでいうシード／アーリーステージから知財を意識する必要があることが理解できたかと思います。しかし，今から知財のことを1から勉強するなんてことは大変すぎますし，餅は餅屋ということで，まずは知財の外部専門家とつながるところから始めましょう。スタートアップの場合，シード／アーリーステージでは，一部の例外を除いて，知財専門のスタッフを自社内で雇う必要も余裕もないでしょう。

知財の外部専門家といっても，いろいろな立場の者がいます。弁護士，弁理士，特許調査会社，知財コンサル会社等があります。この中で，**必ず見つけてほしいのが，「スタートアップ支援に慣れた弁理士」です。**

ずばり，**シード／アーリーステージでの知財活動での最重要ミッションは「スタートアップ支援に慣れた弁理士」と繋がること**です。

弁理士は弁護士とは異なる職種であり，知財の権利化を代理する士業です。弁護士とは異なり，8割以上が理工系のバックグラウンドを有している法律家です（もちろん理系出身の弁護士もいます！）。たとえば，筆者も弁理士になる前は，博士課程で研究をし博士号を取得し，その後ポスドクも経験した元理系の研究者です。

DTSUのコア技術の理解には理工系のバックグラウンドが欠かせないでしょう。

(2) 弁理士を見極めるポイント

とにかく，スタートアップ支援に慣れている専門家（弁理士等）を見つけて，協力してもらう体制を構築していきましょう。特にコア技術をビジネスに落とし込むうえで，知財の適切な権利化（特に好ましくは，特許の取得）は最重要タスクとなりますので，このような権利化を支援する外部の弁理士を必ず見つけてください。

弁理士を探すうえで気をつける点はシンプルに2点です。

> ・自社のコア技術を理解する素養があるか
> ・スタートアップ支援に慣れているか

技術理解は，スタートアップとは関係なく，弁理士選定における基本軸となります。たとえば，バイオ分野のスタートアップを立ち上げたのにもかかわらず，知人に紹介された弁理士が電気分野の弁理士であれば，その弁理士を頼ってはい

けません。ただこれについては，弁理士側も把握していることで，通常であれば分野がマッチングしないという理由で断ってくるかとは思います。

　問題は後者で，スタートアップ支援の経験がない弁理士であっても，技術分野がマッチングすれば，受任するケースが多いということです。そもそもこのような弁理士は，スタートアップ支援に必要なスキルを理解していないことが多いです。換言すると，スタートアップ支援に慣れていないどころか，その弁理士自身がスタートアップ支援に長けているか否かを気にしていません。ここが厄介なところです。

　ある程度の規模以上の企業には，知的財産部があって，知財の知識を有するエキスパートが在籍しているため，外部の特許事務所の弁理士がやりとりする相手方も知財のエキスパートです。昨今では，企業側にインハウスの弁理士がいることも珍しくありません。

　したがって，多くの弁理士は，エキスパートである顧客と接することがほとんどであり，そこでは専門用語等を交えた会話をすることが多くなります。

　また，ビジネスに対する適切な権利化（まさに知財戦略）は，企業の知的財産部のエキスパート側が行うことが通例であり，事務所の弁理士は，ある程度まとめられた発明の提案書に沿って，特許出願の書類を作成する業務が主となります。

　しかし，スタートアップ企業において，このような知的財産のエキスパートが初期から在籍していることは極めて稀です。

　つまり，**スタートアップの場合，外部の弁理士に単に権利化だけを依頼するのでは不十分であり，その上流である知財戦略から相談・委託する必要があるのです。**すでに練られた戦略の下，書類の作成だけを得意とする弁理士に依頼しても，ちぐはぐな現象が起こることは想像できるかと思います。

　スタートアップ支援に精通している弁理士は，少なくとも自薦であっても「スタートアップ」というワードを推しているはずですから，「技術分野（バイオ，IT，燃料電池等）×スタートアップ×弁理士」等と検索して，ある程度あたりをつけることをおすすめします。

　また，もう少し他薦的なパラメータを求めるのであれば，近年**特許庁が実施しているIP BASE AWARD[10]の受賞者等を探すとよいでしょう。**IP BASE AWARDは，日本の特許庁が主催する，知的財産（知財）経営に優れた中小企業，スタートア

10　特許庁主催「IP BASE AWARD」https://ipbase.go.jp/award/

ップ企業，これを支援する専門家（弁護士や弁理士）等を表彰する賞です。この賞は，知財戦略の策定や活用において優れた取組みを行っている企業を称えることを目的としており，毎年開催されています。IP BASE AWARDを受賞している弁理士であれば，スタートアップ支援に精通している可能性は極めて高く，仮に技術分野がマッチングしなかったとしても，受賞者の弁理士から技術分野がマッチングする信頼できる別の弁理士を紹介してもらう等といった方法が有力です。

　このようにスタートアップ支援に慣れている弁理士に依頼して，シード／アーリーステージからコア技術の権利化，少なくとも出願を済ませておくように心がけてください。**軌道に乗ってきたから出願を検討するのではなく，軌道に乗せるために出願をする**という気持ちをもってください。

(3)　メンバーへの知財教育

　また，開発メンバーに対する知財教育も重要です。シード／アーリーステージでは，経営陣以外の従業員または業務委託の協力者のほとんどは，エンジニアや研究者でしょう。そして，知財窓口は往々にして経営者陣が執り行うこととなります。一方で，知財は開発側から生まれるので，開発側の知財リテラシーを高めていくことも，重要な経営ミッションでしょう。**技術と知財とは，あくまでも相乗的かつ相補的に効果を発揮する**ものです。

　このために，信頼できる弁理士が見つかったら，社内の開発メンバーへの知財教育，たとえば初級の知財セミナーやワークショップをお願いするとよいでしょう。このような知財教育が，知財リテラシーの高い組織を生み出し，結果的に外部からも優秀な知財エキスパートが今後参画する土俵ができ上がります。

　シード／アーリーステージでは，先にも述べたとおり，経営者が直接弁理士とやりとりすることが多いですが，開発メンバーに知財教育を行うことで，開発メンバーのうちの1人を知財窓口に立てることが将来的に可能となります。スタートアップが特許出願をするにあたっては，技術とビジネスの両方を理解している人が窓口に立つ必要があり，**開発メンバーの中で，特にビジネスに長けた人物を窓口におくのは，後のステージで知財専門の担当者がジョインするまでのつなぎとしては有効な戦略**と言えます。

　以上をシード／アーリーステージにおける，知財を意識した組織作りの目標としてください。

4-2-2　ミドル／レイターステージ

　ここからは，ある程度マネタイズが可能な状態まで遷移したステージについて説明します。この頃は，コア技術をさらに発展させた応用技術や，それに伴う新たなビジネスを展開していくことになるでしょう。すなわち，大型調達が必要となるミドル／レイターと呼ばれるステージです。

　初期のステージで知財を軽視していないのであれば，このステージに来る段階では，出願件数や保有権利等もある程度の数になっているでしょう。言い換えると，知財ポートフォリオが強化されてくる頃かと思います。ここまで来ると，知財を武器に，適切な宣伝広告をすることで，同業他社の参入を大きく抑制することができるでしょう。すなわち，多様な知財を効果的に活用し，競争優位を維持・強化することが可能となっているでしょう。

　ミドル／レイターステージになってくると，社内に少なくとも1人の知財専用担当者がいることが理想です。近年では，大手の知財部出身者がミドルステージ以降のスタートアップに参画する例も増えており，このような人材をうまく獲得できると知財戦略上かなり強いです。そのためにも，**アーリーステージまでに一定数の出願を行い，知財に力を入れている姿勢を対外的に見せる**ことが重要となります。また，特に成長とともに出願数が増えてくると，外部弁理士側のマンパワーが追いつかないこともあるため，1人の弁理士や1つの特許事務所に頼りきりになるのではなく，**依頼できる事務所を複数確保する**ように心がけてください。

　さらに，前述した権利化や社内教育だけでなく，将来的なEXIT（たとえばIPOやバイアウト）を見越して，種々のタスクをこなしておく必要があります。下記に例示します。

(1)　知財リスクの管理

　知財に関するリスクは，EXITに大きな影響を与える可能性があります。そのため，特許侵害訴訟や商標紛争など，知財リスクを適切に管理し，問題が発生した場合に迅速に対応できる体制を整えることが重要です。

(2)　知財の評価・監査

　たとえばIPOや高額なバイアウトを成功させるためには，企業の知財価値を適切に評価・監査することが必要です。これにより，投資家に対して知財の価値をアピールすることができ，企業価値の向上に寄与します。さらにこのような価値を投資家に開示することも重要となります。

(3) 知財戦略とビジネス戦略の連携

　EXITに向けて，知財戦略をビジネス戦略と連携させることが重要です。製品開発，市場戦略，販売チャネルなど，企業活動全体において知財を活用し，競争力の向上を目指すことが求められます。

　このような多角的な知財タスクは高度な専門性を要するため，社内の知財担当者が外部のプロフェッショナルとともに臨機応変に対応していくことになります。かなりまれな例ではありますが，経営陣として知財のスペシャリストのポジション（CIPO）を採用するスタートアップも出てくるステージです。

　このように，シード／アーリーステージが外部の弁理士によるサポートを中心に進めてきたのに対して，**ミドル／レイターステージでは，社内での自律的な知財組織の構築がキー**となります。

4-3　ま　と　め

　本節では，スタートアップの知財戦略を支える人材・組織の構築方法と題して，スタートアップのステージ別に組織作りの概要を説明しました。上記を簡単にステップとして，**図表1-5**にまとめておきますのでご参照ください。

図表1-5　スタートアップのステージ別の組織作り概要

・スタートアップに慣れた弁理士を探す	（ステップS1）
・コア技術の特許出願等，基本的な出願を行う	（ステップS2）
・開発メンバー等の知財リテラシーの強化	（ステップS3）
・定期的な出願に基づくポートフォリオの構築	（ステップS4）
・知財専用人材の参画	（ステップS5）
・自律的な知財組織の構築	（ステップS6）
・EXITに向けたさまざまなタスク	（ステップS7）

第 2 章

技　　術

1　技術を保護する方法

　DTSUは，巨額の資金を投じて技術開発を行い，この投資により競争力のある製品・サービスを提供します。提供される製品・サービスは独自性と市場との適合により，社会に普及し，社会を変革する力をも持ちうるものです。

　DTSUの価値は開発した技術に紐付いており，開発した技術が第三者に簡単に模倣（またはただ乗り）されることは許容されません。したがって，開発した技術がいかに守られるかを理解することが重要です。

　技術や製品を保護する方法としては，**①法律（特許法，実用新案法，および意匠法等）に従って技術を保護する方法と，②秘匿化することで技術を保護する方法があります。**

　本節では，技術に着目し，技術の保護について論じます。技術保護の中心は，特許法に基づく特許権の取得，および秘匿化ですから，ここでの議論の中心は，特許法による保護と秘匿による保護です。

図表 2 - 1　技術は特許か秘匿により保護されうる

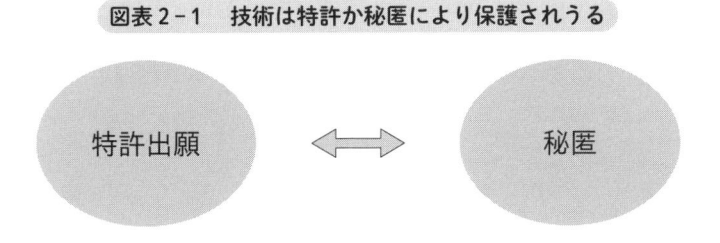

1-1　特許制度の特徴

特許制度を利用する以上は，特許制度の特徴を明確に把握しておく必要があります。特許制度には，強みと弱点がそれぞれ存在するため，まずはその点について理解しておくようにしましょう。

1-1-1　特許制度の強み

特許制度の最大の強みは，独占排他権（特許権）が得られる点に尽きます。特許法により与えられる独占排他権は，特許保護された発明（以下「特許発明」という）の第三者による実施に制限をかけることができるという特徴を有します。また仮に，模倣せず当該技術を独自開発した第三者に対しても，絶大な効果を発揮します[1]。当該技術を独自開発した第三者でさえ，当該技術が特許で保護されている場合，当該技術を実施することは許されません。

特許法には，「特許権者は，業として特許発明の実施をする権利を専有する。」（第68条）との規定が存在します。特許発明は，上述のとおり特許を受けた発明のことです。特許を受けるためには，出願人は特許出願をし，その後，審査官による審査を経る必要があります。特許を受けようとする発明が特許法で規定されるいずれの拒絶理由も有しないことが確認される必要があるのです。

この権利化手続は，特許法がその保護の対象とする「特許発明」の内容を規定する行為に他ならないものです。その意味で，特許を権利化する行為は，立法といってもよいほど重大かつ重要な法律行為であると理解できます。

特許法によれば，特許発明は，出願から最大で20年間に渡って保護されることとなります[2]。最大の期間にわたる保護を必要とする場合には，特許を維持するための費用（「年金」ともいう）を支払う必要があります。維持が必要なくなったら年金の支払いを中止し，支払期限を徒過させると特許権はそれにより消滅します。また，特許権成立後も，特許異議申立てにより特許の取消しを請求されたり，無効審判により特許を無効とすることを請求されたりすることがあり，これらに対抗して特許を有効に維持することが必要となります。

特許権の影響力は大きいが故に，特許を潰したいと考える第三者が生じることは避けられない点に留意が必要です。特に，第三者への影響が大きい特許ほどそ

1　特許侵害訴訟において，模倣せず独自開発した発明を実施しているから侵害とならないとの抗弁（独自開発の抗弁）は認められません。

2　医薬および農薬に係る特許は，延長登録出願制度により5年を上限として特許の満了日を延長することができます。

のリスクに晒されます。たとえば，事業が大きく成長し，競合他社がその事業領域に参入したいと強く望むが，特許が機能してしまっていて参入障壁となっており，特許をなかったことにしたい場合などです。逆に言えば，特許潰しを経験する特許ほど第三者に影響する価値の高い特許であるとも言えます。そのため，重要な特許は，労力および費用を十分にかける格段に高い必要性を有しており，専門家と自社とでチームを構築し専門家を巻き込んで出願をする必要があると言えます。また，安易に投入する労力や費用を削減してはならず，むしろ，社運をかけて手厚く対応するべきことは当然でしょう。

1-1-2　特許制度の弱み

　特許制度を有効に活用するためには，特許制度の弱点を理解することもまた重要です。

　一般的には，特許制度の弱点は，出願から20年で満了すること[3]，出願しなかった国では自由実施が可能であること，出願から1年半後には公開されるが，権利化できるのはその一部に過ぎないことがあり，したがって権利化できた場合でも，競合に模倣を許す可能性があることなどがあげられます。そのうえ，有効に特許権を行使できる場合が限られることもあげられます。

　たとえば，20年を超えても（たとえば，100年間にわたり）誰も思い付かないような発明が生じたとしましょう。その発明を秘匿すると，誰かが思い付くまで20年を超えて（たとえば，100年間にわたり）発明を独占的に実施することができます。しかし，そのような発明を出願してしまうと，仮に特許を取得できたとしても20年後には自由実施が許されることとなるので，確実に損をすることとなります。

　また，出願した発明は，1年6月後に公衆に対して公開がなされます。そうすると，公開された発明にヒントを得て模倣がなされ得る状態となるのです。権利化をしなかった国では自由に実施できる点で，極めて不利でしょうし[4]，また，権利化できる発明は，そのうちの一部（拒絶理由を1つも有しない発明部分）に限られますので，仮に首尾良く権利化に成功したとしても，権利化できない発明部分で模倣を許す結果となるのです。このように，特許出願をすると出願人に損害がもたらされる場合さえある点に留意する必要があります。特許出願は諸刃の剣であることを理解しておく必要があるのです。

3　医薬や農薬に関しては5年を上限として特許の満了日を延長する仕組み（延長登録出願制度）が存在します。

4　費用をかけて特許出願して競合にヒントを与えてしまいます。

1-2 秘匿の特徴

特許による技術保護の対極として，秘匿による技術保護の特徴を説明します。

1-2-1 秘匿の強み

誰も思いつかない発明やリバースエンジニアリングができない発明は，秘匿に馴染みます。上述のように特許による保護は最大でも20年間を上限としており，特許の満了後は万人による自由実施を可能とする制度であるからです。したがって，20年を超えて誰も思いつかない発明や製品をリバースエンジニアリングしても原理が解明できない発明は特許保護には馴染まず，秘匿に馴染むということができます。

コカ・コーラの製法などは，秘匿され，公開されていません。おそらくコカ・コーラと同じものを製造することは第三者にはできないと考えているからでしょう。実際，コカ・コーラは製法を秘匿することにより，100年以上もその味を独占することに成功しているのです。繰り返しますが，秘匿の強みは，**秘匿しようとする技術を誰も思いつかない，あるいはリバースエンジニアリングができないことを前提として初めて成り立つ**点に留意が必要です。

1-2-2 秘匿の弱み

秘匿の弱みは，秘匿化した技術を第三者に思いつかれてしまった場合に，その第三者はその技術を自由に実施できるという点です。

秘匿はもっと強烈な弱みも有しています。それは，その第三者がその秘匿化していた技術について特許を取得すると，自社で開発していたはずであるにもかかわらず，特許侵害となり，実施ができなくなるリスクが生じるということです。したがって，秘匿にも予測不能なリスクが存在することを理解しておく必要があります。秘匿には，上記の弱みが存在し，秘匿化も諸刃の剣であることを理解しておく必要があるのです。

なお，特許法には，先使用権という権利が規定され，先に事業開発の準備をしていた者の実施を確保する余地があります。ただし，先使用権が認められるためのハードルは高く，先使用権が認められなかった事例は枚挙に暇がありません[5]。したがって，先使用権に依存した戦略はリスクが高く，一般的にはおすすめできない点に留意してください。

5　田村善之（2019）「特許法の先使用権に関する一考察(2)：制度趣旨に鑑みた要件論の展開」『知的財産法政策学研究』vol.54：pp.129-142.

1-3 特許による保護と秘匿による保護の特徴を踏まえた知財戦略

　上記特徴を踏まえると，特許による保護は，「明日誰かが思いつく発明を今日出願する」場合に最も効果的に活用できるものであり，この場合，第三者は思いついたのに20年間に渡って実施できない憂き目にあいます。また，仮に保護されていない国で発明を模倣されても，すぐに思いつく発明であれば模倣によるダメージは少ないと言えます。特許出願による公開によらなくてもいずれ誰かが思いついて実施するであろうためです。

　一方，特許保護は，「20年を超えて誰も思いつかない発明」の保護には向いていません。出願から20年で第三者はその発明を実施できるようになるためです。また，誰も思いつかないような発明を出願すると，1年半で公開され，権利化できなかった部分で模倣されるリスクを生じさせるうえに，権利化しなかった国でも模倣をされることとなり，資金を投入して競合にヒントを与える出願をしていることと同じような状況となります。

　秘匿はその逆であり，明日誰かが思い付く発明の保護には向いていませんが，20年を超えて誰も思いつかない発明の保護において最も効果的です。

　この基本的特性を十分に理解したうえで，特許化（出願すると発明が公開され，利用（模倣）が促進される）をするのか，秘匿化をするのかを決定することが重要です。

　明日誰かが思いつくような発明は，進歩性を有しないのではないかと疑問に思う方もいらっしゃるかもしれません。この点に関して，特許法における進歩性は，実際に思いつくかどうかではなく，思いつくことの「証拠が存在するかどうか」で判断されます。たとえば，簡単に思いつきそうでも，証拠が存在しない場合には進歩性を有すると判断されることとなります[6]。したがって，容易に思いつきそうであっても進歩性を否定できない発明は，格好の特許出願シーズである可能性があることを踏まえて，専門家と十分に検討をしたうえで権利化戦略を模索していくことが重要になります。

　また，特許権の行使そのものに限界がある点にも留意しましょう。特許の侵害を容易に把握できる場合には，特許権を行使できるが侵害を把握できない事例では，権利を持っていても権利行使ができないという問題が生じます。たとえば，競合他社の施設（たとえば，工場）内でのみ実施され，実施の痕跡が表にでない

6　わが国では，進歩性の立証責任は審査官または進歩性がないと主張する者が負うこととなっており，真偽不明となった場合には進歩性があると判断されなければならないとされています。

場合には，その実施行為を保護する特許を有していても，誰がいつどこでどの程度の侵害をしたのかを把握することができず，権利行使することが容易ではありません。また，仮に第三者が侵害している疑いが生じたとしても，特許権者が侵害を立証しない限り権利行使が認められません。真偽不明である場合には権利行使が認められず，その発明は権利化の意義を失うこととなりかねません。

ただし，侵害立証については，諸外国では証拠収集手続が充実している場合があり，またわが国でも証拠収集手続の充実が図られているところであるので，出願をすること自体を禁止するほどのことでもないでしょう。

もし，侵害立証が容易ではない技術について出願する場合には，誰でも思いつきそうな発明で出願をするとか，真似されても同等品質の達成はできない内容しか記載しない工夫が求められるでしょう。この点に関して，**特許制度では，発明を技術思想として実施可能に開示すれば足り，その詳細のすべてを事細かに説明することまでは求められない点**に留意しましょう。そのため，特許出願をする場合には，あえて低性能な発明（たとえば，高度化する前の原始的な発明）について出願し，どのように性能を高めているかまでは開示しない，といったことがよくなされています。出願を行う場合には，どこまでを出願範囲とするのか（言い換えれば，開示の対象とするのか）について専門家と十分に相談したうえで，必要最小限の情報開示に留めることも重要な考慮事項となります。

図表2-2では，侵害立証可能性とすぐに思いつくか否かによりマトリックスを作成し，それぞれのケースで特許化・秘匿化の検討要否を整理しました。

図表2-2　特許化を検討するか，秘匿化を検討するかの判断基準の例

	第三者がすぐに思いつきそうな発明		第三者が長期間思いつかない発明	
侵害立証可能	特許化：必須	秘匿化：適しない	特許化：発明の公開直前の出願を検討	秘匿化：公開されるまでは秘匿化
	特許化を必須とする		公開前まで秘匿化し，公開直前に出願する	
侵害立証困難	特許化：必須	秘匿化：適しない	特許化：適しない	秘匿化：適する
	第三者に先んじて特許化することが望ましい		原則として公開せず秘匿化する	

図表2-2に示されるように，第三者がすぐに思いつきそうな発明は，侵害立証の可能性にかかわらず，特許化を要することが理解できるでしょう[7]。侵害立証可能で，第三者が長期間思いつかない発明は，その発明が公開される直前まで

は秘匿化し，公開される直前に特許化を行うことが望ましいと言えます。ここで，公開される直前とは，その発明が組み込まれた製品の発売や，発明の学会発表・論文発表などのさまざまな発表の直前を意味します。特許出願をせず，秘匿化したほうがよいのは，第三者が長期間思いつかない発明であり，かつ侵害立証困難な発明です。たとえば，製品に発明が組み込まれていても分析困難であり，第三者もどのような発明が組み込まれているのかを理解できない場合が相当するでしょう[8]。

1-4　発明のレイヤー別の特許化・秘匿化戦略

発明は，さまざまなレイヤーの技術の積み重ねによって成り立っています。したがって，レイヤーごとに特許化・秘匿化戦略は異なっていて当然です。

たとえば，発明のすべてを開示して特許を取得する以外にも，思いつきそうなレイヤーの発明概念について特許出願をし，それ以外を秘匿するといったように，1つの発明（と思っていたもの）について複数レイヤーに細分化し，特許化する部分と秘匿化する部分とを切り分けることも重要であると思われます。

時間経過や技術水準の進歩により，思いつきそうな部分は変化するものと思われ，定期的に秘匿化した部分についても，いずれかの部分を特許化する必要が生じていないか定期的にモニタリング（再検討）することが必要でしょう。

1-5　秘密保持契約と秘匿した技術の開示

秘匿した情報を第三者に内示する場合には，その情報の取扱いについて定めた契約（NDA）が必須です。特に他社との共同による技術開発が必要な場合には，初回は守秘義務のない場（「ノンコンフィデンシャル」または単に「ノンコン」という）で共同する価値があるかなどを見定め，そのうえで，互いに相手に興味を持っている場合には，秘密保持契約（NDA）を締結してより詳細な内容を伝達することが多いでしょう。

晴れて共同して研究することになった場合には，共同研究契約を締結し，その協力関係を規定し，成果の取扱いを規定することになりますが，共同研究契約にも通常は秘密保持条項が含まれています。このようにして，第三者と情報共有を

7　「侵害立証が困難な発明は出願に適しない」という視点のみの判断は誤った考え方である可能性があります。なぜなら，多くの日本企業ではコンプライアンス上，侵害立証が困難であっても，他社に特許化された発明は実施することを避けようとする傾向があるためです。また，外国では充実した証拠収集手続により侵害立証が可能である場合もあります。

8　発明によっては，発明を理解している自分たちでさえ，製品を分析しても発明が組み込まれているかを把握できない場合もあり，そのようなものも侵害立証困難な発明に含まれます。

図る場合には，NDAが存在しない期間が存在しないように適当な時期に契約を締結または更新することが重要です。

NDAは，主に，秘密情報の特定，情報開示の制限と情報の目的外利用の禁止を含みます。これにより，秘匿化した情報が意に反して公知になることや，目的外の用途に流用されることにより本来得られたはずの利益を逸失することを防ぐことが期待されています。また，特許法上は，発明が公知になった場合には新規性を喪失します。ところで，公知とは守秘義務のない第三者に知られることを意味し，知られた者の人数を問題としません。したがって，発明の新規性を保持したい場合にもNDAは必須です。

ここで，NDA締結下であっても，伝えて良い情報と伝えない情報とを分けて管理することが重要です。秘匿化した情報にも，役員以外は知るべきでない情報，部長未満は知るべきでない情報，NDA締結下であれば第三者に伝達可能な情報等々とさまざまな秘匿化レベルを設定し，不用意に情報を漏洩しないことが極めて重要です。

あるいは情報を小出しにするといったように一度にすべてを伝えず，協力関係を維持し続けるということも事業戦略上は重要です。協力関係の維持は，製品・サービス開発におけるDTSUの寄与の大きさに関係し，開発成功時の取り分の大小に直結する場合があるためです。技術の肝を伝えてしまったがために，DTSUとの協力が不要となり，相手が独自に開発を進めることが可能である場合，協力関係は一過的なものとなり，最悪のケースでは，製品・サービスからのレベニューシェアを獲得できないといった事態に陥ったり，その相手に何らかの特許を取得されて事業に影響が生じたりすることも想定されます。共同研究相手からレベニューシェアを確保するためには，開発する製品・サービスへの持続的な寄与や特許の確保が基本的には必要であり，持続的な寄与や特許の確保が可能となる程度には，開発に関与し続けられるように，秘密を伝えすぎないことが重要となります。

1-6 ノウハウ保護と営業秘密および商標による信用の保護

秘匿化は，できる限り不正競争防止法における営業秘密の要件を満たすように行うことが望まれます。すなわち，不正競争防止法においては，3つの要件：①有用性，②非公知性，③秘密管理性のすべてを満たす場合のみ，秘匿した情報を営業秘密として保護します。営業秘密についてはその漏洩に関係する特定の行為が禁じられ，違反した場合には罰則が用意されています[9]。したがって，技術を

秘匿化する場合には，単に秘匿化するのではなく，不正競争防止法による保護を受けうる態様で管理しておくことが望ましいと言えます。

ノウハウ保護と組み合わせることで有効な権利として商標権について簡単に説明します。商標権は，製品やサービス（役務）に化体した信用を保護することを目的としています。たとえば，高品質な製品やサービスには継続的な需要が発生します。そのような高品質な製品やサービスに対して識別力を有する標章（マーク等）を付することにより，その製品やサービスの出所，品質等を保証するということがなされているのです。需要者は，特定のマークが付された商品やサービスと品質を信じて安心して購入することができるわけです。商標法では，製品やサービス（役務）に付した標章（マーク等）を保護することができ，これにより，高品質な製品やサービスを保護する手段を提供しています。

高品質という技術的に高いハードルを達成する発明は，特許制度には必ずしも馴染まず，秘匿を検討することも求められる点については上述したとおりですが，商標制度では，高品質な製品やサービスそのものではなく，それらの製品等に化体する信用が保護できるため，秘匿した技術により達成される品質は商標法による保護に馴染むと言えます。このように，**秘匿した技術（ノウハウ保護）と商標法による標章の保護は相性が良いので，ノウハウ保護に併せて商標保護を検討することは重要**であると思われます。

もちろん，特許の出願有無とは関係なく，自社の製品・サービスに付する標章を保護する意味で商標登録出願は必須となるでしょう。ノウハウ保護をする場合には，その重要性はひときわ高まると考えておくとよいでしょう。

2 DTSUの特許調査・特許分析

ここでは，DTSUにおける技術開発や特許出願に先立つ，特許調査や特許分析の役割と方法について説明します。

特許調査・特許分析は，自社の技術が他社の特許に抵触しないか，また独自性があるかを確認するための重要なプロセスです。これにより，自社が保有する知的財産の位置づけを明確にできるとともに，自社知財を出願・権利化したり，開発途中の他社特許侵害リスクを回避することができます。また，特許調査・特許分析を通じて，競合企業の技術動向や市場ニーズを把握できます。DTSUは，大

9　経済産業省知的財産政策室『秘密情報の保護ハンドブック〜企業価値向上にむけて〜』（2016年2月発行，2024年2月最終改訂）

企業や大学との技術提携・事業提携を行うことが多いため，提携先の特許調査・特許分析も重要です。特許調査，特許分析を効果的に行い，独自技術を保護することがDTSU成功の鍵と言えます。

2-1　DTSUの特許調査・特許分析の概要

　DTSUは資源（ヒト，モノ，カネ）に制約があるため，事業展開にあたり知財活動の目的を明確にし，自社技術の特許出願と，他社特許の抵触調査とに戦略的に資源を配分することが重要と言えます。

　DTSUの特許調査・特許分析において注意すべき点は，以下の(1)，(2)のとおりです。これにより，資金的な制約がある中でも，自社知財を守りつつ他社特許を回避する活動を効果的に進めることができます。

(1)　優先順位の明確化

　自社の技術ポートフォリオを整理し，最も重要なコア技術や競争力を持つ技術を特定し，優先順位を設定します。これにより，特許出願や他社特許の抵触調査を行うべき技術領域が明確になります。

(2)　特許調査・特許分析

　コア技術にフォーカスして特許調査を行うことで，既存の特許を少ない費用で効率的に把握し，他社特許との抵触リスクを最小限に抑えることができます。また，コア技術における技術動向や競合企業の出願動向を解析することにより，自社の技術開発や特許戦略のヒントにできます。

　特許調査・特許分析の種類，目的，参考費用を以下の表（**図表2-3**）に示します。実際の金額は調査対象特許の件数，調査内容に応じて大きく変わるため注意する必要があります。調査対象を広く設定した場合には，下記金額を大幅に超えた費用が必要なこともあります。

図表2-3　特許調査・特許分析の種類，目的，費用（参考）

調査・分析	目的	費用（参考）
先行技術調査	自社技術の特許性の有無を評価する。	10万円〜30万円
クリアランス調査 侵害予防調査	自社技術の障害となる他社特許の有無を調査する。	30万円〜500万円
技術動向調査・分析	特定の技術分野における技術トレンドを把握する。	30万円〜300万円

DTSUにおいては，費用，工数等に制約があるため，知財予算の全体感を決めたうえで，先行技術調査等の自社技術の権利形成のための費用，クリアランス調査等の他社特許抵触回避のための調査費用にバランスよく予算を配分することが望ましいと言えます。

起業当初は特許を保有していない場合が多く，クリアランス調査を重視しがちですが，十分に自社の特許権等を保有していない場合は，事業展開後に競合企業との権利保有状況で劣勢となりがちです。

2-2　コア技術の見極め

自社のコア技術は競争力や付加価値を生み出す源泉です。コア技術は，その業界や技術領域によって異なりますが，一般的には以下の観点から評価することができます。

・**革新性（革新性・独自性）**
　・その技術が従来の方法や技術に比べて革新的か
　・その技術が他社とは異なる独自のものか
・**可用性（実現可能性・現実性）**
　・その技術が現実的な条件下で実用化が可能か
・**ニーズ（市場ニーズ）**
　・その技術が解決しようとする問題やニーズが市場で求められるか
・**持続性（持続可能性・スケーラビリティ）**
　・その技術が長期的に発展・維持可能であり，規模拡大が可能か

図表2-4は，評価シートの一例です。このシートでは，企業が保有する要素技術を複数の評価項目により評価します。各評価項目の和（または，会社方針に従った重み付け和）を総合評価とすることにより，要素技術の優先順位を評価できます。

図表2-4　評価シート

	説明	革新性	可用性	ニーズ	持続性	総合評価
技術A	…	3	4	1	2	10
技術B	…	1	3	4	3	11
技術C	…	4	4	5	4	17

DTSUは，自社のコア技術を継続的に強化し，技術革新を推進することで，競

合他社との差別化を図り，ビジネスの成長を実現できます。また，コア技術を活用して，新たな製品やサービスを開発し，患者や医療従事者のニーズに応えることが求められます。

2-3 企業の成長ステージと特許調査・特許分析

　スタートアップの企業成長には一般的に以下のステージがあります。企業がおかれているステージごとに，特許調査・特許分析における注意点を以下に説明します。

　初期ステージでは，自社技術の特許性評価や競合分析を重視し，中期ステージでは市場動向や技術動向の把握を重視し，後期ステージでは海外市場の展開や技術ライセンス戦略を重視します。ステージに応じた調査分析が重要です。

(1)　シード期

　このステージは，創業者が事業アイデアを思いつき，ビジネスプランやプロトタイプの開発を始める段階です。

　この段階では，従来技術調査を行い，アイデアの新規性や競争力を評価することが重要です。また，他社の特許や技術に抵触しないことを確認し，特許性を検討します。早期に特許出願を行うことで，知的財産を確保し，競合他社からの侵害リスクを回避できます。

(2)　アーリー期

　このステージは，プロトタイプが完成し，市場に投入される段階です。顧客獲得や収益の獲得が始まります。

　この段階では，自社技術の特許出願を継続的に行い，コア技術を適切に権利化していくことが重要です。また，他社との競合状況を把握し，他社特許の抵触調査を定期的に行い，リスク回避策を検討します。技術提携や事業提携の際にも，他社特許との関係を慎重に調査することが求められます。

(3)　ミドル期

　このステージでは，市場での受け入れが拡大し，収益が急速に伸びる段階です。事業の拡大や新市場への進出が行われます。

　この段階では，事業の拡大に伴い，自社技術の特許出願を国際的な視野で行うことが重要です。また，海外を含む市場進出先での他社特許の抵触調査を行い，適切なライセンス戦略や事業展開を計画する必要があります。さらに，M＆Aや

提携先との交渉時に，知財の評価や抵触リスクを検討することが重要です。

(4) レイター期

このステージでは，市場での地位が安定し，成長が一定のペースに落ち着く段階です。さらなる市場拡大や事業の多角化が行われます。

この段階では，自社の特許ポートフォリオの最適化と強化に注力します。また，他社特許の動向を監視し，業界の技術革新に対応できるように，自社技術の進化を継続的に追求します。競合他社との特許紛争が発生するリスクが高まるため，他社特許の抵触調査やリスク管理が重要です。

(5) エグジット期

このステージでは，スタートアップが株式公開（IPO）や企業買収・合併（M&A）などの出口戦略を実行する段階です。

この段階では，企業売却やIPOを検討する際に，自社の知財ポートフォリオが適切に評価されるよう，強力な特許戦略を維持することが重要です。また，投資家や買い手に対するアピールのため，自社の特許ポートフォリオの価値を明確に示すことが重要です。他社特許との抵触リスクを低減し，知的財産の権利を強化しておくことで，企業価値を向上できます。また，出口戦略においても，知財に関連する法的な問題や紛争がないことを確認し，取引をスムーズに進められるようにすることが望ましいと言えます。

2-4　自社技術の特許性評価

DTSUにおいて自社技術の特許性を評価する際の注意点は以下のとおりです。

(1) 先端技術の独自性

DTSUが扱う先端技術は独自性が高く，特許性評価が難しい場合があります。既存の特許情報を詳細に調査し，自社技術が新規性・進歩性・実用性の条件を満たしているか確認することが重要です。DTSUは，従来技術調査結果に基づき，自社技術を保護するための発明の範囲を明確に定義し，特許出願することが重要です。

(2) 強力な特許ポートフォリオの構築

DTSUは，独自技術を保護するために強力な特許ポートフォリオを構築することが求められます。コア技術分野において異なる観点から複数の特許を取得する

ことで，より強固な特許ポートフォリオを構築することができます。

2-5　知財リスクの回避

先端技術分野では競合企業が活発に特許を出願している場合も多いです。DTSUは定期的に競合企業が保有する特許の調査を行い，自社技術が他社の特許権を侵害していないか確認することが重要です。これにより，特許訴訟リスクを軽減できます。

具体的に，特許庁が提供する特許情報プラットフォーム（J-PlatPat）を利用することにより，競合企業が保有する特許を簡単に調べることができます。特許情報プラットフォームから「特許・実用新案検索」を選択し，検索フィールドから「出願人／権利者／著者帰属」を選択し，調査したい企業名，大学名，場合によっては代表者氏名等により特許を検索することができます。

図表2-5　J-PlatPatの検索画面

Q　特許・実用新案検索　　　　　　　　　　　　　　　　　　　　　▶ヘルプ

書誌的事項・要約・請求の範囲のキーワード、分類（FI・Fターム、IPC）等から、特許・実用新案公報、外国文献、非特許文献を検索できます。
対象の文献種別や検索キーワードを入力してください。（検索のキーワード内は、スペース区切りでOR検索します。）
分類情報については、🔲 特許・実用新案分類照会(PMGS)を参照ください。

| 選択入力 | 論理式入力 |

テキスト検索対象
◉ 和文　○ 英文

| 文献種別 | 詳細設定 ＋ |
| ☑ 国内文献 all　□ 外国文献　□ 非特許文献　□ J-GLOBAL | |

検索キーワード
検索項目　　　　　　　　　　　　　キーワード
| 出願人/権利者/著者所属 ∨ 🗗 | 競合企業の会社名 | 近傍検索 🗗 |
⊗ 削除　　　　　AND

出所：J-PlatPat

作成した検索条件（論理式）は，保存できます。競合企業に関する検索条件をあらかじめ作成し，保存することにより，競合企業の特許出願状況を定期的に確認することができます。

図表 2-6　J-PlatPatの入力画面

Q　特許・実用新案検索　　　　　　　　　　　　　　　　　　　　　　　　　　▶ ヘルプ

書誌的事項・要約・請求の範囲のキーワード、分類(FI・Fターム、IPC)等から、特許・実用新案公報、外国文献、非特許文献を検索できます。
対象の文献種別や検索キーワードを入力してください。（検索のキーワード内は、スペース区切りでOR検索します。）
分類情報については、🗋 特許・実用新案分類照会(PMGS)を参照ください。

選択入力	論理式入力

[↑ 論理式を読み込む]　[↑ 論理式を保存]　入力された条件や論理式の保存/読み込みができます。検索オプションの内容も保存されます。

テキスト検索対象
◉ 和文　○ 英文

文献種別	詳細設定 ＋
☑ 国内文献 all　□ 外国文献　□ 非特許文献	

論理式

例) 組成物/AB*情報を含む制御方法/CL

出所：J-PlatPat

2-6　技術動向調査

　特許情報は，他社の技術動向の把握に役立てることができます。特許情報を活用して技術動向を把握する際には，以下の(1)～(3)に注意する必要があります。適切な情報収集と分析により，自社事業の競争力強化や新たなビジネスチャンスの発見に繋げることができます。

(1)　先端技術分野の独自性
　DTSUは，独自性が高い先端技術を扱っているため，特許情報を通じてその分野の競合企業や新たな技術開発の動向を把握できます。この情報を基に，自社の技術開発や事業戦略を見直すことができます。

(2) 技術発展のスピード

　先端技術分野では技術の進化が早いため，DTSUは定期的に特許情報をチェックし，最新の技術動向を把握することが重要です。迅速な情報収集により，競合他社に先駆けて新技術開発や新製品の市場投入が可能となります。

　なお，特許情報は公開時期が出願から1年半後であるため，論文等のほうが公開が早い場合があります。また，プレスリリース等の特許情報以外の情報調査も組み合わせて行うことにより，技術動向をより詳細に把握できます。

(3) グローバルな視点

　国際市場を意識したDTSUにおいては，世界各国の特許情報に基づく技術動向や規制状況を把握する必要性があります。

2-7　投資家へのアピール

　近年では，投資家への年次報告書等に知財に関する情報を含める企業が増えてきました。DTSUは，投資家へ知財情報を用いてアピールすることにより，自社事業に対する関心を引くことができます。投資家へアピールする際の注意点を以下(1)～(4)に説明します。

(1) 技術の独自性と強みの証明

　DTSUは，独自の先端技術を持っているため，特許情報を通じてその技術の独自性や強みを明確に示すことができます。自社の技術が競合他社と差別化されていることを示すことで，投資家へ自社事業をアピールできます。

(2) 市場の独占ポテンシャル

　特許情報を用いて，自社の技術が市場において独占的な地位を占める可能性を示すことができます。自社の技術が市場での競争優位性を確保し，高い収益が期待できることを，投資家へアピールできます。

(3) 技術の成長性と将来性

　特許情報を活用して，自社の技術がどのような市場や産業において成長性や将来性を持っているかを示すことができます。投資家は将来の収益性や事業展開の可能性を重視するため，技術の成長性と将来性を具体的に示すことで，投資家の関心を引くことができます。

(4) 知財戦略の実行力

特許情報を通じて，自社がどのような知財戦略を実行しているかを示すことができます。投資家に対して，自社が適切な知財戦略を実行し，技術の価値を最大化していることをアピールすることで，投資家の信頼を得ることができます。

3 権利化戦略

3-1 特許出願書面の構成

スタートアップが，新しく考え出した製品やサービスを特許権により保護するためには，その技術内容を明確に説明する特許出願書面を作成する必要があります。特許出願を行う際の書面の様式は，特許法や特許法施行規則により細かく定められています。これらに従って記載を行い，適切な特許権を得るためには，かなり専門的な知識とノウハウが求められるため，特許出願を数多くこなしている経験値の高い弁理士に依頼することが望ましいです。

ここでは，実際の特許公報を用いて，願書に添付する特許出願書面の内容について説明します。

特許出願を行う際の願書に添付する特許出願書面は，①特許請求の範囲，②明細書，③図面，④要約の4つの文書により構成されます。願書には，出願名義人や発明者，代理人の弁理士等の情報を記載します。②明細書および③図面には，発明の技術内容を具体的に記載し，④要約には，発明の簡単な要約を記載し，①特許請求の範囲には，実際に保護を受ける技術内容を記載します。

① 特許請求の範囲

特許請求の範囲には，請求項と呼ばれる権利範囲を記載する部分があり，明細書や図面で説明した技術内容のうち，従来の技術にはない特徴的な部分を抽出して記載します。請求項は，他の請求項を参照していない独立した独立項と呼ばれる請求項と，他の請求項を参照し，その内容をさらに詳細に記載したり，新たに付加する構成を記載したりする従属項と呼ばれる請求項により，階層的に権利範囲の記載を行います。

② 明細書

明細書は，学術論文に似た構成をしており，発明の技術分野，従来技術を記載

し，この従来技術の問題点や課題，新たなニーズを特定し，これに対して特許出願する発明はどのようにして課題を解決するのか，その結果どのような有利な効果が得られるのかを記載します。そしてその裏付けとなる技術内容の説明を文章および図面を用いて説明します。

③　図面

　図面には，発明の内容を説明するために理解を助けるための図や表を記載します。機械構造等のハードウェアに関するものであれば3次元CAD図等の具体的な構造図，ソフトウェアに関するものであれば，システム構成図やフローチャート等，電気関連であれば回路図や入出力波形，化学関連であれば実験データ等を記載します。この例に挙げた特許公報はゲーム機に関する発明ですが，図面にはゲームのハード機，内部のシステムブロック図，処理のフローチャートが記載されています。明細書には，これらの図やフローチャートを参照しつつ具体的な処理内容についての技術説明が記載されています。

④　要約

　要約は，将来特許公開公報が発行される際に表紙に掲載される部分であり，発明を説明する代表図番号と，発明の内容の簡単な要約を記載します。要約の部分は権利範囲を特定する部分ではなく，単に最も権利範囲の広い請求項1の内容のコピーを記載することも多いです。

　特許出願では，これらの特許請求の範囲・明細書・図面・要約の4つの文書により，発明の内容を説明し，審査官による審査を通過すれば特許権として保護を受けることができます。特許法における出願の諸手続は書面主義を採用していて，これらの書面に記載されていない内容については，特許権で保護を受けることができないため，「そんなことは当たり前だから書いていませんでした」であるとか，「その内容は出願前から検討していましたが書いていませんでした」というような釈明は通用しません。関連する技術内容を含めて，特許出願の時点で明細書や図面に十分に記載をしておくことが必要です。

　ここで，特許請求の範囲の請求項に記載した内容が，実際に特許権として保護を受ける範囲になりますので，以下に記す「ドローンに関する請求項」の簡単な記載例により，請求項の記載を説明します。この発明は，物を搭載して運ぶドローンについて，搭載物の重さが増えるほど急には止まれなくなることから，スピードを出しすぎないようにするために警告信号を発するアイデアを請求項として

図表 2-7　特許出願書面の構成

構成			記載内容
② 明細書	発明の名称		発明の内容を簡明に表現
	発明の詳細な説明	技術分野	発明の関連分野
		背景技術	改良の基礎となる最新の従来技術
		先行技術文献	従来技術のリファレンス
		発明の概要：発明が解決しようとする課題	従来技術の問題点，新たなニーズ
		発明の概要：課題を解決するための手段	どのような手段で解決するのか
		発明の概要：発明の効果	従来技術より有利な点
		図面の簡単な説明	各図面の説明
		発明を実施するための形態，実施例	発明内容の詳細な説明（実施可能な程度に記載が必要）
		産業上の利用可能性	産業上の利用方法，生産方法
		符号の説明等	図の主要な部分を示す符号の説明
①	特許請求の範囲		特許で保護を受けようとする技術的範囲
③	図面		発明内容を説明するための図面
④	要約書		発明の要約

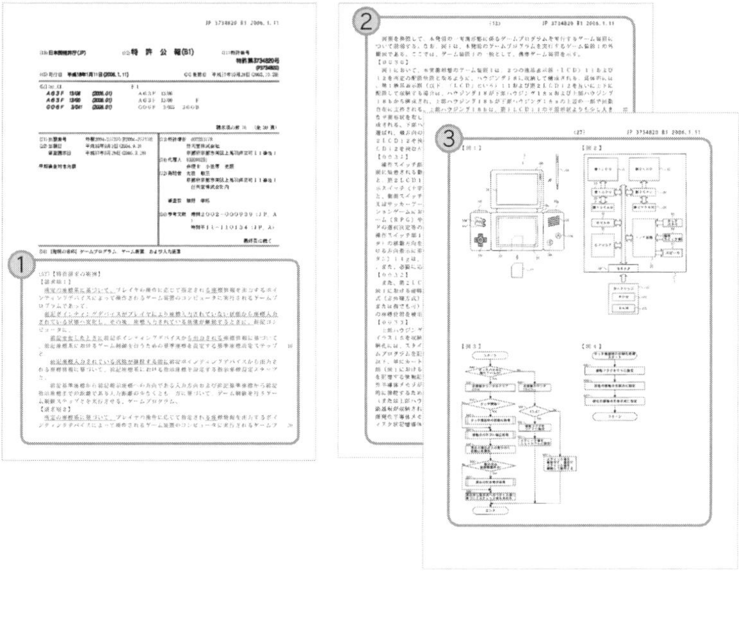

記載したものです。

> 【請求項1】
> 　1つまたは複数の回転翼と,
> 　搭載物を搭載可能な機体部と,
> 　測定された速度が閾値を超えた場合に警告信号を送信する通信部,
> を有するドローン。
>
> 【請求項2】
> 　前記閾値は,前記ドローンに搭載される前記搭載物の重量に基づいて変化する,請求項1に記載のドローン。
>
> 【請求項3】
> 　前記搭載物の重量を測定する重量測定部を有する,請求項2に記載のドローン。

　請求項1は他の請求項を参照していない独立項です。請求項2は,請求項1を参照し,請求項1の「閾値」の内容をより詳細に記載する従属項であり,「速度判定の閾値が搭載物の重量によって可変に設定できる」ということを限定しています。請求項3は請求項2を参照し,新たに「重量測定部」を付加した従属項であり,「搭載物の重量測定のための機構を備える」ということを限定しています。

　このように請求項を階層的に詳細に説明して記載していくことで,特許出願の審査において,発見される似た先行技術文献に対して,どこまで詳細に記載すれば差異が明確になって特許が認められるのか把握できたり,発明の内容をさまざまな角度から多面的に保護できたり,特許権が認められた後に権利行使を行う際に無効審判などでつぶれにくい強い特許権を作り上げたりすることができるようになります。

　なお,特許請求の範囲に記載した請求項の内容は,特許出願の審査の期間中,最初に明細書や図面に記載された事項の範囲内であれば,補正の手続きにより書き換えを行うことが可能です。たとえば,上に記載したドローンの例で,審査において特許庁の審査官が発見した従来技術に「搭載物の重量の変化に応じて警告を発する閾値が変化するドローンと,その搭載物の重量を重量センサで測定する技術」が開示されていたとすると,請求項1～3の内容はいずれも新規性がなく,拒絶されてしまいます。一方,出願した当初の明細書の中に「搭載物の重量を,重量センサではなく,ドローンのプロペラの回転出力により測定する」という技術を記載してあった場合には,この観点を請求項に追加する補正を行うことで,従来技術との差異が明確になって特許を得ることができるようになります。

　たとえば,以下のような補正を行って拒絶理由を解消していきます。この補正

後の請求項1には，旧請求項2と3の内容を下線部分で追加したうえで，明細書の中に記載されていた太線部分で示す「プロペラの回転出力により測定する」という観点を追加する補正を行ったものであり，従来技術にあった重量センサで測定するものとは差異のある構成に書き換えています。

【請求項1】（出願した当初の明細書や図面の内容に基づいて下線部を補正により追加した）
　1つまたは複数の回転翼と，
　搭載物を搭載可能な機体部と，
　ドローンに搭載される搭載物の重量に基づく閾値が設定されており，測定された速度が前記閾値を超えた場合に警告信号を送信する通信部と，
　前記搭載物の重量をプロペラの回転出力により測定する重量測定部と，
を有するドローン。

このように，特許出願は，出願をしたらそこで終了するわけではなく，自社や競合の製品やサービス内容が変わってきた場合に，それに合わせて補正を行って製品等をカバーする内容に書き換えたり，特許庁の審査官の審査により拒絶理由通知を受けた場合に，発見された先行技術文献の内容との差異を出すために補正を行って書き換えたりすることで，より良い権利を目指していくのです。

3-2　特許が登録されるための要件

特許は，出願をして審査請求を行った後，特許庁の審査官により審査がなされ，拒絶理由が見つからない場合に特許査定がなされます。この特許査定に対して登録料を納付すると正式に特許権が成立することになります。

特許法51条では，「審査官は，特許出願について拒絶の理由を発見しないときは，特許をすべき旨の査定をしなければならない。」と規定されています。そしてどのようなものが拒絶の理由になるのかは特許法に規定があり，またその審査の仕方については特許庁の公開する「審査基準」に詳しい説明がありますが，**スタートアップが知っておくべき特許出願が登録されるための主な要件には以下の3つがあります。**

(1)　新規性・進歩性の要件（世界一新しい技術であること）
(2)　実施可能要件（実施可能な程度に十分に明細書を記載すること）
(3)　明確性要件（明細書や請求項の記載が明確であること）

それぞれ簡単に内容を説明します。なお，より詳細に内容を知りたい場合には，特許庁の「審査基準」に実際の例などを挙げて詳しく説明がされていますので，そちらを参考にするとよいでしょう。

(1) 新規性・進歩性要件（世界一新しい技術であること）

　特許出願前に日本国内または外国において公然知られた発明，公然実施をされた発明，刊行物に記載された発明または電気通信回線を通じて公衆に利用可能となった発明は特許されません（特許法29条1項）。すなわち，特許権が認められるためには「新規性」があることが求められ，世界中で最も新しい誰もやっていない技術を開発した場合にのみ特許権が認められます。

　また，特許出願前にその発明の属する技術の分野における通常の知識を有する者が29条1項各号に掲げる発明に基づいて容易に発明をすることができたときは，その発明については，特許を受けることができません（特許法29条2項）。すなわち，世界で一番新しかったとしても，従来ある技術からその新しい発明を容易に思いついた場合には特許権が認められません。

　たとえば，すでに知られた発明や実施された発明を単に寄せ集めたに過ぎない発明や，そのような発明の構成の一部を置き換えたに過ぎない発明は，進歩性がなく特許権が認められません。

　スタートアップは，解決したい社会課題やユーザニーズに対して，既存のテクノロジーを組み合わせて新しい製品やサービスを生み出しています。ただし，単に既存の技術を組み合わせただけでは解決できない制約や難しさがあって，そこをスタートアップの開発力や技術力で乗り越えて新しい製品やサービスを提供しているはずです。このような部分こそが，他社と差別化できる自社のコア技術やサービスになり，また，同時に従来の技術と比べて新規性・進歩性があって特許権が認められ得る領域になります。

　常に知財を意識し，新規性・進歩性があるのかを考えることで，競合他社との

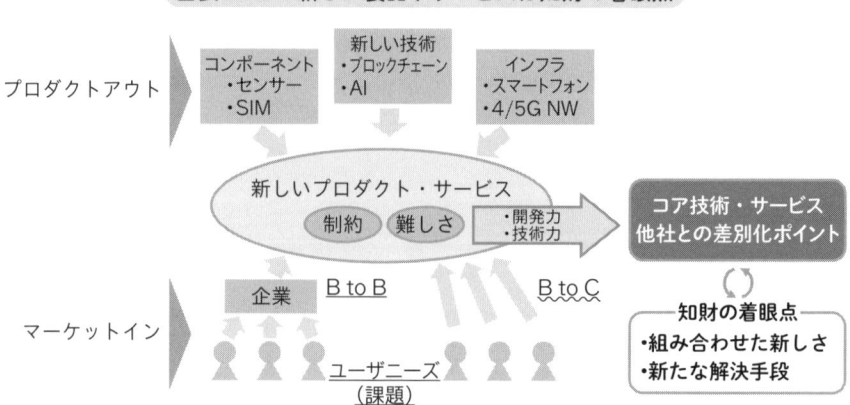

図表2-8　新しい製品やサービスは知財の着眼点

差別化ポイントが明確になり，自社の強みがよりクリアに理解できるようになります。スタートアップの経営者や取締役，開発者の方は，常日頃から「知財が取れるのか？」ということを念頭に置いて事業を行っていくとよいでしょう。

(2) 実施可能要件（実施可能な程度に十分に明細書を記載すること）

　特許法36条4項1号は，明細書の発明の詳細な説明の記載要領（いわゆる「実施可能要件」）について，「その発明の属する技術の分野における通常の知識を有する者がその実施をすることができる程度に明確かつ十分に記載したものであること。」と規定しています。『工業所有権法（産業財産権法）逐条解説〈第22版〉』[10]127頁によれば，本項の趣旨について，「四項は発明の詳細な説明の記載要領を規定したものである。一条の説明において述べたように，特許制度は発明を公開した者にその代償として一定期間一定の条件で独占権を付与するものであるが，発明の詳細な説明の記載が明確になされていないときは，発明の公開の意義も失われ，ひいては特許制度の目的も失われてくることになる。その意味で本項はきわめて重要な規定である」と説明されています。

　スタートアップは，アジャイル手法により走りながら開発をし続けていることがあります。まだ開発項目が明確になっていない漠然とした抽象的なアイデアの段階で特許出願を行おうとすると，明細書に具体的かつ実施可能な程度に発明について記述することができず，審査で拒絶されてしまう可能性や，強い・良い権利が取得できない可能性があります。明細書には，同業者がその内容を読めば実装可能な程度に技術内容を記載する必要がある点を意識しなければなりません。

　たとえば，「従来からある言語解析処理とチャット機能を組み合わせればチャットボットが作れる」，あるいは「AIを使って物流の最適化を行う」というような極めて抽象的な緩いアイデアの段階で出願をしようとすると，従来の言語解析処理やAIを用いつつも新たな作り込みをするはずなのですが，そこを具体的に明細書に記載することができずに，結局は従来技術との差異が上手く説明できず，発明が実施可能な程度に記載できませんから，適切な権利を取得することができません。

　近年，AIの発達により，AIを使ってさまざまな新しい課題が解決できるようになりましたが，特許出願をするためには，どのような教師データを用いてモデルを生成するのか，どのような入力や出力を行うのか，どのようなパラメータ設定を行うのか，生成系AIであればどのような前処理や後処理を行うのか，等の

10　特許庁編『工業所有権法（産業財産権法）逐条解説〈第22版〉』（発明推進協会，2022年）

AIの設計や前後を含めた処理についての詳細がある程度決まった状態で，明細書にその内容を具体的に記載して特許出願を行う必要があります。

(3) 明確性要件（明細書や請求項の記載が明確であること）

特許法36条6項2号は，特許請求の範囲の記載要領（いわゆる「明確性要件」）について，「特許を受けようとする発明が明確であること」と規定しています。前掲の工業所有権法逐条解説131頁によれば，本号の趣旨について，「特許請求の範囲の記載は，特許権の権利範囲がこれによって確定されるという点において重要な意義を有するものであるから，その記載は正確でなければならず，一の請求項から必ず発明が把握されることが必要である。…二号は…特許請求の範囲の機能を担保するうえで重要となる規定であり，特許を受けようとする発明が明確でなければならない旨を規定したものである。この規定により，特許権の権利範囲を確定する際の前提となる特許請求の範囲の記載の明確性が担保されることになる」と説明されています。また，特許法36条6項1号は，特許請求の範囲に記載は，明細書の発明の詳細な説明に記載した発明の範囲を超えてはいけない旨を規定しています。

(2)で述べたように，具体的に実施可能な程度に明細書を記載し，そこに記載された範囲内で，特許請求の範囲の請求項を記載する必要があります。また，将来特許権を活用するシーンを想定すると，特許に詳しくない投資ファンドの人に技術内容をアピールしたり，文系出身の弁護士や裁判官に特許内容を理解してもらいやすくしたりするためには，請求項の記載は，簡潔で明確である必要があり，理系の大学生1，2年生でも読めば理解できる程度に，簡潔に請求項を記載することが求められます。

3-3 特許出願から特許権が登録されるまでの流れ

特許は出願したら終了ではありません。その後，特許庁の審査官による審査を受けて新規性・進歩性等の要件を満たしていると判断された場合に，特許査定がなされます。特許を出願してからの一般的な流れを以下に示します。

特許出願後，普通に審査を進めると，特許権になるには5年ほどの時間がかかります。審査を促進する方法はさまざまありますが，審査を急ぐべきか否かはそれぞれの企業のポリシーや，技術分野，競合の有無等によって異なり，個々の企業の知財戦略によるところです。審査を急ぐ場合と急がない場合は，それぞれメリット・デメリットがありますので，どちらがよいかは事業の進捗を踏まえ，弁理士に相談してみるとよいでしょう。

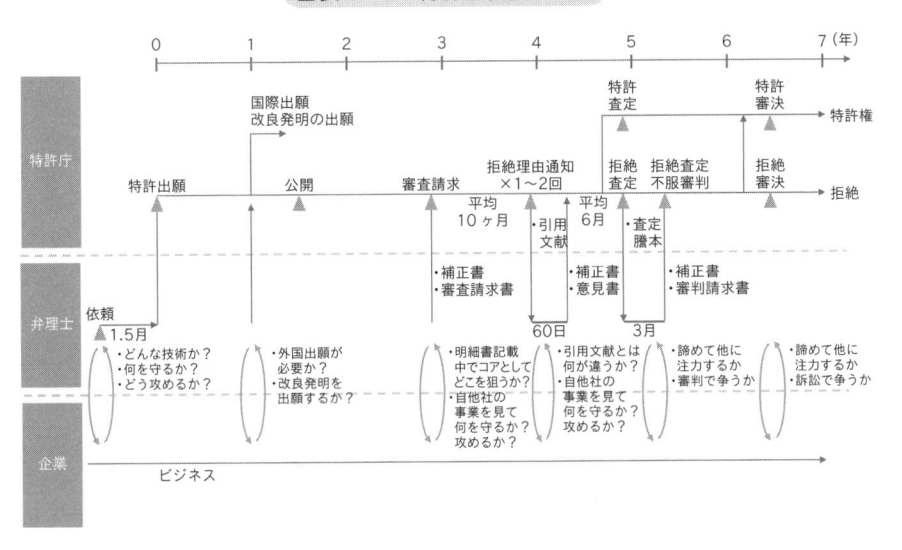

図表2-9　特許出願後の流れ

　通常，弁理士に出願依頼をしてから特許出願がされるまでには，1〜2カ月程度の期間を要します。新しい製品やサービスの技術内容について，資料等を用いて弁理士に説明し，弁理士がそれを数十ページの特許出願明細書に仕上げたのち，企業との間で確認を行ってから出願がなされます。明細書の分量や必要な期間は技術分野によって異なりますが，ハードウェアの機械構造等，目で見てわかるものは図面を見れば内容が理解でき，説明が比較的容易で，明細書の分量も少ない傾向があり，Webサービスやアプリなど，ソフトウェアの制御や情報処理に関するものは，説明のための分量が多めになる傾向があります。

　特許出願の後，特許庁に対して3年以内に「審査請求」を行うことができ，審査請求を行うと初めて審査が進められることになります。2024年現在は，中小企業や設立10年以内のスタートアップには，審査請求費用を2分の1または3分の1に減額する制度があり，大企業と比べると安価に審査請求を行うことができます。審査請求の際には，自社の製品・サービスが出願当初から変化していないか，競合の製品・サービスが出願した特許明細書の範囲に記載された技術を利用していないか等を検討し，必要に応じて請求項を補正して，自社や競合の製品・サービスをカバーするものに書き換えて審査請求を行います。

　審査請求は，最長で出願から3年後に行うことができますが，権利化を急ぐ場合にはより早い時期，たとえば出願と同時に行ってもよいです。審査請求をどのタイミングで行うかは，知財戦略によって異なるため，弁理士と十分に相談し，

メリット・デメリットを比較衡量したうえで，適切な時期に審査請求を行うとよいでしょう。

審査請求を行うと，特許庁の審査官が審査を行い，平均で10カ月後に「拒絶理由通知」という書面が送られて来ます。拒絶理由通知には，出願の日より前に公開されていた似た特許出願や文献（「引用文献」と呼びます）が添付されており，これらの文献に記載された発明と同一かまたはこれらから容易に発明できる，請求項の記載が明確ではない，という拒絶理由が記載されていることが多いです。この拒絶理由通知に対して，出願当初の明細書や図面に記載された内容の範囲内で請求項の内容を補正する手続補正書を作成し，引用文献に開示されている技術内容とは異なる記載に変え，また，どのように差異が明確になったのかを主張する意見書を作成し，特許庁に提出します。

この意見書・補正書により，引用文献に記載された技術からの差異が明確になり，その他の拒絶理由も解消している場合には，特許査定がなされます。一方，意見書・補正書を提出しても，審査官を説得することができず，拒絶が解消していないとされる場合には，拒絶査定がなされます。なお，審査官によっては再度の拒絶理由通知を発行してくる場合もあります。

ちなみに，出願した状態で拒絶理由が1つもない場合には，拒絶理由通知を受けることなく特許査定がされることもありますが，このような一発特許査定の率は15％程度であり，基本的には拒絶理由通知を受けることがほとんどですので，拒絶理由通知を受けたとしても驚かなくて大丈夫です。むしろ，出願当初の請求項1は，「チャレンジクレーム」と呼ばれ，取得できればラッキーだと考えるくらいの感覚で，あえて広めの権利を狙って記載してありますので，似た文献が見つかり拒絶されるのは普通なことです。

特許査定に対しては，その査定謄本の送達日から30日以内に登録料を納付することで，正式に特許登録がなされます。特許料納付のタイミングで，登録になった請求項よりもより広い観点の請求項や，明細書の中には記載しているものの特許査定がされた請求項には記載がない観点を新たにカバーする請求項があれば，これらの請求項を追加で保護するための「分割出願」を行うことができるため，特許査定のタイミングで，分割出願を行うかどうかを弁理士と相談するとよいでしょう。

拒絶査定を受けた場合には，拒絶査定不服審判を請求して拒絶査定の内容について再度争うことができます。拒絶査定不服審判の審理では，審判官と呼ばれる

ベテランの審査官3名からなる合議体が再度の審査を行うため，拒絶査定が覆ることも多いです。2022年の統計では，拒絶査定不服審判に対して実に79％で拒絶査定が覆り，特許審決または特許査定がされています。拒絶査定不服審判は，費用はかかるものの，認められて最終的に特許になる確率が高いので，機会があれば是非チャレンジしてみてください。

拒絶査定不服審判を行っても審判官を説得できず，拒絶理由が解消しない場合には，拒絶審決がなされます。拒絶審決に対しては知財高裁に対して審決取消訴訟という訴訟を提起して再度争う道がありますが，費用も掛かるためスタートアップがここまで行うことは稀です。

これまで説明したように，特許は出願したら終了ではありません。審査請求のタイミング，拒絶理由通知が発行されたタイミング，登録査定のタイミング等で都度弁理士と相談し，自社や競合の製品やサービスの変化を見ながら，請求項を補正により書き換えて，強くて権利範囲の広い特許権の成立を目指しましょう。

3-4 アイデアの公開と特許出願の関係： 公開してしまった内容は原則特許が取れない

特許権が登録されるためには新規性が必要です。たとえ自社の開示であったとしても，公開してしまった技術内容については原則特許が取れなくなりますので，注意が必要です。公開して新規性を喪失してしまうものとしては，たとえば次のようなものがあります。

> ・製品のプロトタイプを作成して顧客に見せてしまった。
> ・オンラインサービスのモックを作成して一時的に公開してユーザの反応を見てしまった。
> ・新しいサービスの概要を説明するプレゼンをしてしまった。
> ・ピッチやコンペで将来の事業アイデアをしゃべってしまった。
> ・面白い製品のアイデアができたのでその内容をSNSに投稿してしまった。

ありがちなシーンですが，これらはすべて，せっかく考えた新しいアイデア（発明）について新規性を喪失してしまっており，原則特許が取れなくなってしまいます。発明の公開は，書面によるものだけでなく，口頭で内容をしゃべってしまったり，オンラインで公開してしまったりするような場合も含み，どのような態様であっても発明の内容を他人に知られ得る状況においてしまったならば，新規性を喪失してしまいます。

したがって，誰かに新しい商品やサービスについての内容を説明する場合には，必ずその前に特許出願を完了させてから，情報を公開するようにしましょう。

なお，守秘義務を負った者に対して発明の内容を開示した場合には，新規性は喪失しません。そのため，新しく開発した商品やサービスについて，特許出願を完了するまでの時間待つことができず，それまでに他人に内容を見せたり話をする必要がある場合には，必ず公開前に相手と秘密保持契約（NDA：Non-Disclosure Agreement）を結ぶようにしましょう。

NDAを結ぶ煩わしさや，締結まで時間を要するために事業スピードが遅くなることを懸念して，NDAを結ぶことなく情報を公開してしまう企業がありますが，これは自社が作り上げた資産を誰でも模倣可能な形で提供してしまっているということであり，失うものが大きいので気をつけるようにしましょう。

ちなみに，民法522条には以下のように規定されており，契約は口頭やメールのやりとりでも成立します。

民法

（契約の成立と方式）

第522条 契約は，契約の内容を示してその締結を申し入れる意思表示（以下「申込み」という。）に対して相手方が承諾をしたときに成立する。

2 契約の成立には，法令に特別の定めがある場合を除き，書面の作成その他の方式を具備することを要しない。

相手がNDAに違反して公開した場合の罰則を規定するなど，NDAを実効性のあるものにするためには，正式に書面で契約を締結したほうがよいですが，特許の新規性喪失の観点だけで言えば，とにかく「開示する情報が秘密状態であって相手も秘密状態を維持する義務がある」ということが双方の間で合意されていれば足ります。よって正式なNDAを結ぶ時間がない場合などには，簡単にメール等で「これから開示する情報は秘密情報であり，第三者に開示しないでください」という内容を送り，「承知しました」という合意が確認できる返事を受け取ることができれば，開示する内容は特許出願するための新規性を喪失しないことになります[11]。

なお，NDAを結んでいればあらゆる情報を開示してもよい，ということではありません。相手が開示した内容を聞いて，それを改良した特許出願を先に行ってしまうかもしれませんし，改良したアイデアについて権利を主張してくるかも

---

11 ただし，これはあくまで新規性喪失を防ぐための応急的な対応であり，この後なるべく早くNDAを結ぶようにしてください。

しれません。したがって，たとえNDAを結んでいたとしても，早急に特許出願は完了させるべきですし，できる限り開示する前に特許出願を完了させたほうがよいです。

3-4-1　新規性喪失の例外

特許法には，**新規性喪失の例外**という手続きがあります。特許出願より前に公開された発明は特許を受けることができないという原則に対する例外規定であって，発明者や発明者から特許を受ける権利を譲り受けた会社が，自ら発明の内容を開示してしまった場合に，この開示から1年以内に特許出願を行い，その特許出願の願書に「新規性喪失の例外規定の適用を受けようとする旨」を記載したうえで，出願から30日以内に，発明の新規性喪失の例外規定の適用の要件を満たすことを証明する書面を提出します。この申請が認められると，自ら開示してしまった内容については，新規性を喪失しなかったものとして取り扱ってもらえます。

ちなみに，新規性喪失の例外の制度は，国によって要件や適用範囲が異なりますので，日本において新規性喪失の例外規定により救済される場合であっても，外国でも同じように救済されるとは限りません。主要な国や地域で言えば，欧州や中国の新規性喪失の例外は適用範囲が非常に狭く，日本で商品やサービスの内容を発表したり，それらを販売したりして，新規性を喪失してしまった場合には，欧州や中国では特許は取れなくなってしまうと考えたほうがよいです。

したがって，新規性喪失の例外の規定に頼ることなく，商品やサービスを発表して新規性を喪失してしまう前に必ず特許出願を完了させることが重要です。

3-4-2　仮出願の利用

NDAを結ぶことができず，また技術内容の公開までの時間がない場合には，とにかく公開する予定の資料を仮で特許出願し，後日内容を補充して正式な特許出願の明細書に書き直す，という戦略をとることもできます。

2015年改正特許法により，特許法38条の2の規定が導入され，日本版仮出願の制度が導入されましたが，それよりも以前から，出願日の認定がされる最低限の記載要件を満たした形の出願を行うことで，出願日の認定を受ける手法（以下ではこれを「仮出願」と呼ぶ）が行われていました。具体的には，公開する予定の資料をコピーして単に貼り付けた特許の図面や明細書を準備したうえで，仮の請求項を作成し，願書をつけることにより，体裁だけ整えた仮の特許出願を行います。

たとえば大学の研究室の教授や学生が学会発表をすることになったけれども，正式な特許出願の準備をする時間が足りない場合や，スタートアップが新たなサ

ービスを発表する予定があるが，正式な特許出願の準備をする時間が足りない場合に，発表するプレゼン資料や論文の内容を貼り付けた明細書や図面を用意し，仮出願として特許出願しておくことで，少なくともそれらの資料や論文に記載された内容については，発表・公開前に特許出願を行っていたという状況を作り出すことができます。

　仮出願した内容については，1年以内に正式に書き直した特許出願を行い，仮出願に対して優先権を主張することで，先に提出した仮出願は後に自動的に取り下げられ，正式な特許出願のみが残って審査を受けることができます。

　ただし，仮出願はあくまで緊急避難的な手続きであって，公開した内容を聞いた他の人が，改良した発明を先に特許出願してしまうリスク等もあり，原則は公開する前に特許出願を完了させるべきである，ということを常に意識しておくことが必要です。

3-5　スタートアップがよく活用する制度

　ここでは，スタートアップがよく活用する制度として，(1)優先権を主張した改良発明の出願，(2)分割出願，(3)早期審査制度について説明をします。

　いずれも特許法上の制度ですが，スタートアップは特にこれらの制度を駆使して，適切なタイミングで過不足のない特許権を取得することが必要です。

(1)　優先権を主張した改良発明の出願

　スタートアップは，日々商品やサービスを改良し続けて顧客を獲得していきますが，すでに特許庁に提出した特許出願に記載された商品やサービスの発明について，改良した発明を追加したくなる場合があります。このような場合に用いられる制度が「優先権を主張した優先権主張出願」です。

　特許庁の審査官による特許出願の審査は，出願の日を基準として，それよりも前に似た技術がすでに公開されていないかどうかが審査されますが，すでに出願した自己の特許出願（先の出願）の発明を含めて包括的な発明としてまとめた内容を，優先権を主張して特許出願（後の出願）をする場合には，その包括的な特許出願（後の出願）に係る発明のうち，先の出願の出願当初の明細書や特許請求の範囲等に記載されている発明について，新規性，進歩性等の判断に関し，先の出願の時に出願したものとして審査するという優先的な取扱いを認めるものです。

　わかりやすいように**図表2-10**に基づいて解説していきます。

　たとえば，1件目の先の出願に【実施例1】という技術内容を記載して特許出

願を行ったとします。前述のドローンの例（50-51頁）でいうと，4枚羽根のドローンの回転推力により，搭載物の重量を測定する【実施例1】を記載しているとします。1年間の技術開発の結果，新しい6枚羽根のドローンを改良し，この改良発明についても特許を取得したくなりました。さらに，改良発明には，単に6枚羽根にしただけでなく，羽根の平均回転推力により求めた飛行速度により搭載物の配送時間を予測する技術も入っています。

このような場合には，1件目の出願（先の出願）に対して「優先権主張」をした特許出願を行います。明細書には，【実施例1】として1件目の出願に記載していた4枚羽根のドローンを記載し，【実施例2】として新たに改良した6枚羽根のドローンを記載し，【実施例3】として搭載物の配送時間予測を記載したうえで，1件目の出願に「優先権主張」を行って2件目の特許出願（後の出願）を行います。

この場合，実施例1に記載した4枚羽根のドローンについては1件目の出願時である2023年5月1日を基準として新規性や進歩性の審査がなされ，後で追加した【実施例2】や【実施例3】に記載した6枚羽根のドローンや配送時間予測については，後の2件目の出願時である2024年4月1日を基準として新規性や進歩性の審査がなされます。

たとえば，この1件目と2件目の出願の間の2023年10月1日に，4枚羽根，6枚羽根，8枚羽根のドローンについて回転推力による重量判定を行う，似たような特許出願が他の競合によりされてしまった場合には，2件目の出願の6枚羽根の【実施例2】のアイデアは新規性がなく拒絶されてしまいますが，1件目の出願に記載されていた4枚羽根の【実施例1】のアイデアは，競合の出願よりも前の2023年5月1日を基準として審査されますので，競合の出願の影響はなく，他の登録の要件を満たせば特許が登録できることになります。また，競合の出願に記載されていない新たな改良発明である【実施例3】の配送時間予測のアイデア

図表2-10　優先権主張出願の例

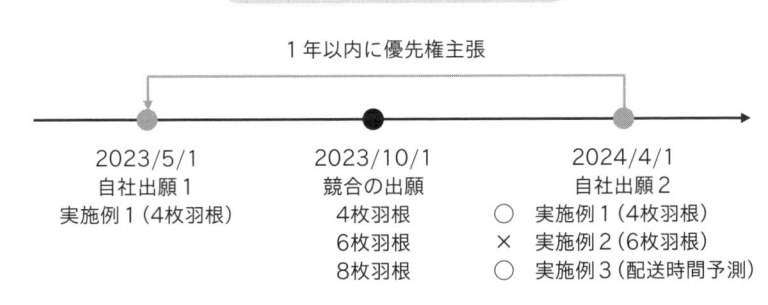

も，他の登録の要件を満たせば特許が登録できることになります。

このように，最初にした先の出願に対して優先権を主張することで早い出願日の認定を得て，新たな改良発明の補充をしながら明細書の内容を充実させることができ，より良い権利の取得を目指すことができます。なお，この優先権主張出願は永遠にできるわけではなく期限が決められており，補充をした後の出願は，先の出願から 1 年以内に行う必要があります。

なお，先にされた日本の特許出願に対して，後の出願としては，日本の特許出願，PCT国際特許出願，外国特許出願のいずれでも適用することができます。先の特許出願も後の特許出願もいずれも日本の特許出願の場合には，「国内優先権」と呼ばれ，先の特許出願は，出願の日から 1 年 4 カ月後に自動的に取り下げられ，補充した後の特許出願のみが審査されることになります。

スタートアップは日々改良を続けながら事業を継続していきますので，優先権を主張した出願を駆使しながらより良い権利を目指していくとよいでしょう。

(2) 分割出願

1 件の特許出願を行った場合，その中には複数のアイデア（すなわち発明）が記載されていることがあります。このように 2 以上の発明を包含する特許出願に対しては，出願後であっても，その一部を新たな特許出願として分割することができます。そして特許出願の分割が適法になされた場合には，新たな分割の特許出願は，元の特許出願の時にしたものとみなされます。

分割出願を行うことができる時期は，元の特許出願が，拒絶理由通知を受ける前，拒絶理由通知を受けた場合にはその応答期間内，特許査定を受けてから30日以内，拒絶査定を受けてから 3 カ月以内，の期間であり，これらの期間に元の出願の明細書や図面の内容に基づいて，分割出願を行います。

うまく特許査定を得られた場合であっても，そこで登録して終了させてしまうのではなく，分割出願を行い，競合他社の将来の実装の変更に柔軟に対応できるようにしておくとよいです。分割出願を残しておくことにはさまざまなメリットがあります。そのうちの重要なものを挙げると以下のようなものがあります。

・競合他社の製品・サービス内容が明らかになったときに，その内容を見ながら請求項を書き換えることができる。

・競合他社が設計変更をしてきたときに，それに合わせる形で請求項を書き換えることができる。

・将来の係争で特許権が無効になることがあっても，分割出願で別の観点の特許権を

取得することができる。

・関連する特許権のポートフォリオができあがり，製品・サービスをさまざまな角度から網羅的に守ることができる。

なお，唯一デメリットがあるとすれば，分割出願のたびに費用がかかることですが，分割出願は，元の出願の明細書や図面をそのままコピーして請求項の部分のみを書き換えるため，1件全く新しい特許出願をすることに比べると安価になります。

分割出願は，元の出願の明細書や図面等に記載されていた複数の発明を分割して取り出し，新たな請求項として記載するものであるため，元の出願の明細書や図面等に記載されていない事項については新たに記載をすることはできません。したがって，特許出願をする場合には，将来分割出願をすることを常に想定して，直近は実装しないとしても将来自社や他社が実装する可能性のあるいろいろなバリエーションの実装例を記載しておくとよいです。

たとえば，スマートフォンからカーナビを操作できるナビ連携のサービスを構築し，特許出願を行ったとします。最初の出願の請求項にはナビ連携の観点のみが記載されており，特許権を取得することができました。

しかしながら，その出願の明細書をよく読むと，このナビ連携だけではなく，他にもスマホからカーナビを操作する音声入力についてのアイデアや，スマホのカメラを操作することでカーナビとの連携が取れるアイデア，スマホとカーナビで共通にデータを管理するアイデア，スマホとカーナビの認証に関するアイデア等，他のアイデアも記載されています。これらは後の分割出願でそれぞれ特許化を狙うことができるのです。

明細書や図面全体を通して，最初に考えていたアイデアの周辺の別のアイデアが記載されていないのかを確認し，それらが今後自社や他社に使用される可能性

図表 2 -11 　事業の内容を多面的に保護する特許ポートフォリオを構築する

1つの出願から多数の分割出願を行う　　　　　多面的な保護を行う特許群を取得

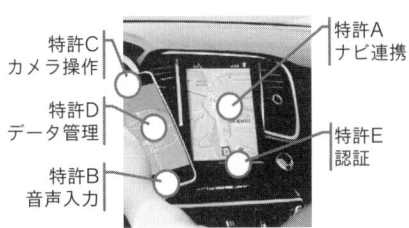

権利満了 (出願から20年)

出願 ──→ 特許A (ナビ連携)
分割 ──→ 特許B (音声入力)
分割 ──→ 特許C (カメラ操作)
分割 ──→ 特許D (データ管理)
分割 ──→ 特許E (認証)

特許C カメラ操作
特許D データ管理
特許B 音声入力
特許A ナビ連携
特許E 認証

があるのであれば，それぞれのアイデアを別途分割出願して請求項に記載して特許化を目指すべきです。

　ちなみに，特許権の活用経験の豊富な大企業の知財部では，重要な発明について戦略的に分割出願を行って強い権利の取得を目指しています。たとえば，競合他社の売り上げ規模の大きい製品をカバーすることができる特許出願については，重要フラグを立てて重点管理し，10件以上の分割出願を行ってあらゆる観点から戦える特許権を取得していきます。スタートアップは大企業とも互角に渡り合っていかなければならないのですから，特許権についても対等に戦っていける権利範囲が広くて強い特許権の取得を心がけましょう。

(3)　早期審査制度

　特許出願は，審査請求を行って初めて審査が開始されます。審査請求が行われた順に，特許庁の審査官により1件ずつ審査が行われますが，実際に審査が始まるまでには一定の待ち時間があります。特許庁の2023年の特許行政年次報告書の統計によれば，審査請求を行ってから最初の応答（拒絶理由通知や特許査定）を受けるまでに約10カ月を要しました。

　しかしながら，早期に特許の権利化を行いたい事情がある場合には，さまざまな「早期審査」の制度があります。「早期審査に関する事情説明書」を特許庁に提出し，早期審査の請求を行って早期審査が認められると，通常10カ月かかる審査の待ち時間が約2〜3カ月以内に短縮され，早期に特許化を目指すことが可能です。

　さらに，資本金の額が3億円を超えておらず，設立後10年を経過していない大企業に支配されていないスタートアップに対しては，すでに実施している製品やサービスに関連する出願について，早期審査よりもさらに審査スピードの早い「スーパー早期審査」という制度を利用することが可能です。スーパー早期審査では，原則1カ月以内に特許庁から拒絶理由通知または特許査定を受領することができます。

　なお，スタートアップが特許出願に対して早期審査行うべきかどうかについては，そのメリットとデメリットを比較して，どちらが自社に取って良いか十分に検討しましょう。特許権というものは，競合他社と戦うための「弾」ですので，原則的には，競合他社の製品をカバーする権利が取れていないと意味がありません[12]。競合他社が何をやっているかが見えていない状況で早期の権利化を行う場

12　66頁参照。

合には，それに見合うメリットがあるのかを十分に理解したうえで，早期審査を行うようにしましょう。

　早期審査制度の詳細については，次項の「3-6　早期権利化のための制度」を参照してください。

3-6　早期権利化のための制度

　先述のように出願人が審査請求手続きを行ってから最初の審査結果が返ってくるまでの期間（以下，「一次審査期間」という）は約10カ月です。また，審査請求手続きを行ってから最終処分が行われるまでの期間（以下，「最終処分期間」という）は約15カ月です。これらの期間を大幅に短縮できる制度として，「早期審査制度」と「スーパー早期審査制度」があります（**図表2-12**）。場合によっては，これらの制度を上手く利用し，早期権利化を目指すことが有効となります。

図表2-12　一次審査期間および最終処分期間の比較

〈2021年度実績〉	通常	早期審査	スーパー早期審査
一次審査期間（平均）	10.1カ月	2.6カ月	0.8カ月
最終処分期間（平均）	15.2カ月	5.6カ月	2.6カ月

3-6-1　早期審査制度

　早期審査制度を利用した場合には，通常10カ月程度かかる審査期間が2〜3カ月程度に短縮されます。2021年度においては，一次審査期間は平均で2.6カ月であり，最終処分期間は平均で5.6カ月でした[13]。また，同年度における早期審査制度の利用件数は，22,219件でした。

　出願人は，審査請求時または審査請求後に早期審査請求を行うことができます。早期審査制度を利用する際の追加の庁費用は不要ですが，代理人費用は通常別途必要となります。

　なお，早期審査制度を利用するためには，対象の出願が下記要件のいずれか1つを満たす必要がありますが[14]，スタートアップの出願は，「実施関連出願」や

13　特許庁審査第一部調整課『国内外で円滑に特許権を取得するために』特許庁主催の「2022年度知的財産権制度説明会（実務者向け）」の講義資料
　　https://www.jpo.go.jp/news/shinchaku/event/seminer/document/chizai_setumeikai_jitsumu/06_text.pdf
14　早期審査制度を利用するための要件の詳細については，特許庁の下記ウェブサイトを参照。
　　https://www.jpo.go.jp/system/patent/shinsa/soki/v3souki.html

「中小企業，個人，大学，公的研究機関等の出願」に該当する場合が多いです。

【早期審査制度を利用するための要件】
・実施関連出願（実施予定の製品やサービスに関連する出願）
・外国関連出願（外国出願やPCT国際特許出願がされている出願）
・中小企業，個人，大学，公的研究機関等の出願
・グリーン関連出願
・震災復興支援関連出願
・アジア拠点化推進法関連出願

3-6-2　スーパー早期審査制度

　スーパー早期審査制度を利用した場合には，通常10カ月程度かかる審査期間が1カ月程度に短縮されます。2021年度においては，一次審査期間は平均で0.8カ月であり，最終処分期間は平均で2.6カ月でした。また，同年度におけるスーパー早期審査制度の利用件数は，1,362件でした。

　出願人は，審査請求時または審査請求後にスーパー早期審査請求を行うことができます。スーパー早期審査制度を利用する際の追加の庁費用は不要ですが，代理人費用は通常別途必要となります。

　なお，スーパー早期審査制度を利用するためには，対象の出願が下記要件のいずれかを満たす必要があります[15]。

・「実施関連出願（実施予定の製品やサービスに関連する出願）」かつ「外国関連出願（外国出願やPCT国際特許出願がされている出願）」
・スタートアップ企業による出願であって「実施関連出願」である

3-7　早期審査制度のメリット・デメリット

　早期審査制度を利用することには，メリットとデメリットがあります（**図表2-13**）。本項では，そのメリットとデメリットについて説明します。

15　スーパー早期審査制度を利用するための要件の詳細については，特許庁の下記ウェブサイトを参照。
https://www.jpo.go.jp/system/patent/shinsa/soki/super_souki.html

図表 2-13　早期審査制度のメリット・デメリット

メリット	(1)	審査結果に応じて権利化方針の見直しが可能な点
	(2)	早期権利化による対外的なアピールが可能な点
デメリット	(3)	改良発明の権利化が困難になる点
	(4)	分割出願を行う最後の機会が早期に訪れる点
	(5)	国内優先権主張出願の機会が早期になくなる点
	(6)	マーケティング的な利用ができなくなる可能性がある点

3-7-1　早期審査制度のメリット

(1)　審査結果に応じて権利化方針の見直しが可能な点

　出願人は，早期審査制度を利用することで審査結果を通常よりも早期に受け取ることが可能です。早期審査制度を利用した場合には，通常，出願から3カ月以内には最初の審査結果が届きます。この審査結果が否定的である場合，出願人は，審査結果に応じて下記①または②の対応を取ることが可能です。

　①出願人は，出願日から1年以内であれば国内優先権主張出願を行うことが可能であり，国内優先権主張出願の際には先の出願に記載されていない事項を追加することができます[16]。出願人は，早期審査制度を利用した場合には，早期に通知された拒絶理由通知書の内容を確認したうえで追加内容を吟味できるので，拒絶理由を回避するためのより確実な権利化方針を立てることが可能になります。

　②特許出願の内容は，出願日から1年6カ月が経過したときに公開されますが，早期審査制度を利用した場合には，出願人は，特許出願の内容が公開される前に最初の審査結果を受け取ることになります。この審査結果が否定的である場合，出願人は，特許出願を取り下げるという方針を取ることが可能です。これにより，出願の公開を防ぎ，自社の技術を秘匿のままにすることができます。

(2)　早期権利化による対外的なアピールが可能な点

　早期審査制度を利用して早期権利化を図ることにより，対外的なアピールが可能になります。たとえば，スタートアップは，自社の販売製品に関して特許を取得したことを宣伝材料として利用することができます。広告や自社のウェブサイトにおいて，「特許出願中」と表記するよりも「特許取得済み」と表記するほうが宣伝効果としては高くなるでしょう。また，スタートアップにおいては，特許

16　国内優先権主張出願については，第1部第2章3-5(1)（60頁）参照。

権を取得した事実が投資家向けのアピールにもなり，資金調達などを有利に進めることが可能になります。

3-7-2　早期審査制度のデメリット

(3)　改良発明の権利化が困難になる点

　早期権利化を行うことにより，改良発明に係る権利化が困難になる可能性があります。通常であれば，特許出願の内容は出願日から1年6カ月が経過したときに公開されますが，早期権利化を実現できた場合には，特許出願の内容が出願日から数カ月程度で特許公報に掲載されることになります。特許公報が公開された後に改良発明について新たに特許出願を行った場合には，**改良発明の進歩性がその特許公報に基づいて否定されてしまう可能性があります。**

(4)　分割出願を行う最後の機会が早期に訪れる点

　特許査定謄本の送達があった日から30日が経過した後，または最初の拒絶査定謄本の送達日から3カ月が経過した後は，出願人は，分割出願を行うことができません。早期権利化を図った場合には，出願人は，通常よりも早期に特許査定や拒絶査定を受ける可能性が高くなります。そのため，分割出願を行う最後の機会が早期に訪れ，出願人は，この機会を最後として分割出願を行っておくか否かを判断する必要があります[17]。**この機会を逃すと分割出願を行うことができませんので，この判断は非常に重要です。**

(5)　国内優先権主張出願の機会が早期になくなる点

　出願人は，通常であれば出願日から1年以内に国内優先権主張出願を行うことができますが，特許査定を受けた後には出願日から1年以内であっても国内優先権主張出願を行うことができません。そのため，**早期権利化を図った場合には，出願日から1年が経過するよりも前に国内優先権主張出願を行う機会がなくなる可能性があります。**

　特に，拒絶理由通知書が一度も発せられることなく特許査定を受ける可能性に留意すべきです。この場合，国内優先権主張出願を行う機会が早期になくなり，改良発明に関して包括的に権利化を図ることや，実施形態をより充実させた形で権利化を図ることができなくなります。このことを避けるためには，拒絶理由通知書が通知されるような施策をあえて行っておくとよいでしょう。たとえば，特

17　分割出願のメリットについては，第1部第2章3-5(2)（62頁）参照。

許請求の範囲にわざと誤記を残すなどして，拒絶理由通知書が通知されるようにします。

(6) マーケティング的な利用ができなくなる可能性がある点

特許庁の審査で類似の先行特許などが見つかり拒絶査定を受けると，早期に特許が「取れない」ことが確定してしまいます。早期審査をせず通常の審査を受ければ5年間ほどは「特許出願中」という表示で宣伝広告し，マーケティング的な利用をすることができるのに，拒絶査定を受けてしまうと特許が取れないことが確定し，せっかく費用をかけた特許出願を最大限生かし切れない場合があります。早期審査をして急いで権利化しても競合他社の実装が見えておらず，結局は他社の製品をおさえる有効な権利が取れないのであれば，早期審査をすることなく他社の実装がわかるぎりぎりまで審査を先送りし，その間「特許出願中」という表示を掲げてマーケティング的な利用をしておくほうが有効な場合があります。

3-8　面接審査

特許出願の審査に関して審査官と直接的に意思疎通を図る制度として，面接審査制度があります。拒絶理由通知書に対する応答は書面で行うことが通常ですが，面接審査制度を利用することで審査官との直接的な対話が可能になります。

面接審査の最大のメリットは，審査官の反応を見ながら応答方針を柔軟に変えることができる点です。たとえば，特許性に関する審査官の見解が誤っている場合には，議論を重ねながら審査官の認識を是正することが可能です。一方で，審査官の見解を覆すことが難しいと判断した場合には，拒絶理由を回避するような補正案を段階的に審査官に提示し，落とし所を探ることも可能です。このような柔軟な対応は書面でのやり取りでは難しいため，スタートアップは面接審査制度を積極的に活用するとよいでしょう。

面接審査の種類としては，①特許庁で行う面接審査，②審査官が全国各地の出張所に出向くことにより行う出張面接審査，③Web上で行うオンライン面接審査があります。出願人の意思をより確実に伝えるためには，③のオンライン面接審査よりも，①②の直接的な面接審査が有効です。なお，面接審査制度を利用する際の追加の庁費用は不要ですが，代理人費用は通常別途必要となります。

4 技術領域ごとの権利化戦略

4-1 医薬・バイオ

　医薬・バイオ（医薬品）分野においては，特許制度を用いた保護に加えて，医薬品・医療機器の承認許可制度（薬事制度）に基づく保護も可能です[18]。また，薬事制度における承認申請の審査において，特許の存在により後発医薬品の承認が認められない国も存在し，特許制度および薬事制度は関連性を有しています[19]。

　そこで，本項では，医薬・バイオ系スタートアップにとって重要である医薬品に関連する特許制度および薬事制度について俯瞰したうえで，具体的な特許戦略および事例について解説します。

4-1-1 医薬品における特許の種類

　医薬品開発においては，新薬の研究開発段階に応じて生じる異なる発明により，さまざまな種類の特許を取得できる可能性があります（**図表2-14**）。そこで，これらの特許を組み合わせることにより，医薬品の保護が図られています。

　一例として，標的分子に対する化合物の選定後，化合物の塩・共結晶・結晶多型のスクリーニングを行い，さらに，得られた化合物の特性に応じて製剤が設計

図表2-14　医薬品開発と特許の種類との関係

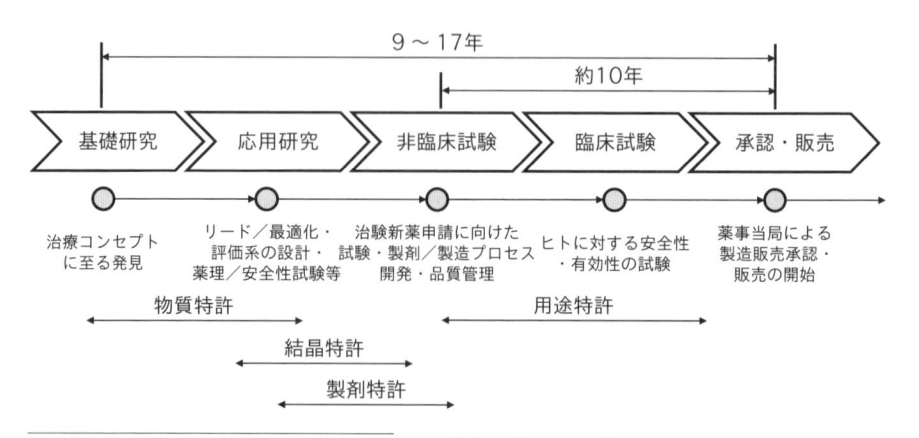

18　薬食発1121第2号「医薬品の承認申請について」（2014年11月21日）

19　知的財産研究教育財団 知的財産研究所，『バイオ医薬品の知的財産制度等に係る諸外国における実態調査（平成29年度厚生労働省医政局経済課委託事業）』（2018年3月）

された場合を想定すると，①化合物に関する特許（物質特許），②塩・結晶多形等の原薬形態に関する特許（塩・エステル特許または結晶・溶媒和物特許），③化合物の新効能に関する特許（用途特許），④製剤に関する特許（製剤特許）等を取得できる可能性があります。このため，基礎研究から臨床試験までの各段階でどのような発明および特許が生じるのかを把握し，研究開発の進展により生じた発明の把握および必要に応じた特許の取得が重要となります。

そこで，医薬品における代表的な特許の種類について概説します。

① 物質特許

医薬品は1種類の有効成分を含むため，1種類の有効成分そのものを保護する特許（物質特許）を取得することにより，有効成分を包括的に保護できます。物質特許の強みは，その有効成分の使用形態，製造方法等のいかんに関わらず，有効成分が同じであれば権利が及ぶ点です。このため，物質特許が存続している期間は，後発医薬品を含む第三者の実施から医薬品を保護できるため，医薬品メーカーは有効成分の物質特許を中心として特許ポートフォリオを構築します。

また，医薬品開発では有効成分の選定後にその後の臨床試験に向けた各種試験が進むため，物質特許は通常は最も早く出願されることになります。特許権の存続期間は出願日が基準となるため，出願したタイミングで独占期間の末日（特許権の満了日）が必然的に決定し，物質特許の存続期間の満了とともに後発医薬品の参入が可能となるケースも多くなります。このため，有効成分の開発が見通せない状況での物質特許の出願は特許権の存続期間の浪費ともなるため，物質特許については，薬事における開発の進捗状況，競合他社の開発動向も考慮して，出願時期を検討する必要があります。

② 塩・エステル特許

有効成分の特性評価では，溶解性，生物学的利用率（バイオアベイラビリティ），安定性，毒性等のさまざまな特性が評価されます。しかしながら，すべての有効成分が医薬品として適した特性を有しているわけでもなく，その特性に応じて，有効成分の塩の調製，有効成分のカルボン酸のエステル化等を介して有効成分の特性改良が行われます。

特性改良において生じた有効成分の塩形態および有効成分のエステル化物については，有効成分の物質とは異なる構造を持つため，それぞれ，塩形態に関する特許およびエステル化体に関する特許（塩・エステル特許）として特許を取得できる可能性があります。

また，医薬品の承認申請においては，有効成分の塩違いまたはエステル違いは，化学構造の基本的相違を伴うため，後発医薬品は基本的に承認されません[20]。このため，上記物質特許の出願後，開発中の医薬品の塩・エステル特許を取得することで，医薬品の実質的な保護期間の延長を図ることができます。

③ 結晶・溶媒和物特許

有効成分の中には，結晶多形を示す化合物，すなわち，同じ化学組成を有する化合物であっても，結晶中で分子の配列が異なり，複数の結晶構造を示す化合物も存在します。また，化合物の結晶多形間では物性が異なるため，錠剤等の固形医薬品の開発では，各結晶形の物性評価および最適な結晶多形の選択を行ったうえで製剤設計が行われます。

また，結晶多形の他にも，有効成分は，結晶化した際に溶媒分子が配位した溶媒和物（たとえば，水和物）となることもあります。

この場合，結晶形の評価で得られた新たな結晶形については，結晶形に係る発明の特許（結晶特許）を，溶媒和物については，溶媒和物特許を取得できる可能性があります。

結晶違いまたは溶媒和物違い（たとえば，水和物と無水物）については，上記塩・エステル違いとは異なり，化学構造の基本的相違を伴わないため，後発医薬品は承認されます[21]。このため，結晶・溶媒和物特許については，後発医薬品メーカーが結晶・溶媒和物違いの有効成分を使用できれば回避できる可能性はありますが，上記物質特許の出願後，開発中の医薬品の結晶・溶媒和物特許を取得することで，医薬品の実質的な保護期間の延長を図ることができる場合があります。

④ 用途特許

医薬品の開発においては，当初の標的疾患の開発に加えて他の疾患の治療への適応可能性の探索により適応症の拡大が試みられます。また，ヒトへの投与量，投与間隔，投与経路等の投与方法の調整により，有効成分の効能効果の最大化や副作用の低減等も試みられます。

この結果，有効成分の新たな疾患への適応，効果的な投与方法が見出された場合，新たな疾患（追加効能）およびレジメン（用量および用法）に係る発明の特許（用途特許）を取得できる可能性があります。

20　薬食発1121第2号「医薬品の承認申請に際し留意すべき事項について」（2014年11月21日）
21　薬食審査発0616第1号「異なる結晶形等を有する医療用医薬品の取扱いについて」（2011年6月16日）

⑤ 製剤特許

医薬品の有効成分は単体で投与されるわけではなく，投与形態に応じて，安定化剤等の添加剤を加えた製剤として調製されます。また，製剤は患者へのアドヒアランス等を考慮した剤形変更（たとえば，錠剤から口腔内崩壊錠への変更），それに伴う処方の変更等の改良が事後的に加えられることもしばしばあります。

このため，製剤に特徴がある場合および製剤の処方変更が生じた場合については，製剤に係る発明の特許（製剤特許）を取得できる可能性があります。

⑥ その他特許

上記特許以外にも，有効成分の合成方法に関する製法特許，合成中間体に関する中間体の特許または中間体の製法特許，光学活性体に関する特許，他の医薬品有効成分との配合剤に関する配合剤特許等も取得可能な場合があり，有効成分に応じて検討が必要となります。

4-1-2 特許権の延長登録制度

特許権の存続期間は出願日より20年間です。ただし，医薬品は薬事当局による

図表2-15 各国の延長登録制度の概要

	日本	米国	欧州	中国
申請者	特許権者	特許権者	特許権者	特許権者
発明の種類	制限無し	物質，使用方法，製法	物質，用途，製法	物質，用途，製法
申請期間	承認から3カ月	承認から60日	承認から6カ月	承認から3カ月
対象特許数	制限無し	1つ	原則，1つ	1つ
1特許の延長回数	制限無し	1回	1回	1回
延長の範囲	承認内容+α	承認された適応症	承認された製品	承認された適応症
延長期間	最大5年	最大5年，かつ承認日〜満了日までが14年以内	最大5年（小児用途+6カ月），かつ承認日〜満了日までが15年以内	最大5年，かつ承認日〜満了日までが14年以内
期間計算	登録日および治験届出日の遅い日〜承認日	（治験届出日から承認申請の日までの期間）×1/2+（承認申請から承認日）	（出願日〜最初の承認日）-5年	（出願日〜最初の承認日）-5年

規制があり，薬事当局による製造販売承認を得てからでないと医薬品として販売できません。また，医薬品はヒトを対象とした臨床試験（治験）に時間を要し，研究開発から製造販売承認までの期間が平均で約10年と比較的長期間にわたります（**図表2-14**）。このため，典型的な状況では，実際に医薬品が販売できるようになる時点では特許権の残存存続期間が約10年またはそれ以下となり，日本，米国，欧州[22]，中国等では，研究開発期間による特許権の存続期間の浸食を補填するために，承認された医薬品に関連する特許について一定の要件を満たした場合に特許権の存続期間を最大5年間延長する制度（延長登録制度）が設けられています（**図表2-15**）。

　延長登録制度は国ごとに要件が異なり，多くの国では有効成分ごとに最初の承認に対して1つの特許のみが延長可能です。このため，1つの医薬品に関連する特許を複数取得している，あるいは自社特許のライセンシーが関連する特許を取得しており，延長対象の特許が複数ある等の複数特許から延長登録を行う特許を選定する必要がある場合には，後発医薬品（ジェネリック医薬品）等への抑止力を踏まえて延長登録の対象とする特許を選定する必要があります。

　また，日本では，特許の登録日および治験計画届の届出日のいずれか遅い日から浸食された日数をカウントするため，延長登録の日数を最大化するためには，有効成分の治験開始前に特許を登録する必要があります。このため，医薬品の開発時期を見つつ，関連する特許出願の審査を早期化して登録を図る必要があります。

4-1-3　ライフサイクルマネジメント

　医薬品の研究開発には，1つの医薬品あたり350億〜3,000億円の研究開発費が投資されており[23,24]，研究開発費の回収の観点からも各医薬品の独占期間を最長化することが望まれます。また，医薬品の売上高のピーク（成熟期）は後発医薬品の参入直前であることが多く，特許ポートフォリオの構築による参入障壁の形成および強化が後発医薬品の参入による売上減を抑制し，収益向上を図るうえでも重要になります[25]。

22　欧州の延長登録制度（Supplementary Protection：SPC）は，欧州特許条約上の規定ではなく，EU規則469/2009において規定されています。また，欧州単一特許制度が開始されていますが，SPCについては，統一SPCの検討開始前であり，各国にSPCを申請する必要があります。

23　2009-2018年にFDAにて承認された医薬品。

24　Wouters OJ, McKee M, Luyten J., 2020, "Estimated Research and Development Investment Needed to Bring a New Medicine to Market, 2009-2018." JAMA, vol. 323, No. 9, pages 844-853.

25　Dunn, M.K., 2011, "Timing of patent filing and market exclusivity.", Nat. Rev. Drug. Discov., vol. 10, No. 7, pages 487-488.

このため，医薬品の製品保護においては，研究開発段階で生じるさまざまな発明に基づく特許およびその存続期間の延長登録制度を活用して，医薬品の独占期間を最長化することにより，収益の最大化を図るライフサイクルマネジメント（LCM）が一般的に行われています（**図表 2-16**）。

　特許を活用したLCMとしては，最も強い特許である物質特許を中心として，塩・エステル特許，結晶特許等の原薬形態に関する特許，追加効能の用途特許等の複数特許で周辺を固めることにより，後発医薬品の参入遅延を狙っています。たとえば，有効成分の物質特許のみの場合，物質特許の出願日から20年および延長登録日数の経過後に特許権がなくなるため，特許権との関係では，後発医薬品はこの日から販売できるようになります（**図表 2-17**）。他方，有効成分の物質特許および結晶特許が存在しており，物質特許の満了後も結晶特許が後発医薬品の参入を阻止できる場合，結晶特許の出願日から20年および延長登録日数の経過後に後発医薬品の参入ができるようになります。このため，結晶特許が存在することにより，物質特許の延長後の満了日から結晶特許の延長後の満了日までの期間について特許により独占期間を延長することができます。

　このように，医薬分野においては，複数種類の特許を重層的に活用してLCM

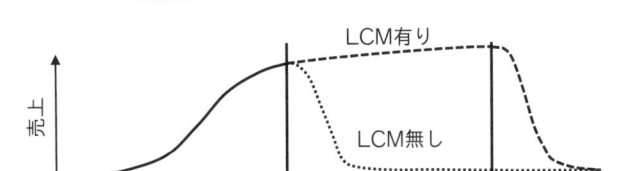

図表 2-16　LCMと医薬品の売上げ

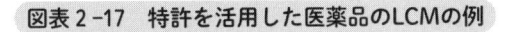

図表 2-17　特許を活用した医薬品のLCMの例

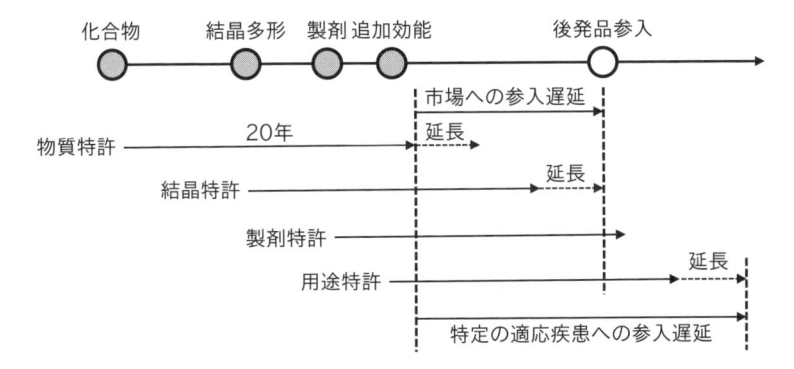

を試みることが重要となります。

4-1-4　薬事戦略との連携

　医薬品は，薬事制度に則って，有効成分のヒトへの安全性および有効性を臨床的に確認し，得られたデータに基づいて製造販売承認を受けることで初めて医薬品として販売できます。このため，薬事制度は，新薬（先発医薬品）を規制する制度として機能しています。

　他方，薬事制度は，後発医薬品に対する規制も規定しており，結果的に先発医薬品に対する保護が生じています。また，後発医薬品の承認において，先発医薬品を保護する特許の存在の有無が後発医薬品の承認審査に影響することもあり，薬事制度による保護は特許制度による保護と併せて重要な医薬品の保護制度として機能しています。

　そこで，薬事制度による医薬品の保護についても解説します。

(1)　データ保護期間（再審査期間）

　日本で先発医薬品が承認されると，承認後の重篤な副作用の報告やそれに基づく安全対策の実施のために，薬事当局が先発医薬品のフォローアップ期間（再審査期間）を設定します。後発医薬品メーカーは，先発医薬品と同様の治験を行わず，代わりに先発医薬品メーカーが提出した先発医薬品の承認申請書に添付されたデータを援用することにより承認を得る簡易申請を行うことができますが[26]，再審査期間中は後発医薬品の簡易申請は認められず，新薬と同様の申請資料を提出する必要があります。この結果，後発医薬品メーカーとしては新薬開発と同等の開発コストを払ってまで研究開発を行うメリットは少なく，再審査期間の満了までは承認申請を行わず，再審査期間は先発医薬品メーカーが実質的に新薬を独占販売できる期間となります。このため，医薬品保護の観点からは特許制度による保護を補完する制度になっています（「先発権」ともいう）。先発権は，薬事制度に基づくものであるため，先発医薬品に関する特許権の有無に関わらず生じ，特許権による保護がない場合でも，先発権の保護は受けることができます。

　米国，欧州，中国等の海外でも異なる趣旨ですが同様の制度が存在しており[27]，日本と同様に医薬品の保護制度として機能しています。また，米国は，自由貿易協定（FTA）の締結条件としてデータ保護期間の制度化を要求しており，今後，データ保護期間のない新興国および途上国においても医薬品の保護制度として重

26　薬食発1121第2号「医薬品の承認申請について」（2018年11月21日）
27　海外では「データ保護期間」と言われています。

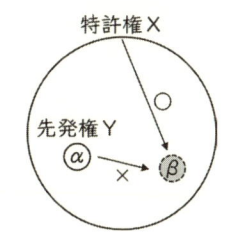

図表 2-18　特許権と先発権との違い

要になると考えられます。

　特許権と先発権とでは保護できる範囲が異なります。特許権は，特許請求の範囲の記載に基づき権利範囲が決まる一方，先発権は，先発医薬品の有効成分に基づいて決まります。たとえば，ある有効成分 a を保護する特許権Xと先発権Yとがある場合，特許権Xは，有効成分 a を含む概念的な範囲を保護できるのに対して，先発権Yは有効成分 a を保護するため，権利範囲としては，特許権が先発権より広くなります（**図表 2-18**）。このため，有効成分 a と同じ標的分子に作用する異なる有効成分 β を含む医薬品が開発されている場合，特許権による参入阻止はできますが，先発権による参入阻止はできないことになります。

　データ保護期間は，国ごとおよび承認内容によって異なり，医薬品開発に要する期間を考慮すると，特許権による保護期間より長く医薬品を保護できる場合があります（**図表 2-19**）（後述の事例 1）。このため，特許権および先発権を重畳的に利用することにより，同一有効成分について，効果的に後発医薬品の参入を防

図表 2-19　各国のデータ保護期間

	特許権	データ保護期間			
		日本	米国	欧州	中国
新有効成分	20～25年 (残存存続期間： 約10年)	8年	5年 バイオ医薬は 12年	10年	6年 バイオ医薬は 12年
新投与経路		6年	なし	なし	なし
新用量・剤型		4～6年	なし	なし	なし
新効能		4～8年	なし	+1年	なし
希少疾患		6～10年	7年	10年 小児適応は12年	～6年
小児適応	なし	～10年	+0.5年	+0.5年	～6年

止できます。

(2) パテントリンケージ制度

　特許制度と薬事制度とは別制度ですが，薬事制度では，後発医薬品の承認審査において先発医薬品に係る特許権の存在を考慮する運用または法令（「パテントリンケージ制度」ともいう）が存在する国もあります。これは，後発医薬品の流通後に，先発医薬品メーカーによる特許権の行使によって後発医薬品の供給が止まり，医薬品の安定供給に問題が生じるのを避けるためです。

　日本では，先発医薬品に係る特許権の存在を理由として，後発医薬品の承認を認めないとの運用が厚生労働省において行われています。これに対して，米国，中国等では，先発医薬品に係る特許権を公開させ[28]，後発医薬品メーカーが簡易申請を行う際に先発医薬品メーカーと後発医薬品メーカー間で当該特許権の有効性を訴訟等によって争い，解決させる制度が法令により制度化されています。

　パテントリンケージ制度が存在する国では[29]，先発医薬品の再審査期間が満了しても先発医薬品の特許権が存在すると，後発医薬品の製造販売が承認されないか，後発医薬品の承認審査が一定期間中断します。このため，先発医薬品メーカーは有効な特許権を保有することで，医薬品の承認段階で，後発医薬品メーカーの承認取得を遅延させ，後発医薬品の参入を遅延させることができるため，後発医薬品対策の観点からも特許権の取得，特に，物質特許および用途特許の取得が重要となります。

4-1-5　特許戦略
(1) モダリティと特許戦略

　医薬品には新たなモダリティが次々と誕生し，低分子医薬品のみならず，抗体，タンパク質，核酸，細胞等の多様な医薬品（バイオ医薬品，細胞医薬品等。以下，併せて「バイオ医薬品」という）が承認および販売されています。低分子医薬品およびバイオ医薬品では，プラクティスの違いから特許戦略も異なります。

　低分子医薬品は機能により有効成分（化合物）を特定しても，プラクティス上特許が認められ難いこともあり[30]，自社化合物の点を中心に，置換基を変更した

28　低分子医薬品を保護する特許はOrange bookに，バイオ医薬品を保護する特許はPurple bookにおいて，特許リストが公開されています。

29　欧州では，パテントリンケージは法令上存在しません（欧州規則 EC No 726/2004 第81条，欧州指令 2001/83EC 第126）。

30　「酵素Aの阻害活性を有する化合物」等の機能により化合物を限定する場合，化合物の構造が不明であると判断されて特許が認められてきませんでした。

類似化合物の点を多数含めることで，点描絵画のような面的な権利形成が行われています（**図表 2 -20左**）。ただし，1つでも置換基が異なると特許権の範囲外となるため，自社化合物と同一標的に対する他社化合物を完全に排除することは現実的ではなく，後発医薬品対策が中心の特許ポートフォリオが構築されています。

　他方，バイオ医薬品の場合，機能による有効成分の特定がプラクティス上認められており[31]，自社有効成分のみならず，他社有効成分を包含した形での面的な権利形成が行えます（**図表 2 -20右**）。このため，バイオ医薬品では，後発医薬品のみならず，競合可能性がある先発医薬品対策の観点からも特許ポートフォリオを構築することができます。他社先発医薬品が販売されると，自社医薬品の販売拡大期から自社医薬品のマーケットと競合して売上を侵食される可能性が高く，バイオ医薬品では，他社先発医薬品対策が中心の特許ポートフォリオが構築されるという点が，低分子医薬品と大きく異なります。また，このような特許戦略の違いは，バイオ医薬品では，低分子医薬品ではあまり見られない，先発医薬品メーカー同士での特許訴訟が頻発しているという点にも如実に表れています[32]。

図表 2 -20　モダリティによる特許の違い

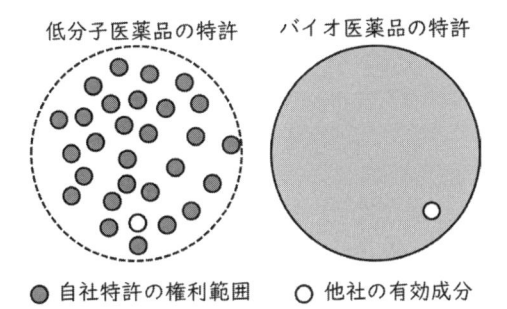

低分子医薬品の特許　　バイオ医薬品の特許

● 自社特許の権利範囲　　○ 他社の有効成分

　また，低分子医薬品では，有効成分の物質特許は1つであることが多いのに対して，バイオ医薬品では，有効成分が複数の要素技術から構成されていることが多く，要素技術ごとに物質特許を取得して1つの有効成分について複数の物質特許が存在する状況を作り出すことも可能です。複数の物質特許が存在すると，競合先発品メーカーおよび後発医薬品メーカーは，すべての物質特許を回避するか，

31　抗原Aに結合する，抗体。
32　PD-1抗体およびPD-L1抗体に関する小野薬品工業社およびメルク社間，小野薬品工業社およびアストラゼネカ社間の特許権侵害訴訟，C 5 抗体に関する中外製薬社およびアレクシオンファーマ社間の特許権侵害訴訟等。

すべての物質特許の満了を待ってから参入可能となります。このため，バイオ医薬品では，自社有効成分を複数の要素技術に分解して複数の物質特許として出願することで競合の影響を最小化することができます。

　一例として，核酸医薬のオンパットロ（Onpattro，Alnylam Pharmaceuticals, Inc.）は，米国において21件の特許権により保護されており，うち18件の特許権が有効成分を構成する物質関連の特許群となっています[33]。18件の物質特許群は，4つの観点から要素技術として細分化されており，①核酸を被覆する脂質ナノ粒子で使用する脂質に関する物質特許群，②核酸の塩基配列に関する物質特許，③核酸における修飾核酸に関する物質特許群，④核酸の構造に関する物質特許群から構成されています。

　このように，次のア，イが，特許戦略を構築するうえで重要となります。

> ア　自社が選択するモダリティに応じて，後発医薬品対策を主眼とした特許戦略を構築するか，競合可能性がある先発医薬品対策を主眼とした特許戦略を構築するかを検討し，
> イ　自社有効成分がどのような観点から複数の要素技術に分解できるかについて検討し，個別の要素技術について出願および権利化を検討していくこと

(2)　早期審査および国内優先権の活用

　医薬・バイオの分野では，物の構造から機能性等の物の特性を推認することが難しく，特許出願の審査段階で，①実験的に効果が確認されているか，確認された効果と医薬・バイオ分野における一般的な技術的知見（技術常識）に基づき，効果が合理的に推認される範囲か否か，②第三者が発明を実施可能なように記載されているか否か，について争いとなることがあります[34]（**図表2-21**）。

　特許出願は先願主義であり，最先の出願を行うことが重要である一方，出願後に内容を大幅に変更または追加することは困難であり，実験データの不足が事後的にわかることでにっちもさっちもいかない状況が発生することもあります。このため，医薬・バイオ分野では，手持ちの実験データがほしい権利範囲を裏付けるのに十分であるか否かが出願時において問題となります。ただし，データが不足しているであろうことがわかっていても出願を急ぐ必要がある場合や，データが不足しているか否かの判断が難しい場合も存在します。

33　2021年2月時点における米国食品医薬品局（FDA）のオレンジブックにおけるOnpattroのPatent and Exclusivity Informationを参照。

34　①についてはサポート要件，②については実施可能要件といいます。

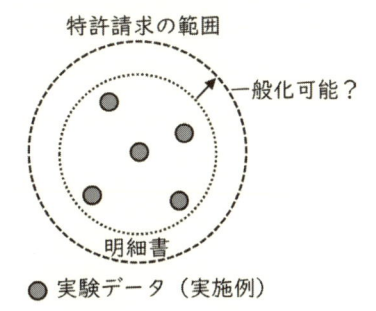

図表 2 -21　医薬・バイオ分野におけるデータの過不足

特許請求の範囲

一般化可能？

明細書

● 実験データ（実施例）

この際に活用できるのが，国内優先権制度および早期審査制度です。

●優先権制度[35]

優先権制度は，最初の出願から 1 年以内に生じた発明について，最初の出願に記載された発明と包括的な発明としてまとめて出願できる世界共通の特許制度です。また，優先権を利用した出願（優先権主張出願）では，最初の出願に対して記載を追加できるため，実験データ等を補充できます。そこで，最初の出願では不足していると想定されるデータがあれば，優先権制度を利用して，最初の出願に新たなデータを補充して優先権主張出願することによりデータ不足を解消することができます（**図表 2 -22**）。

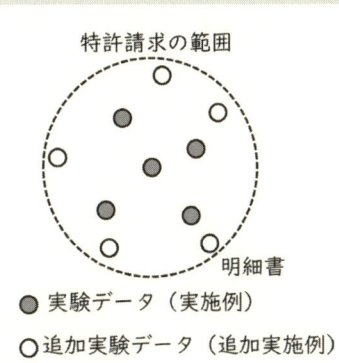

図表 2 -22　優先権主張出願の活用例

特許請求の範囲

明細書

● 実験データ（実施例）
○ 追加実験データ（追加実施例）

35　優先権制度については第 1 部第 2 章 3 - 5(1)（60頁）も参照。

優先権制度のメリットは，優先権主張出願に記載された発明のうち先の出願に記載されている発明については先の出願の出願日に基づき新規性等が判断される点です（優先権の効果）。

優先権制度は，最初の出願から1年以内であれば何回でも利用できるため，出願後に出てくるデータの重要性を考慮したうえで，重要案件では複数回の優先権主張出願を行うこともあります。

ただし，優先権制度を利用したデータ補充はデメリットもあり，データの補充により発明が初めて完成したと判断されると，そのような発明に対しては優先権の効果が認められず，最初の出願日ではなく，優先権主張出願の出願日に基づき新規性等が判断される可能性があります。

優先権主張は，外国出願を行う際にも有効に活用できます。この場合も上記と同じように，先の出願にも記載された発明については，先の出願の出願日を基準として審査を受けることができ，後から追加された発明は，その発明が追加された出願の出願日を基準として審査を受けることができます。外国出願を国内出願の1年以内に行うのはそのような理由があるためです。

●早期審査制度[36]

早期審査制度は，一定の条件を満たす場合に，出願人からの申請を受けて特許庁が審査を通常に比べて早く行う制度であり，審査請求を行ってから1年程度で発送される特許庁の一次審査結果について2カ月程度で受け取ることができます。そこで，出願後すぐに早期審査制度を利用して，現時点でのデータが十分かを特許庁に確認することも可能です[37]。

特許庁の一次審査結果[38]が肯定的であり，データの補充が不要である場合はそのまま特許を取得してもよいですし，特許権の存続期間を延ばすために，いったん最初の出願を取り下げるか，優先権主張出願を行って同じ内容での出願の出し直し等を行うこともあります。

他方，特許庁の一次審査結果が否定的であり，データの補充が必要である場合は優先権主張出願を活用してデータの補充を行います。優先権主張出願は，最初の出願から1年間可能であるため，最初の出願後にすぐに早期審査制度を利用し

---

36 早期審査制度については，第1部第2章3-5⑶，3-6（64-65頁）も参照。

37 審査請求時の特許庁手数料は高額（約14万円以上）ですが，ベンチャー企業の場合，特許庁費用の減免（1/2または1/3）を受けることができるため（第1部第2章6-1⑶参照），安価に審査を受けることができます。

38 一次審査結果が肯定的な場合，特許査定が発送され，否定的な場合，拒絶理由通知書が発送されます。

て2カ月程度で一次審査結果を受け取ることで，十分な期間を確保したうえで国内優先権主張出願によるデータ補充が可能となります。

　また，一次審査結果の内容について担当審査官と面接を行い，必要とする権利範囲との兼ね合いでどのようなデータの補充が必要かについて議論することで，最小限のデータ補充で最大限の権利化を狙うことができ，効果的な優先権主張出願も可能になります。

　なお，早期審査制度のメリットは，先行技術文献調査の観点でも存在します。特許出願を行う場合，出願人自身による先行技術文献調査を行いますが，網羅的な調査は困難であることが多く，早期審査で，出願人の調査で見つかったのとは異なる先行技術文献が引用されることもあります。早期審査で特許庁が引用した先行技術文献がある場合，優先権主張出願の審査においても同じ文献が利用される可能性が高いため，当該引用文献を前提として新規性および進歩性についても検討して，必要な対策および記載の追加を行ったうえで優先権主張出願を行うこともできます。

(3) 分割出願の活用[39]

　医薬品開発は長期にわたり，安全性，薬物動態等のさまざまな理由から出願時に想定していた有効成分と開発に進む有効成分とが異なる場合があります。また，他社が同じ標的分子に作用する医薬品を開発して参入する場合も，他社が医薬品の有効成分に関する特許または論文等で内容を公表するまで他社の有効成分は不明です。

　このため，出願時に策定した権利化方針で特許権の取得を進めることで，かえって，①自社開発の医薬品と特許の権利範囲とにずれが生じる場合や，②他社の有効成分が漏れた形で権利化される場合，が生じる可能性があります。

　特許出願が特許庁に係属している間であれば，係属している特許出願の明細書等の範囲で分割出願を行うことができます[40]。また，分割出願は一定の条件を満たすと，分割の元となる特許出願（原出願）の出願日と同じ日に出願したものとみなされます。このため，明細書等に記載の発明の中で重要な部分が事後的にわかっても，当該部分について分割出願を行って権利化を図ることができ，たとえば，他社医薬品の有効成分を分析し，自社の特許出願の内容と比較検討したうえで，他社の有効成分を狙い撃ちにした後出しじゃんけん的な分割出願による特許

39　分割出願については第1部第2章3-5(2)（62頁）も参照。
40　米国の場合，分割出願以外に継続出願という分割出願と似た制度が存在します。また，中国のように分割出願ができる時期が制限されている国も存在します。

の取得も可能です（後述の「事例3」）。

　そこで，分割出願の特徴を利用し，**特許出願を行う際に将来的に自社または他社が使いうる医薬品の要素技術を個々に分解して網羅的に組込み，審査段階または審査の終了段階において，事後的に自社医薬品および他社医薬品の要素技術を考慮して分割出願を行うこと**で自社医薬品の保護漏れを防止でき，かつ，他社医薬品にとって特許回避が難しい特許ポートフォリオを構築しやすくなります。

　また，分割出願を行うためにも，**自社の中心となる技術は，自社実施において必要な部分の特許取得後も出願が係属している状態を維持し続けることが重要と**なります（同事例3）。

4-1-6　事例

| 事例1 | フェブリク錠のLCM（ライフサイクルマネジメント）を巡る争い

　事例1では，医薬品のLCMの事例として，フェブリク錠のLCMを巡る先発医薬品メーカーと後発医薬品メーカーとの争いについて紹介します。

　フェブリク錠（一般名：フェブキソスタット）は，帝人ファーマ株式会社が創製した非プリン型選択的キサンチンオキシダーゼ阻害剤であり，キサンチンオキシダーゼの活性を阻害することにより尿酸生成を抑制する低分子医薬品です。フェブリク錠は，痛風，高尿酸血症を適応疾患として2011年1月に製造販売承認を取得しており，2016年月にがん化学療法に伴う高尿酸血症を追加適応として取得しています[41]。

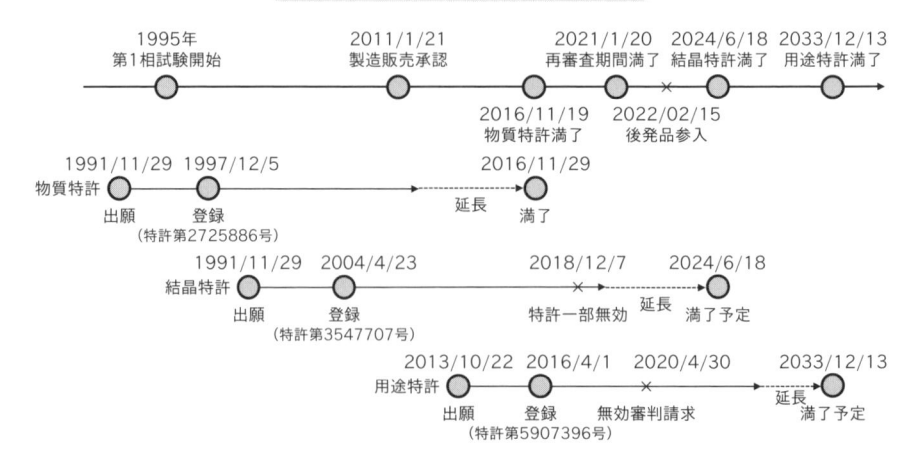

図表2-23　フェブリク錠を巡る争い

フェブリク錠の関連日本特許としては，物質特許１件，製法特許３件，結晶特許１件，用途特許１件（がん化学療法に伴う高尿酸血症に関する用途）および製剤特許１件が存在しています[42]。これらの特許のうち，製法特許１件を除く特許については，延長登録が認められて約１−５年の延長登録が行われており，フェブリク錠を保護する特許です。

フェブリク錠を保護する特許は，物質特許を最先に，製法特許，結晶特許，製剤特許および用途特許がこの順番で出願されており，物質特許および結晶特許を中心としたLCMが行われています（**図表 2 −23**）。

また，フェブリク錠は，痛風，高尿酸血症の適応について，10年間の再審査期間（小児への用法・用量設定等の臨床試験の計画に伴う２年の加算を含む）が設定され，がん化学療法に伴う高尿酸血症の適応について，４年８カ月の再審査期間が設定され，いずれも2021年１月20日に満了しています。

このように，フェブリク錠の有効成分は，物質特許および先発権で重畳的に保護され，そのうえ，有効成分の独占期間を延長するために結晶特許が出願され，さらに，がん化学療法に伴う高尿酸血症の適応の独占期間を延長するために用途特許が出願されています。この場合，先発医薬品メーカーのLCMが成功すると，後発医薬品メーカーは，結晶特許の満了日（2024年６月18日）まで，当該結晶を用いた後発医薬品を販売できず，用途特許の満了日（2033年12月13日）までがん化学療法に伴う高尿酸血症を適応とした後発医薬品を販売できません。

このようにして，先発医薬品メーカーは，LCMを通して後発医薬品メーカーの参入時期の遅延および参入領域の限定を行うことで，収益機会を最大化しようとします。

他方，後発医薬品メーカーも，先発医薬品メーカーによる医薬品の満了を何もせずに眺めているだけではなく，早期参入を目的とした特許無効化等の活動が活発に行われます。本件でも，後発医薬品メーカーは，先発権の満了後に障害となる結晶特許および用途特許に対して特許無効審判を請求しています。そして，結晶特許については，参入障壁となっている部分が無効化されたため，先発権の満了後速やかに簡易申請による製造販売承認が認められています。

事例１は，医薬品の保護を巡って，先発医薬品メーカーはLCMによる独占期間の延長を企図し，後発医薬品メーカーは独占期間の最短化を目指した活動を行

41　帝人ファーマ株式会社，「医薬品インタビューフォーム」フェブリク錠10mg フェブリク錠20mg フェブリク錠40mg，2022年11月改訂（第10版）。

42　J-PlatPatにおいて，延長登録情報としてフェブリク錠が含まれる出願を抽出した（物質特許：特許第2725886号，製法特許：特許第2706037号，特許第2834971号，特許第3202607号，結晶特許：特許第3547707号，用途特許：特許第5907396号，製剤特許：特許第4084309号）。

っているため，多様な特許から構成される特許ポートフォリオの構築がLCMにおいて重要になることを示しています。

事例2　バイオベンチャーの出願戦略および薬事戦略

事例2では，バイオ医薬品における出願戦略であり，薬事戦略と連動して出願戦略を構築していると考えられる事例です。

コディアック社（Codiak BioSciences, Inc.）は，エクソソーム医薬に関する米国バイオベンチャーであり，2015年に設立後，2020年に米国NASDAQに上場しており，約5年という短期間で上市を成し遂げています。また，上市までの間に2品目の臨床試験が開始されており，4〜5年で2つの医薬品の研究から開発まで進めるというスピード感が特徴です。

コディアック社は，細胞から放出されるエクソソームを修飾することにより，有効成分をエクソソームに搭載可能な創薬基盤技術（engEX PLATFORM）を保有しており，当該技術は，エクソソーム内の修飾，エクソソーム外の修飾および標的へのターゲティングという3つの技術から構成されています。エクソソームは脂質二重膜から構成される細胞外小胞であり，有効成分を送達するためには，①小胞の内部に有効成分を内封するか，②小胞の外部に有効成分を結合させる必要があります。コディアック社は，①についてはエクソソームの脂質二重膜を開

図表 2-24　コディアック社の技術開発の経過

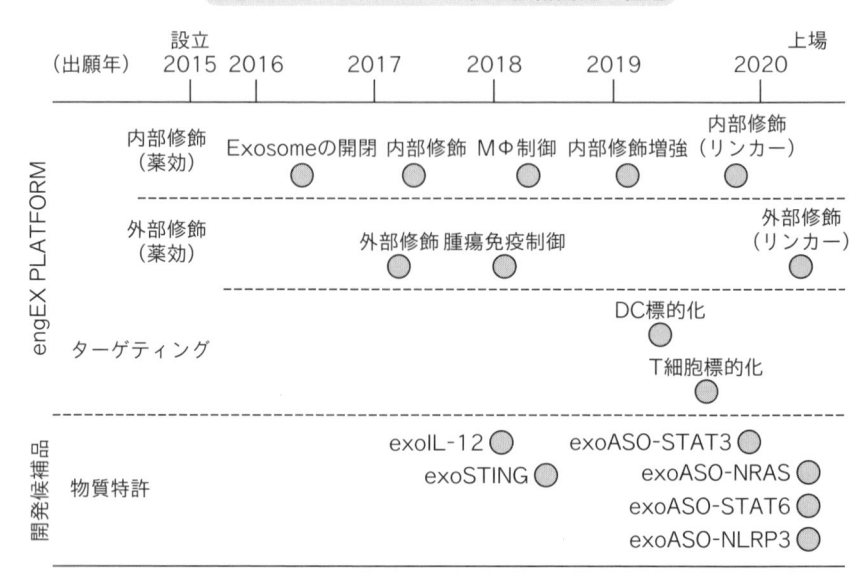

閉する技術と，小胞内部に有効成分を封入または小胞内部に露出するタンパク質と有効成分とを架橋させる技術とを開発することにより，エクソソーム内修飾を可能にし，②については小胞外部に露出するタンパク質と有効成分とを架橋させる技術を開発することによりエクソソーム外修飾を可能にしました。

コディアック社の特許出願をベースに各技術について検討すると，3つの技術はさらに複数の技術要素から構成されていると考えられ，かつ，技術要素の出願から遅れて開発候補品と推定される物質特許に関する出願が行われています（**図表2-24**）。

コディアック社は，3品目（exoSTING，exoIL-12，exoASO-STAT 6）のエクソソーム医薬について臨床試験を行っており，各開発候補品で利用されている推定される要素技術およびその出願時期と各品目の推定開発経緯とをまとめると**図表2-25**のようになっていると考えられます[43]。

図表2-25に示すように，各開発候補品は複数の特許によりカバーされ，かつ各特許出願の出願時期は，最も早い場合でも，Proof of Concept（POC）を完了したと考えられる時期に出願されています。そして，その後は医薬品開発の進捗と

図表2-25 開発候補品における特許および薬事との関係

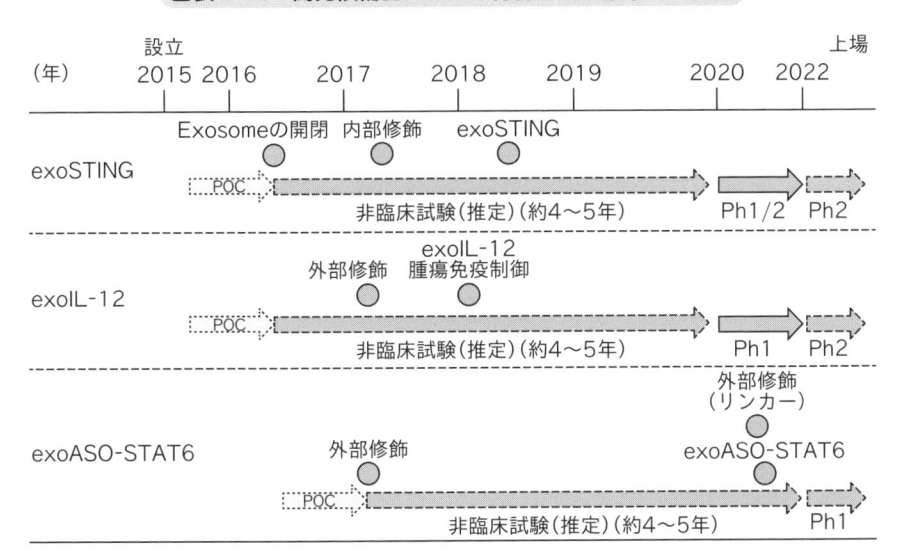

---

43 開発候補品およびその使用技術については，コディアック社のウェブサイト，SEC Form S-1およびForm K-10の内容も参照して推定しています。推定開発経緯については，平均的な非臨床試験の期間から逆算して推定したものです。

併せて残りの技術要素および物質特許の出願が行われています。自社開発した技術について単純に出願を行っているというよりは，技術の医薬応用への有用性を十分に検証し，実用化に必要と判断されたものに絞って出願がなされていると考えられます。

また，開発候補品そのものを保護する物質特許は，各開発候補品を構成する技術要素と分けて，非臨床試験の後半段階にて出願されており，すでに取得済みの非臨床試験の結果を参照して出願の判断がなされていると推定されます。また，このように技術要素に係る特許および有効成分の物質特許をバラして個別に出願することにより，医薬品のLCMを試みているものと考えられます。

技術系スタートアップでは技術の善し悪しの軸で出願を行うか否かの取捨選択が行われることが多くあります。他方，事例2は，医薬品開発の中心的プロセスである薬事承認のための開発に沿って出願する技術の取捨選択，および出願の時期の選択を行っていくことで，効果良く出願でき，かつ医薬品のLCMも同時に行えることを示しています。

事例3　mRNAワクチンを巡る分割出願の活用

事例3では，分割出願（継続出願）の活用事例として，mRNAワクチンを構成する脂質ナノ粒子（LNP）技術に関する争いについて紹介します。

COVID-19の流行で一躍脚光を浴びたmRNAワクチンは，ワクチン抗原をコードするmRNAとそれを包むLNPとから構成されており，ファイザー（Pfizer Inc.）社およびビオンテック（BioNTech SE）社が開発したコミナティ，モデルナ

図表2-26　SNALPの組成関連特許を巡る争い

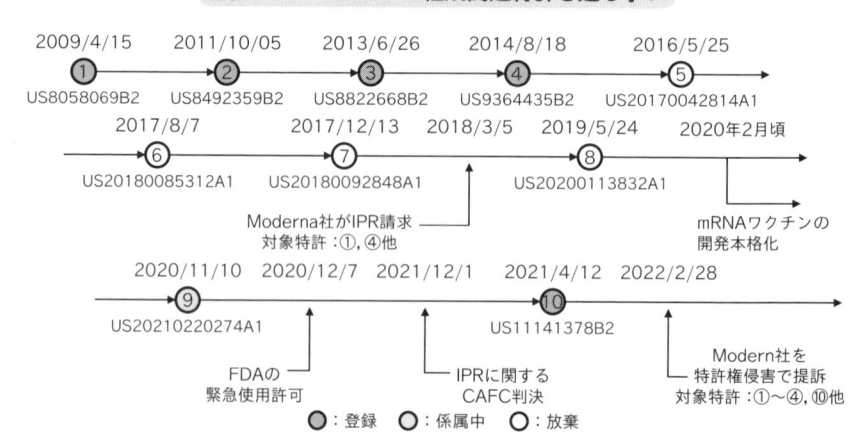

（Moderna, Inc.）社が開発したスパイクバックスのいずれのmRNAワクチンにおいても、LNP技術が活用されています。

アービュタス社（Arubuts Biopharma Corporation）44は、核酸医薬に関するカナダのバイオベンチャー企業であり、創薬基盤技術としてRNAi関連技術およびLNP技術45を保有しています。特に、安定化核酸脂質粒子（stable nucleic acid-lipid particles：SNALP）という第三級アミンを含むカチオン性脂質を用いたLNP技術を保有しており、当該技術は、LNPの大量生産および細胞内で包含している核酸の放出の改善に関する重要技術として知られ、広く利用されています。

アービュタス社は、SNALPの組成に関する特許出願を2008年に行い、当該出願に対する優先権主張出願を2009年に行い特許を取得しています（図表2-26中①）。その後、継続出願（米国特有の出願制度に基づく出願で、他国における分割出願に相当します）を繰り返し、SNALPを構成する脂質成分およびその含有比に関する一連の特許を権利化しています（図表2-26中②～④および図表2-27）。特に、④の特許は、脂質成分の限定がなく、含有比により規定されており、広い特許と

図表2-27　SNALPの組成関連特許の権利範囲の比較

公開／特許番号	核酸	カチオン性脂質		非カチオン性脂質		複合脂質	
		成分	含有量	成分	含有量	成分	含有量
①US8058069B2			50～65mol%	リン脂質 コレステロール	リン脂質 4～10mol% 30～40mol%		0.5～2mol%
②US8492359B2			50～65mol%	リン脂質 コレステロール	3～15mol% 30～40mol%		0.5～2mol%
③US8822668B2			50～65mol%	（全量）リン脂質 コレステロール	（全量）～49.5mol% 30～40mol%		0.5～2mol%
④US9364435B2			50～85mol%		13～49.5mol%		0.5～2mol%
⑤US2017004814A1				放棄された継続出願			
⑥US2018085312A1							
⑦US2018092848A1							
⑧US2020011832A1							
⑨US2021022274A1							
⑩US1114137882		第3級アミンを有するカチオン性脂質	～55mol% 3～15mol%	（全量）中性脂質（リン脂質含） リン脂質	30～55mol% 3～15mol%	PEG化脂質	0.1～2mol%
Pizer/BioNTech（ライセンス有）		ALC-0315（第3級アミンを有するカチオン性脂質）	46.3mol%	ジステアロイルホスファチジルコリン（リン脂質） コレステロール	9.4mol% 42.7mol%	ALC-0159（PEG化脂質）	1.6mol%
Moderna（ライセンス無）		SM-102（第3級アミンを有するカチオン性脂質）	50mol%（配合変更済）	コジステアロイルホスファチジルコリン（リン脂質） コレステロール	10mol% 38.5mol%	PEG2000-DMG（PEG化脂質）	1.5mol%

注：Pizer/BioNTech、Modrnaの組成はFDAのEUA資料から抜粋。

44　2007年に設立（Tekmira Pharmaceuticals）、2010年NASDAQに上場。

45　LNP技術はアービュタス社のオリジナルではなく、カナダのバイオベンチャー Protiva Biotherapeuticsを買収し、関連する特許ポートフォリオとともに取り込んでいます。

なっています。

　広範な権利の特許が取得できた場合，分割出願を行わないことが多いですが，本事例では，さらに継続出願を繰り返して特許出願が係属している状態を維持しています（⑤～⑧）。そして，COVID-19に対するmRNAワクチンの開発が本格化したのを期に権利化活動を再開しています（⑨）。権利化活動の再開には，モデルナ社が開発しているmRNAワクチンに関して，アービュタス社の一連の特許との抵触性に関して，LNPの組成を改善することにより抵触しない状態とした，と発表したことも起因していると推定されます[46]。

　そして，医薬品では，承認時に成分情報が開示されるため，開示された情報を参照して権利化したと想定される特許の取得後（⑩），一連の特許（①～④および⑩）に基づき，アービュタス社は，モデルナ社に対して特許権侵害訴訟を提起しています。なお，特許⑩は，特許①～④には包含されないファイザー社およびビオンテック社のワクチンも含むように権利化されています。

　事例3は，医薬品の成分情報が承認時に必ず公開されるという特有の制度により，相手の手札を見たうえで，他社医薬品を包含する特許の取得を狙えるという点で，**医薬品関連特許は，継続出願（分割出願）と非常に相性が良い**ことを示しています。また，事後的に他社医薬品に当て込んでいくために，**他社が使いうる基本的な技術については，出願が係属している状態を維持しておくことが重要**であることも示しています。

4-2　AI

　近年，AIの技術を活用して新たな事業を展開するスタートアップ（以下，「AI系スタートアップ」という）が増えています。AI系スタートアップが自社の事業展開を有利に進めるためには，競合他社の事業参入の阻害効果が高い発明に関して権利化を図ることが重要になります。そこで，ここでは，AI系スタートアップが競合他社の事業参入を防ぐために，どのような点に留意して出願戦略を立案すべきかについて解説します。

4-2-1　AI系スタートアップの出願戦略の基本指針

　新たなサービスが創造される過程や，新たな製品が開発される過程では，さまざまなアイデアが生まれます。通常，この過程で生まれたアイデアには，発明のポイントとなる要素が複数含まれています。すなわち，権利化可能性のある発明

46　https://investors.modernatx.com/Statements--Perspectives/Statements--Perspectives-Details/2020/Statement-from-Moderna-on-Patent-Trial-and-Appeal-Board-PTAB-Ruling/default.aspx

は，1つではなく，複数あることが通常です。しかしながら，権利化可能性のあるすべての発明について特許出願を行うことは，予算や人的リソースが限られているAI系スタートアップにおいては現実的ではありません[47]。そのため，AI系スタートアップは，権利化可能性のある各発明に優先度を付けて，優先度の高い発明について特許出願を行うことが重要になります。

　以下では，いずれの発明を優先的に特許出願すべきかを判断するための基本指針について説明します。

(1)　事業戦略への適合性に基づく優先度付け

　特許権を取得する主な目的は，競合他社が自社の事業に参入することを防ぎ，自社の事業を優位に進めることです。したがって，出願戦略を立案するよりも先にすべきことは，どのような事業形態で収益を上げるのかを綿密に検討することです。そして，その事業を成立させるための必須のまたは重要な発明を洗い出し，それらの発明について優先的に権利化を図ることが重要になります。

　AI系スタートアップが出願戦略を立案する際には，AI分野特有の事業形態を考慮する必要があります。たとえば，自社が既存のAI系のプログラム（オープンソース等）を利用して新たなサービスを展開するのか，それとも機械学習アルゴリズム自体の開発を行うのかによっても事業形態は異なり，収益構造も変わってきます。AI系スタートアップは，どのような事業形態で収益を見込むのかを具体的に検討し，収益性の高い事業を優先的に守るような出願戦略を立案することが重要になります。

　よくある誤解としては，技術的に複雑な発明に関して優先的に権利化したほうがよいという認識です。技術難度に着目した特許出願は，審査を通過しやすい傾向にありますが，この特許出願により成立した特許権は，自社の事業を守るうえでは必ずしも有効とは限りません[48]。

　たとえば，技術的に複雑な機械学習アルゴリズムAに関してα社が特許権を取得したとします。この場合，競合他社のβ社は，機械学習アルゴリズムAを利用することはできませんが，別の機械学習アルゴリズムBを利用できる可能性があります。事業上において機械学習アルゴリズムAを利用することが重要ではない場合，β社は，機械学習アルゴリズムBを利用してα社の事業領域に参入するかもしれません。

　このように，技術難度に着目した出願では，競合他社が自社の事業領域に参入

47　国内特許出願や外国特許出願にかかる費用については，第1部第2章6（152頁）参照。
48　技術難度の高さを取得できる特許の広さの関係については第1部第1章2-6（12頁）参照。

する抜け道ができてしまうことがあります。競合他社の事業参入を防ぐためには，事業参入の阻害効果が高い発明に関して権利化を目指す必要がありますが，このような発明は，一見すると技術的に単純に見えるものもあります。

　事業遂行上において重要な発明は，必ずしも技術的に複雑な発明ではなく，自社の事業戦略に適合した発明であるということに留意しなければなりません。

(2)　侵害発見の容易性に基づく優先度付け

　事業戦略とは違う側面から特許出願に優先度を付ける方法としては，**侵害発見の容易性に着目すること**です。仮に，ある発明に関して特許権を取得したとしても，競合他社がその発明を実施したことを外部から発見できないようでは，自社の権利が侵害されていることに気付くことができません。そのため，侵害発見が容易な発明に関して権利化を図ることが重要になります。

　特に，AI分野においては，機能がブラックボックス化されていることが多くあります。そのため，外部から見える機能と，外部から見えない機能とをしっかりと把握し，そのうえで外部から見える機能について優先的に権利化を図ることが重要になります。

　それでは，AIの技術を利用した発明（以下，「AI関連発明」と呼びます）において外部から見える機能とはどのような機能でしょうか。一般的に，プログラムの処理は，（S1）何らかの入力データを受けて，（S2）その入力データを処理して，（S3）処理結果を出力することで成り立つことが多いです（**図表2-28**）。

図表2-28　典型的なプログラム処理の例

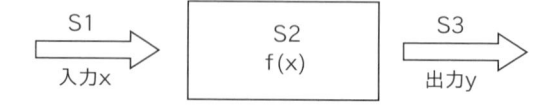

このとき，（S2）の内部処理は，ブラックボックス化されていることが多く，具体的な処理内容を外部から特定することが困難です。一方で，（S1）の入力や（S3）の出力は，外部からの特定が比較的容易です。そのため，**侵害発見の容易性を考慮すると，（S1），（S3）の入出力に着目して権利化を目指すことが有効となります**。（S1），（S3）の入出力に着目して実際に権利化されている特許については後述の「5　特許の紹介」を参照してください。

　なお，上述では，（S2）の内部処理に関して権利化を図る優先度は低いと説明しましたが，（S2）の内部処理に関して権利化を図ることが無意味であると述べ

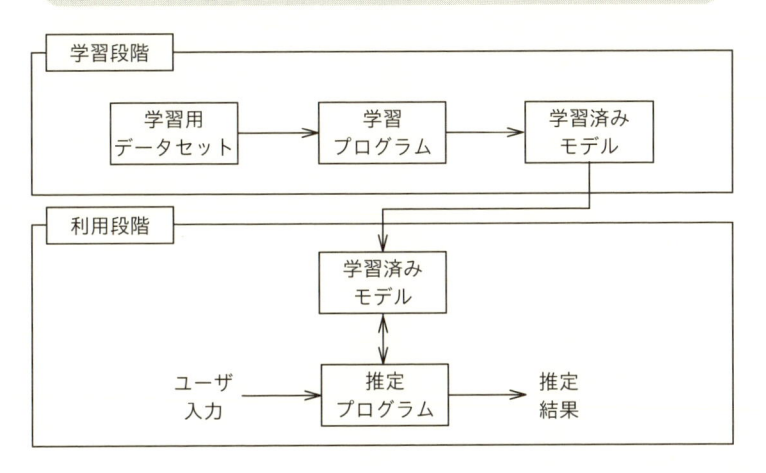

図表 2-29　学習段階および利用段階における典型的な処理の流れ

ているわけではありません。あくまで限られた予算内で出願に優先度を付ける前提での説明です。たとえば，画期的な機械学習アルゴリズムを開発し，その機械学習アルゴリズムに関して特許権を取得した場合には，他社への牽制効果としては絶大です。通常の企業（特に大企業）であれば，仮に侵害発見が困難だとしても，他社の特許権を侵害するような機械学習アルゴリズムを利用しようとはなりません。そのため，予算が十分にあるのであれば，（S 2 ）の内部処理に関しても権利化を検討するとよいでしょう。

4-2-2　基本的なAI技術の説明

　AI関連発明における出願戦略を理解するためには，AI技術に関する一般的な知識が必要になります。そのため，ここでは，典型的なAI技術に関して説明します。典型的なAI技術は，学習済みモデルを生成する学習段階と，生成した学習済みモデルを利用する利用段階とに分かれています（**図表 2-29**）。以下では，学習段階と利用段階について順に説明します。

(1)　学習段階

　学習段階では，まず，学習用データが収集されます。学習用データは，入力データに対して正解ラベルを関連付けたデータであり，教師データとも呼ばれます（教師あり学習の場合）。一例として，画像に写っている人物が誰なのかを判別するような学習済みモデルを生成したい場合には，個人が写っている画像に対して個人の識別情報が正解ラベルとして関連付けられた学習用データが収集されます。

学習用データの収集は，自社で行われる場合もありますし，外部委託により行われる場合もあります。

学習用データの収集が完了すると，学習用プログラムによる学習処理が実施され，学習モデルの推定結果が正解に近付くように，学習モデルの内部パラメータが最適化されます。有名な学習アルゴリズムとしては，ディープラーニング，CNN（Convolutional Neural Network），RNN（Recurrent Neural Network），YOLO（You Only Look Once），R-CNN（Region Based Convolutional Neural Networks），Fast R-CNN，Faster R-CNNなどがあります[49]。

学習段階で生成された学習済みモデル（学習済みパラメーター）は，自社サーバーに格納される場合もありますし，他社サーバーに格納される場合もありますし，ユーザ製品に格納される場合もあります。

(2) 利用段階

利用段階では，生成された学習済みモデル（学習済みパラメーター）が推定プログラムにより利用されます。具体的には，推定プログラムは，ユーザから未知の入力データを受けて，その入力データを学習済みモデルに入力します。これにより，学習済みモデルは，入力データに応じた推定結果を出力します。たとえば，画像から個人を識別するように最適化された学習済みモデルは，入力画像に写っている人物が誰であるのかを推定結果として出力します。

4-2-3　事業形態に応じた出願戦略

上述のように，AI系スタートアップは，どのような事業形態で収益を見込むのかを具体的に検討し，収益性の高い事業を優先的に守るような出願戦略を立案することが重要になります。AI系スタートアップの事業形態はさまざまですが，本節では，AI系スタートアップの典型的な事業形態を紹介しつつ，各事業形態に応じた出願戦略について説明します。

(1) 事業形態①　Web・アプリ上でのサービス提供

事業形態①は，Web上やアプリ上でAI系のサービスを提供する形態です。近年，事業形態①で収益を上げるAI系スタートアップが増えています。

49　学習アルゴリズムの技術原理に関する書籍については世の中に多くありますので，その説明については省略します。ディープラーニングの技術原理に関しては，たとえば『（第98回）知財実務オンライン「AI関連発明に関する特許実務」』をご覧ください。https://www.youtube.com/watch?v=IJPmoY6XP6s&t=4117s

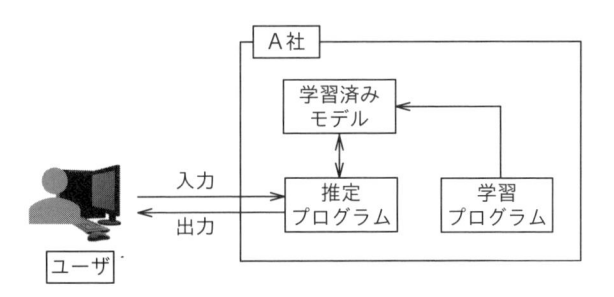

図表2-30　事業形態①

　図表2-30は，事業形態①で収益を上げるA社を示しています。本図表に示すように，A社のサービスを利用するユーザは，自身の端末を通じてA社のサーバーに入力データを送信します。A社のサーバーは，受信した入力データを学習済みモデルに入力し，学習済みモデルから得られた推定結果をユーザ端末に送信します。事業形態①を採用するA社は，たとえば，サブスクリプション形式で収益を上げます。あるいは，自社のサービスを利用するためのAPI（Application Programming Interface）をユーザに公開し，そのAPIの利用料で収益を上げる場合もあります。このようなWebサービスの例としては，ChatGPTなどのAIチャットサービスや，DeepLなどの翻訳サービスがあります。

　それでは，A社は，競合他社の事業に参入することを防ぐためには，どのような点に着目して権利化を図るのがよいでしょうか。

　図表2-31は，A社と同じ事業形態①を採用する競合他社を示しています。本図表に示すように，競合他社がどのような学習処理を行っているかを外部から特定することは困難です。そのため，学習処理に関して権利化を図る優先度は，比較的低くなります。一方で，A社は，競合他社のシステムがどのような入力を受けているのか，あるいは，どのような推定結果を出力しているのかについては外

図表2-31　A社視点での競合他社との関係

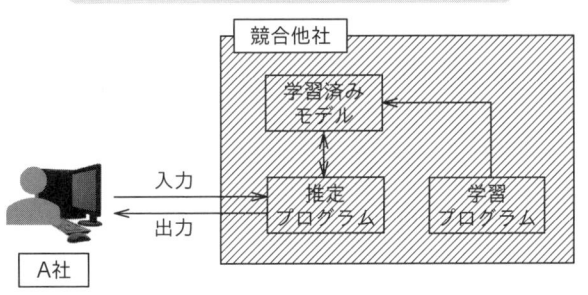

部から特定することは比較的容易です。また，そのような入出力関係の機能は，事業形態①に係る事業を実現するうえで非常に重要となります。したがって，A社は，ユーザ入力やシステム出力に関して技術的な特徴を有していないかを検討し，その機能に関して優先的に権利化を図るとよいでしょう。

たとえば，入力と出力との関係に技術的な特徴がある場合には，その入出力関係に関して権利化を検討するのもよいでしょう。また，ユーザがデータを入力しやすいように入力画面を工夫している場合には，その入力画面に関して権利化を検討するのも一案です。あるいは，ユーザが推定結果を認識しやすいように出力画面を工夫している場合には，その出力画面に関して権利化を検討するのも一案です（後述の(5)特許事例の紹介　事例1参照）。

(2)　事業形態②　製品販売

事業形態②は，AI機能を搭載した製品を販売する形態です。**図表2-32**は，事業形態②で収益を上げるB社を示しています。

図表2-32　事業形態②

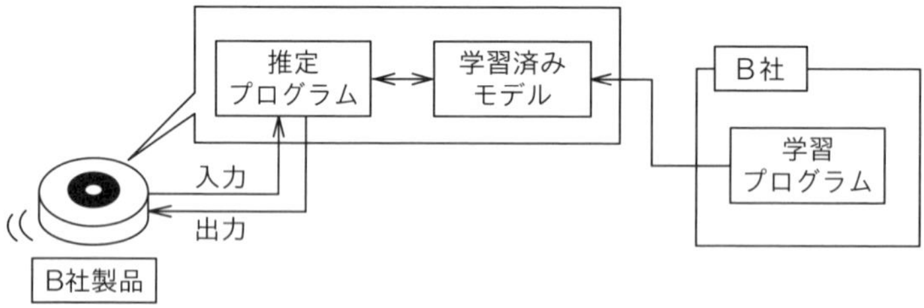

上記事業形態①との違いとしては，サービスの提供が収益源となるのではなく，製品の販売が収益源となる点です。**図表2-32**の例では，学習済みモデルが製品に配布されていますが，学習済みモデルは，サーバー上にある場合もあります。AI機能を搭載した製品の例としては，産業用ロボット，掃除ロボット，自動車，スマートフォン，スマートスピーカー，ドローンなどがあります。

それでは，B社は，競合他社の事業に参入することを防ぐためには，どのような点に着目して権利化を図るのがよいでしょうか。

図表2-33は，B社と同じ事業形態②を採用する競合他社を示しています。本図表に示すように，B社は，競合他社がどのような学習処理を行っているかを外部から特定することは困難です。そのため，学習処理に関して権利化を図る優先度は，比較的低くなります。一方で，競合他社の製品がどのような入力を受けて

図表 2 -33　B社視点での競合他社との関係

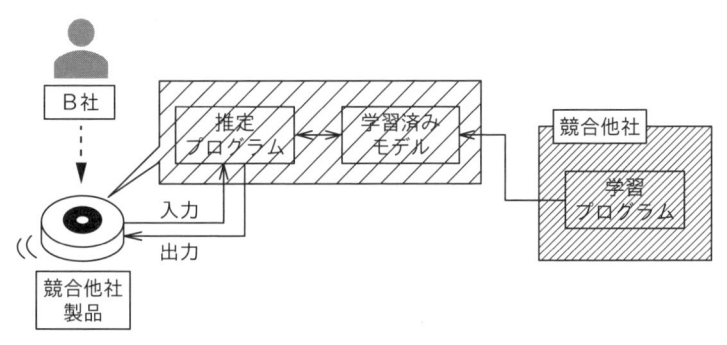

いるのか，あるいはどのような推定結果を出力しているのかについては外部から特定することが比較的容易です。また，そのような入出力関係の機能は，事業形態②に係る事業を実現するうえで非常に重要となります。したがって，B社は，製品への入力や製品からの出力に関して技術的な特徴を有していないか検討し，その機能に関して優先的に権利化を図るとよいでしょう。

　一例として，事業形態②では，製品が実際に販売されますので，B社は，競合他社の製品を購入したうえで何らかの入力を与えて，その製品の動作を確認することが可能です。そのため，与える入力に対する動作に特徴がある場合には，製品に与えられる入力と製品の動作との関係に着目して権利化を検討することもよいでしょう（後述の(5)特許事例の紹介　事例2参照）。

(3)　事業形態③　機械学習アルゴリズムの提供

　事業形態③は，機械学習アルゴリズムを開発し，開発したアルゴリズムそのものを元に収益を上げる形態です。**図表2 -34**は，事業形態③で収益を上げるC社

図表2 -34　事業形態③

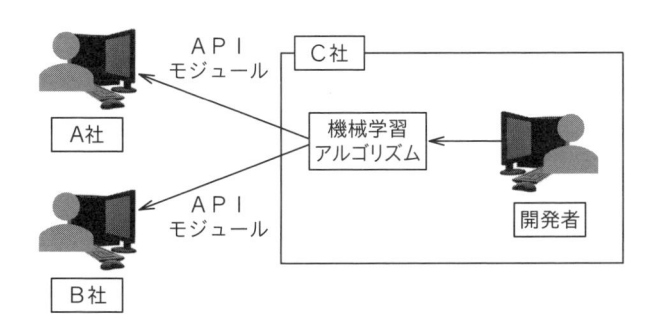

図表 2 –35　C 社視点での競合他社との関係

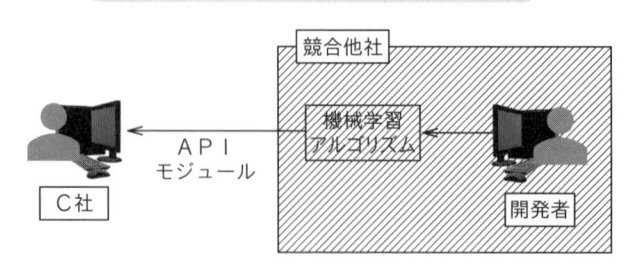

を示しています。

　C 社が開発した機械学習アルゴリズムは，たとえば，API 化されたうえで提供されます。C 社にとって，図表 2 –34 の A 社や B 社は，潜在的な顧客となります。事業形態③を採用する C 社は，たとえば，API の利用回数に応じて課金したり，API を有償で提供することで収益を上げます。

　それでは，競合他社が C 社の事業に参入することを防ぐためには，どのような点に着目して権利化を図るのがよいでしょうか。

　図表 2 –35 は，C 社と同じ事業形態③を採用する競合他社を示しています。本図表に示すように，C 社は，競合他社が配布する API を入手することができます。このとき，API の内部処理は，ブラックボックス化されていることが多く，内部処理を解析することは非常に困難です。一方で，機械学習アルゴリズムを API として公開する際には，入出力インターフェースの仕様が公開されます。開発した機械学習アルゴリズムが新規なものであれば，API を利用するための入出力インターフェースにも特徴がある可能性があります。そのため，C 社は，API の入出力インターフェースに着目して権利化を検討するとよいでしょう。

　なお，機械学習アルゴリズムの内部処理を解析することは難しいと説明しましたが，機械学習アルゴリズムの基本原理について権利化できた場合には，競合他社への牽制効果としては絶大です。そのため，C 社は，開発した機械学習アルゴリズムの基本原理がどこにあるのかを検討し，その基本原理に関して権利化を検討する必要もあります（後述の(5)特許事例の紹介　事例 3 参照）。

(4)　事業形態④　マテリアルズインフォマティクスの活用

　事業形態④は，マテリアルズインフォマティクス（以下，「MI」と呼ぶ）を活用することで収益を上げる形態です。MI とは，AI によるデータ分析技術を応用して，新規化合物の探索，設計，最適化を行うための手法です。MI は，化学メーカー，医薬品メーカー，電子機器メーカーなどさまざまな企業で活用されていま

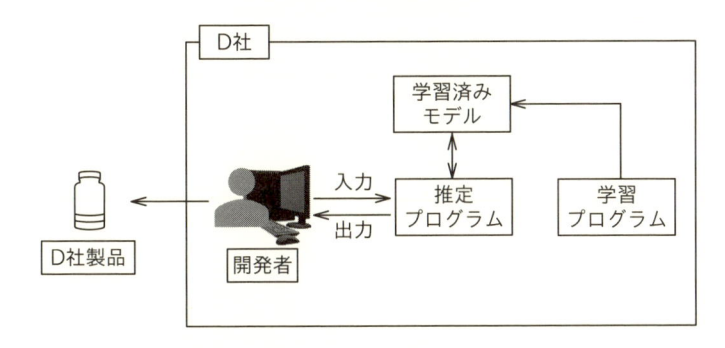

図表 2 -36　事業形態④

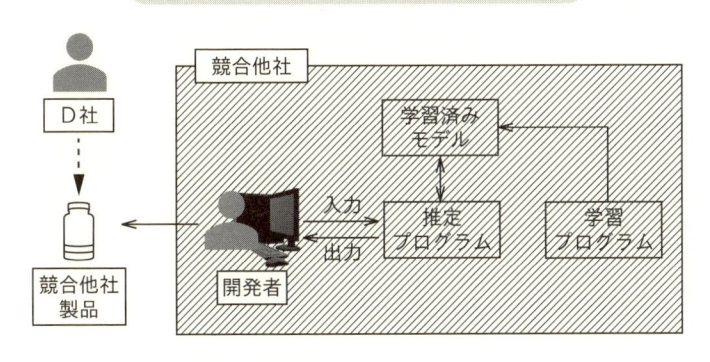

図表 2 -37　D社視点での競合他社との関係

す。**図表 2 -36**は，MIを活用する事業形態④を示しています。

　D社の開発者は，たとえば，化合物の配合や物性の関係を示す大量の学習用デ
ータを学習に用い，学習済みモデルを生成します。そして，D社の開発者は，生
成した学習済みモデルに対してさまざまな配合条件を入力し，所望の物性を有す
る化合物の配合を探索します。その後，D社は，新たに見出した化合物の配合を
参考にして新規化合物の製品化に取り組みます。

　それでは，競合他社がD社の事業に参入することを防ぐためには，どのような
点に着目して権利化を図るのがよいでしょうか。

　図表 2 -37は，D社と同じ事業形態④を採用する競合他社を示しています。こ
こで留意すべき点としては，競合他社が販売する製品自体は，何らAIの機能を
有していないことです。したがって，D社は，AIの機能に着目するのではなく，
新規化合物その物に関して権利化を図ることを優先的に検討する必要があります。

たとえば，AIによるシミュレーションで見出した配合に特徴があるかを検討し，その配合を有する化合物に関して権利化を図ります[50]。

なお，予算が十分にある場合には，新規化合物その物だけでなく，新規配合の探索に用いたAI機能についても権利化を検討するとよいでしょう。D社は，競合他社がどのようなAI機能を利用しているかについて外部から知ることは困難ですが，AI機能に関して権利化できた場合には，競合他社の開発を阻害できる可能性があります（後述の(5)特許事例の紹介　事例4参照）。

(5) 特許事例の紹介

事例1　①Web・アプリ上でのサービス提供に関する特許

上記事業形態①に関連する特許事例として，特許第7204805号を紹介します。本特許の特許権者は，ジョージ・アンド・ショーン株式会社および西日本電信電話株式会社です。

本特許発明は，学習済みモデルを用いて人物の認知能力を推定する技術に関するものです。学習には，人物の一日の睡眠時間帯を含む生体情報と，人物の認知能力に関する情報とを関連付けた学習用データが使用されています。すなわち，本特許では，人物の1日の睡眠時間帯（入力）から認知能力（出力）を推定する点に関して権利化がなされています。

仮に他社が本特許のアイデアを採用した場合，睡眠時間帯の入力画面や認知能力の出力画面が実装される可能性が高く，このような入出力画面については外部からの発見が比較的容易です。そのため，侵害発見の容易性の観点からすると本特許は有利です。

なお，参考情報として本特許の請求項1を以下に載せています。請求項1では学習装置に関して権利化がなされていますが，他の請求項では，認知能力の推定装置，認知能力の推定方法，認知能力の推定プログラムについても権利化がなされています。

【請求項1】

人物の生体情報と，前記人物の認知能力に関する情報と，を対応付けた単位教師データを複数の人物に関して有している教師データを用いて学習処理を行うことで，推定対象者の生体情報に関する情報を入力することによって前記推定対象者の認知能力に関する情報を出力する学習済みモデルを取得する学習部と，

50　化合物に関する権利化については，第1部第2章4-1（70頁）参照。

前記学習済みモデルのデータを出力する出力制御部と, を備え,
前記単位教師データは, 前記人物の一日における睡眠が行われた時間帯を示す情報である睡眠位相情報を含む, 学習装置。

事例2 ②製品販売に関する特許

次に, 上記事業形態②に関連する特許事例として, 特許第6650996号を紹介します。本特許の特許権者は, 株式会社モリタ製作所です。

本特許発明は, 学習済みの推定モデルを用いて人物の歯牙の種類を推定する技術に関するものです。学習には, 人物の歯牙を構成する三次元データと, 人物の歯牙の種類とを関連付けた学習用データが使用されています。すなわち, 本特許では, 歯牙の三次元データ（入力）から歯牙の種類（出力）を推定する点に関して権利化がなされています。

仮に他社が本特許のアイデアを採用した場合, 他社製品は, 人物の歯牙を撮影するための三次元カメラや, 歯牙の種類の出力機能を搭載することになります。他社製品がこれらを搭載していることについては外部からの発見が比較的容易です。そのため, 侵害発見の容易性の観点からすると本特許は有利です。

なお, 参考情報として本特許の請求項1を以下に載せています。請求項1では識別装置に関して権利化がなされていますが, 他の請求項では, 歯牙の種類を出力するスキャナシステム, その識別方法, その識別用プログラムについても権利化がなされています。

【請求項1】
歯牙の種類を識別する識別装置であって,
歯牙を構成する複数の点のそれぞれにおける三次元の位置情報を含む三次元データが入力される入力部と,
前記入力部から入力された三次元データと, 当該三次元データに基づき歯牙の種類を推定するためのニューラルネットワークを含む推定モデルとに基づき, 当該歯牙の種類を識別する識別部と,
前記識別部による識別結果を出力する出力部とを備える, 識別装置。

事例3 ③機械学習アルゴリズムの提供に関する特許

次に, 上記事業形態③に関連する特許事例として, 米国特許9858496を紹介します。本特許の特許権者は, Microsoft Technology Licensing LLCです。

本特許発明は，機械学習アルゴリズムとして有名なFaster R-CNNに関するものです。Faster R-CNNは，①画像内から物体候補領域を抽出するニューラルネットワークと，②その領域に写っている物体を識別するニューラルネットワークとで構成されており，物体領域の抽出から物体識別までの学習が一気通貫で実現されます。上記①のニューラルネットワークは，RPN（Region Proposal Network）とも呼ばれています。物体候補領域の抽出にCNNベースのRPNが用いられている点がFaster R-CNNの特徴です。本特許では，このようなFaster R-CNNの処理に関して権利化がなされています。参考情報として本特許の請求項1を以下に載せています。

1. A method comprising:
  receiving an input image;
  generating a convolutional feature map;
  identifying, by a first type of neural network, a candidate object in the input image;
  determining, by a second type of neural network, a category of the candidate object; and
  assigning a confidence score to the category of the candidate object, wherein the first type of neural network comprises a translation invariant component configured to:
  classify an anchor based on overlap with a ground-truth box; and
  predict a shift and a scale of the anchor.

（日本語訳）
  入力画像を受けることと，
  畳み込み特徴マップを生成することと，
  第1のニューラルネットワークによって，前記入力画像内で物体候補を特定することと，
  第2のニューラルネットワークによって，前記物体候補のカテゴリを特定することと，
  前記物体候補の前記カテゴリに対して信頼度スコアを割り当てることとを備え，
  前記第1のニューラルネットワークは，正解ボックスとの重なりに基づいてアンカーを分類し，前記アンカーのシフトとスケールとを予測するように構成された並進不変なコンポーネントを備える，方法。

上記事業形態③で説明したように，機械学習アルゴリズムの内部処理について

は解析が困難であるため，侵害立証の容易性の観点からは本特許は不利です。しかしながら，本件特許では，機械学習アルゴリズムの基本原理について権利化がなされているため，他社への牽制効果としては絶大です。このように内部処理について権利化を図るのも一案ですが，Faster R-CNNをAPI化した際の入出力インターフェースに着目して権利化を目指すのもよいでしょう。

事例4 ④MIに関する特許

上記事業形態④に関連する特許事例として，特許第7174599号を紹介します。本特許の特許権者は，旭化成株式会社です。

本特許発明は，MIの技術に関するもので，所望の特性を有する感光性樹脂の組成を推奨するものです。学習には，感光性樹脂の組成を示す組成データと，その感光性樹脂の特性を示す特性データとを関連付けた学習用データが使用されています。これにより，感光性樹脂の組成とその特性との間の相関関係が学習されます。そして，目標とする感光性樹脂の特性が入力されると，その特性に合う感光性樹脂の組成が推奨されます。

上記事業形態④で説明したように，本特許発明の機能は社内で実施される可能性が高いため，外部から侵害を発見することは困難です。しかしながら，本特許では，感光性樹脂の組成とその特性との相関関係を示す学習済みモデルを利用して，所望の特性を有する感光性樹脂の組成を推奨するという特徴のみで権利化がなされていますので，他社への牽制効果としては絶大です。

なお，参考情報として本特許の請求項1を以下に載せています。請求項1では学習処理も含めた形で権利化がなされていますが，他の請求項では，学習処理を含めない形で権利化がなされています。また，本特許では，学習段階に係る装置，方法，プログラムだけでなく，利用段階に係る装置，方法，プログラムに関しても権利化がなされています。

【請求項1】

感光性樹脂組成物の組成を示す組成データを取得する組成取得部と，

前記感光性樹脂組成物の特性を示す特性データを取得する特性取得部と，

取得された前記組成データおよび前記特性データを含む学習データを用いて，目標とする感光性樹脂組成物の特性を示す目標特性データを入力したことに応じて推奨する感光性樹脂組成物の組成を示す推奨組成データを出力するモデルの学習処理を実行する学習処理部と，を備える装置。

4-2-4 外国出願

(1) 出願国の選定時期

　日本で取得した特許権は，日本国内でしか効力を発揮しません（いわゆる属地主義）。そのため，出願人は，海外で事業を優位に進めるためには，事業を展開する各国で特許出願を行う必要があります。一方で，海外に事業を展開するか否かは，日本出願時点では決まっていない場合もよくあります。外国で特許権を取得するためには多くの費用がかかりますので，事業を展開しない国において外国出願を行うと，多くの費用が無駄になります[51]。そのため，海外に事業を展開するか否かが日本出願時点で決まっていない場合には，出願国の選定時期を先送りにするのがよいでしょう。特に，技術進歩が早いAI分野においては，日本出願時における事業計画が数年後には大きく変わっていることも多々ありますので，AI系スタートアップは，外国出願を行うか否かについては慎重に判断する必要があります。

　出願国の選定時期を先送りにしたい場合には，PCT出願が好適です。PCT出願を行った場合には，権利化を希望する各国について国内移行という手続きを行うことになります。国内移行の手続きは，日本出願から30カ月以内に行う必要があります（欧州などの一部の国は31カ月以内）。国内移行の手続きを行うまでには出願国が決まっている必要があります。国内移行の手続きのための特許事務所の準備期間は通常3カ月程度ですので，出願人は，目安としては，日本出願から27カ月以内位に出願国を選定することが求められます。出願人は，このタイミングまで出願国の選定を先延ばしにできますので，その時の事業計画や事業状況などを鑑みて出願国を選定するとよいでしょう。

　なお，PCTの非加盟国（たとえば，台湾など）においては，PCT出願を利用することができません。そのため，PCTの非加盟国において権利化を目指す場合には，日本出願から1年以内にパリ条約に基づく優先権主張出願を行う必要があります。特許事務所の準備期間を考慮すると，出願人は，PCTの非加盟国については日本出願から9カ月以内位には出願国を選定することが求められます。

(2) 外国における審査難易度

　AI関連発明に関して日本で権利化できたとしても，それを外国でも権利化できるとは限りません。特に，AI関連発明に関しては，外国特許庁の審査は日本国特許庁の審査よりも厳しいというのが現実です。たとえば，AI関連発明の特

51　外国特許出願にかかる費用については，第1部第2章6-2（155頁）参照。

許審査実務に関する国際シンポジウムが2019年11月20日に開催されましたが，この国際シンポジウムでは，同一のAI関連発明について各国特許庁が特許性を認めるか否かについて議論されています。これによれば，日本国特許庁が進歩性を認めると判断した発明について，欧州特許庁や中国国家知識産権局は進歩性を認めないとしています。

　AI関連発明においては外国での権利化の難易度が日本よりも高いという事実をAI系スタートアップは知っておくべきです。このため，外国での審査段階においては特許庁とのやり取りの回数が予想よりも多くなることもあります。AI関連発明に関する権利化の難易度や費用は各国ごとに違いますので，AI系スタートアップは，AI関連発明に関する特許実務や外国の特許制度に精通した弁理士と協力して，外国での権利化を目指すことが重要になります。

4-3　ソフトウェア（AIを除くアプリ・WEBサービス）

4-3-1　ソフトウェア関連特許とは何か

　ソフトウェア関連発明とは，ソフトウェアによる情報処理を利用する発明であって，Webサービスやアプリによりサービスを提供している多くのスタートアップの特許出願は，このソフトウェア関連発明です。スマートフォンの普及と通信コストの低下により，あらゆるものが容易に繋がる世の中になり，一次産業から三次産業までどのような業種であってもWebサービスやアプリを用いた新し

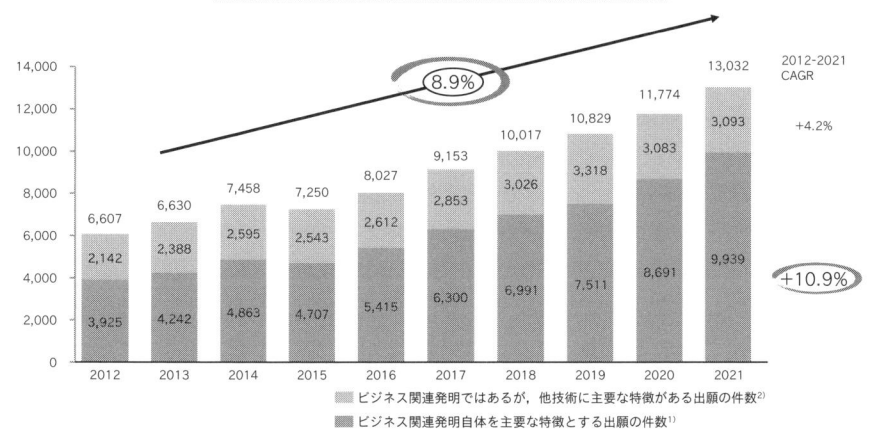

図表2-38　ビジネス関連発明の特許出願件数

ビジネス関連発明ではあるが，他技術に主要な特徴がある出願の件数[2]
ビジネス関連発明自体を主要な特徴とする出願の件数[1]

Note：1. G06Qが主たるFIとして付与された出願；2. G06QがFIとして付与されているが，その他のFIが主たるFIとして付与された出願

出所：特許庁『ビジネス関連発明の最近の動向について』（2023年11月）（https://www.jpo.go.jp/system/patent/gaiyo/sesaku/biz_pat.html）の情報に基づいて筆者作成

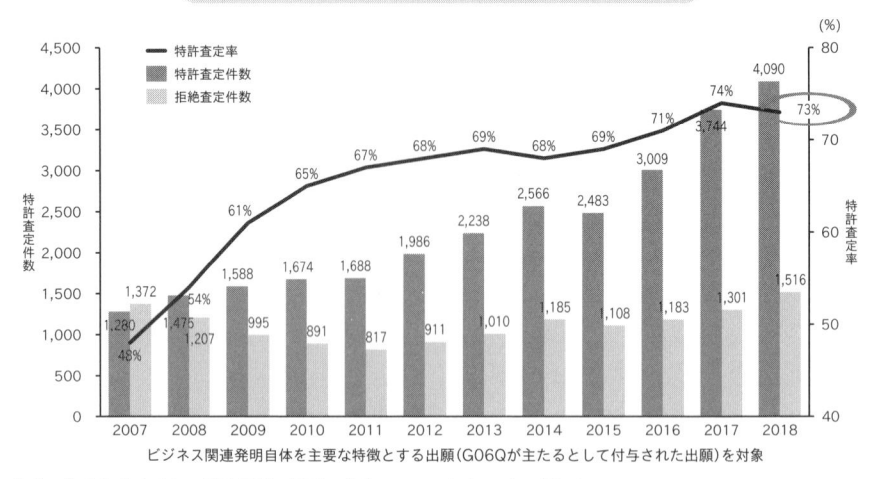

図表 2-39 ビジネス関連発明の特許査定率の推移

ビジネス関連発明自体を主要な特徴とする出願（G06Qが主たるとして付与された出願）を対象

出所：特許庁『ビジネス関連発明の最近の動向について』（2023年11月）（https://www.jpo.go.jp/system/patent/gaiyo/sesaku/biz_pat.html）の情報に基づいて筆者作成

いビジネスモデルが提案されています。

　日本全体の特許出願は2014年の約33万件から毎年約２％ずつ減り続けており，2022年は約29万件となってしまっていますが，一方で，ビジネス方法がアプリやWebサービス等の情報通信技術を利用して実現された発明であるビジネスモデル関連発明の特許出願数は年率約９％で増加を続けています。また，ビジネス関連発明の特許査定率は年々上昇しており，審査請求を行った特許出願の約75％が特許査定を受けて登録されるようになり，以前と比べて比較的登録が容易になって来ています。

　スタートアップによる資金調達件数や資金調達額も年々増加してきており，スタートアップは調達した資金の一部を知財のための予算として確保し，各社は自社のサービスを守るために積極的に特許出願を行っています。

4-3-2　スタートアップがソフトウェア関連特許を出願する意義

　シード，アーリー期のスタートアップは，十分な資金調達ができておらず，資金繰りに苦労することも多いです。ソフトウェア関連の特許は明細書の記載分量も多くなり，大まかに見積もって，出願時に40〜60万円程度の費用，登録まで含めると100万円前後の費用がかかってきます。外国出願をし始めると，さらに１カ国あたり200〜350万円程度の費用がかかってくることになりますが，これほどの費用をかけるのであれば，エンジニアを追加採用したり，宣伝広告に費用をか

けたりすることもでき，果たして特許出願をすることにどのような意味があるのかを考えるかもしれません。

スタートアップにとって，ソフトウェア関連の特許出願を行う意義は大きく3つあります。

① 自社の製品やサービスを守り，事業の自由度を確保する。
② マーケティングに利用し，企業の認知度を高める。
③ 交渉のカードに使用し，企業の事業活動を優位に進める。

① 自社の製品やサービスを守り，事業の自由度を確保する

これは最もわかりやすい特許権の活用方法であり，競合の製品をカバーする特許権を取得することで競合のサービスに対して，その利用停止を求める差止請求権を行使したり，特許権侵害により生じた損害やライセンス料を請求する損害賠償請求を行ったりすることができます。特許権は，適切に権利行使すれば相手の事業を停止させることができる非常に強力な権利であり，逆に言うと競合他社に有効な特許権を取得されてしまうと，大きな事業リスクになり得ます。競合他社に負けない特許ポートフォリオ（特許網）を構築することで，自社の事業リスクを低減し，事業の自由度が高まります。

特許を出願せずに事業を行うことは裸で戦場に行くようなものであり，運良く相手の弾が当たらず生き延びるかもしれませんが，当たれば致命傷を負うことになります。有事の際には競合他社と同等に戦える程度の弾（すなわち特許権）を作っておく必要があります。

また，特許権が登録される前の出願中の段階であっても，特定の製品やサービスに対して特許ポートフォリオ（特許網）を構築すると，後続の競合に対して一定の牽制の効果が生じます。たとえば，あるA社が，開発しているサービスについてさまざまな観点から20件の特許出願を行っていたとすると，これを見た類似のサービスを開発する後続の競合B社は，「これから開発しようとするサービスは，A社のほうが技術的に先行しておりA社の特許権を侵害してしまうかもしれない。将来差止請求や損害賠償請求を受け，開発が無駄になるリスクがあるかもしれない」と思い，そのサービスに数千万円の費用を投じて開発することに躊躇し，開発のスピードが低下するかもしれません。この間にA社は事業に集中して先行者優位な状況を作り上げればよいのです。

② マーケティングに利用し，企業の認知度を高める

出願や登録された特許について公表をし，宣伝広告に活用するものです。特許

出願後には製品のパッケージやサービスを提供するWebサイト上に「特許出願中」という表記を行うことができ，新しいテクノロジーが入った特別な製品やサービスであるということを顧客に対してアピールすることができます。また，審査を経て登録された特許権は，その技術が世界で最も新しかったということを示す証拠になり，「特許登録済」の表記は，自社の製品やサービスの先進性や技術的な優位性を顧客や，投資ファンド，業務提携先企業等にアピールすることができるようになります。

　スタートアップの中には，特許出願や特許権取得の都度プレスリリースを行ったり，製品パッケージやWebサイトに特許番号一覧を掲載したり，顧客への販促資料に「特許出願中」や「特許権取得済み」等の表記を行ったり，ピッチや投資家向け事業説明，IRの資料等に特許権一覧を掲載したりして，積極的に特許をマーケティング活用している企業があります。

③　交渉のカードに使用し，企業の事業活動を優位に進める

　出願済みや登録済みの特許を，他のスタートアップ，外注先企業，提携先大企業等との契約に絡め，できる限り自社に優位な契約内容にして，自社の事業活動を優位に進められるようにするものです。

　たとえば，あるコア技術の基本特許が取得できていたとすると，他社と共同開発契約を結ぶ際に，契約書の中でこの特許権についての使用を相手方企業に認める代わりに，共同開発の成果として新たに出願される特許の権利は自社単独のものとする，という契約をしたり，この基本特許の使用許諾の期限・地域・内容等を制限することで，相手方企業がこれらの範囲を越えて自由にサービスを行えなくしたりする等，特許権を契約に絡めることによって自社に優位な内容の事業交渉が可能となります。

4-3-3　ソフトウェア関連特許の権利化戦略
⑴　入力・処理・出力を意識して特許明細書および請求項を記載する

　ソフトウェアにより実装されたサービスは，情報の入力・処理・出力の組み合わせの累積でプログラム群が構築され1つのシステムが組み上がっています。特許出願においても，情報の入力・処理・出力の3つのセットを請求項に記載します。たとえば，スマホで肌を撮影し肌診断を行うサービスの請求項を簡単に記載すると以下のようになります。

> 【請求項1】
>
> 　肌の写真を撮影し肌画像を取得する撮像モジュールと，
>
> 　前記肌画像から水分量を算出し，算出された前記水分量に基づいて肌診断を行う診断処理モジュールと，
>
> 　前記水分量と前記肌診断の結果を表示する表示モジュールと，
>
> を備える肌診断処理システム。

　ここで，取得された「肌画像」が"入力"であり，その入力に対して「水分量を算出し，水分量から肌診断を行う」部分が"処理"であり，「その水分量と肌診断結果の表示」が"出力"です。このように，ソフトウェア関連発明は，情報処理の内容を機能的に記載し，入力・処理・出力を明らかにしたうえで，そのうちのいずれかの部分が新規で新しい場合に，特許権が認められます。

　したがって，弁理士に発明の内容を説明する場合には，検討中の新しい製品やサービスの情報処理について，従来技術に対して「入力・処理・出力」のどの部分が，どのように新しいのかを，整理して説明するとよいでしょう。

　将来，競合等との間で何らかの争いが発生し，実際に特許権を行使する必要が生じた場合には，競合のサービスが特許の請求項に記載されたすべての内容を実施しているという証拠を提示する必要があります。請求項に記載された内容が，競合等による実際の製品やサービスで実施されているか（使用されているか）を確認できるかどうかを示す言葉に「顕現性」という用語があり，「顕現性が高い」とは特許侵害をしている証拠を発見しやすいことをいいます。顕現性がない，すなわち，競合が実施しているサービスが完全に内部処理で，外からは特許侵害をしている証拠を見つけることができない場合には，特許権を行使することが難しく，せっかく取れた特許権が意味のないものになってしまうおそれがあります。なお，「顕現性」は，特許の業界では極めて重要な言葉ですが一般に馴染みが薄いため，「侵害の立証容易性」と言い換えて説明します。

　ソフトウェア関連発明の「入力・処理・出力」のうち，技術的には「処理」が一番特徴的で，先行技術との差異があって新規性・進歩性が表れやすい部分である一方，「処理」は競合会社のサーバ内部で行われる等，侵害の立証容易性が低い部分です。たとえば，AIによる処理部分に新規性・進歩性があるAIを用いたシステムの特許権が取得できたとしても，その処理内容は完全にブラックボックス化されているのでどのように処理されているのかを立証できず，権利行使が難しくなります。

　そこで，ソフトウェア関連発明では，新しい「処理」そのものだけではなく，その新しい「処理」がその結果としてどのように「出力」されるのかについて，出力内容と関連付けて説明することが極めて重要になります。特徴的な処理の結果どのような特殊なUI（ユーザインタフェース）が出力として表示されるのか，をUIの図表や，その処理フローの説明として詳細に記載することで，侵害立証容易性の高い良い特許明細書にすることができます。

　なお，処理のフローやハードウェア構成，データの構造等は，発明の内容をヒアリングした弁理士がある程度想像して明細書の中に記載することが可能ですが，UIについては無限のデザイン上のバリエーションがあり，弁理士が想像で記載することは容易ではありません。したがって，特徴的な処理が具体的なUIにどのように現れてくるのかを弁理士と議論し，スタートアップ主導で特徴的なUIを検討し，提示できるとよいでしょう。

　上であげた肌診断の請求項は，より侵害立証容易性の高い請求項に書き換えると以下のようになります。

【請求項1】
　肌の写真を撮影し肌画像を取得する撮像モジュールと，
　前記肌画像から算出された水分量と，算出された前記水分量に基づく肌診断の結果を表示する表示モジュールと，
を備える肌診断処理システム。

　この請求項では，内部処理でブラックボックスであった「水分量の算出と肌診断処理を行う診断処理モジュール」の要件がなくなり，その代わりに「算出された水分量と肌診断の結果の表示」という出力があればよい（立証できればよい），という請求項の記載になっており，より侵害立証容易性が高まっています。なお，どのような記載をすれば信頼立証容易性が高い請求項が書けるかは，弁理士のスキルに依存します。一般に，特許訴訟や特許交渉の経験の多い弁理士のほうが，その勘所をつかんでいる傾向にあります。

　そして，図面には，「水分量と肌診断結果」が出力されるUIを記載し，明細書では，処理内容と関連付けて，このようなUIが表示される旨を十分に説明しておくべきです。

　なお，特許になりそうな観点というものは，従来技術に対して新規性・進歩性のある新しい処理や出力の部分ですが，このような部分は，同時に従来技術に対して新しい面白い処理や表示になる部分であって，ユーザに訴求できる部分にな

り得ます。

　したがって，スタートアップの実際の製品やサービスの開発において，競合製品との差別化ポイントになる部分を意識してUIのモックや処理を検討し，特許出願書類に記載するとよいでしょう。

(2)　特許ポートフォリオを構築する

　特許権というものは人為的な取り決めによる権利です。特にソフトウェア関連特許は，どこまで処理内容を具体的に記載するかによって外延が可変であって，また，機械構造などのハードウェア関連特許と比べて，情報処理の内容が重複し，権利範囲が重なり合うこともあります。逆に言えば，自社の製品やサービスに関するソフトウェアによる情報処理の内容をさまざまなバリエーションで明細書に記載し，効率よく強い特許権を取り切れば，特定の市場で事業を優位に進めることができるようになります。

　たとえば，飲食店の予約管理システムを開発し特許出願を検討していたとします。その場合，明細書の技術説明は，飲食店だけではなく，汎用化してその他の分野に適用した場合にどのようになるのか，を想像して将来の競合他社の動向や自社のサービスの変革を予想しながらさまざまな態様を記載していくとよいでしょう。

　この予約管理システムは，飲食店だけではなく，少し改良すればホテルにも適用できるかもしれないし，物流のトラックの予約管理システムにて移用できるかもしれません。特許権は出願から20年の期間保護されるので，関連する領域に事業が拡大した場合に，それぞれの部分で具体的にどのような追加機能が必要にな

図表2-40　ソフトウェア関連特許の特許ポートフォリオ

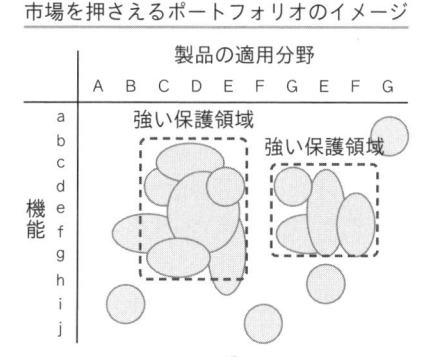

ソフトウェア関連特許の特殊性

・特許権は人為的取り決めによる権利
・対象が情報処理技術であり外縁が可変
・権利範囲が重なり合うこともある

効率良く強い特許権を取り切れば、特定の市場で事業を優位に進めることができる

市場を押さえるポートフォリオのイメージ

製品の適用分野
A B C D E F G E F G

機能　a b c d e f g h i j

強い保護領域

強い保護領域

◯…各特許の権利範囲

第1部

知財戦略

るのかを想像しながらより広い権利の取得を目指すとよいでしょう。

　自社のサービスの強みのある事業分野（たとえば，前の例では飲食店管理サービス）で，特定の機能（たとえば，予約管理機能）に注力して多数の特許出願を行い，さらにその周辺分野や周辺機能についても出願をしていくことで自社のサービスを守る特許ポートフォリオ（特許網）を構築することができ，後続の競合他社を寄せ付けない強い保護領域を作り上げることが可能になります。

　たとえば，タクシー配車アプリを提供する企業を想定すると，タクシーの配車というビジネス分野について，最適な経路探索や配車タイミング制御などのタクシー配車機能を中心に，オンライン決済の機能や，運転手の運転状況確認機能，広告配信機能など，タクシー配車の周辺機能についても網羅的に特許出願を行うことで，後続の同様なサービスを提供する企業の追随を許さない特許ポートフォリオを構築して，ビジネス上優位な立場に立つことができるようになります。

(3)　自社ではなく競合他社の製品やサービスをカバーする特許権を取得する

　競合企業が当該特許権を侵害しているかは，特許請求の範囲の請求項に記載された構成を競合企業がすべて実施しているかどうかで判断されます。ここで気をつけたいことは，自社の製品やサービスの内容をカバーする請求項（つまり自社の製品やサービスの内容を記載して広くとれた請求項）で特許権が取得できたとしても，それはあまり重要ではないということです。

　特許権を上手く活用すれば，競合他社の製品やサービスの使用を差し止めたり，損害賠償の請求を行うことができたり，これらの企業を牽制し開発スピードを遅

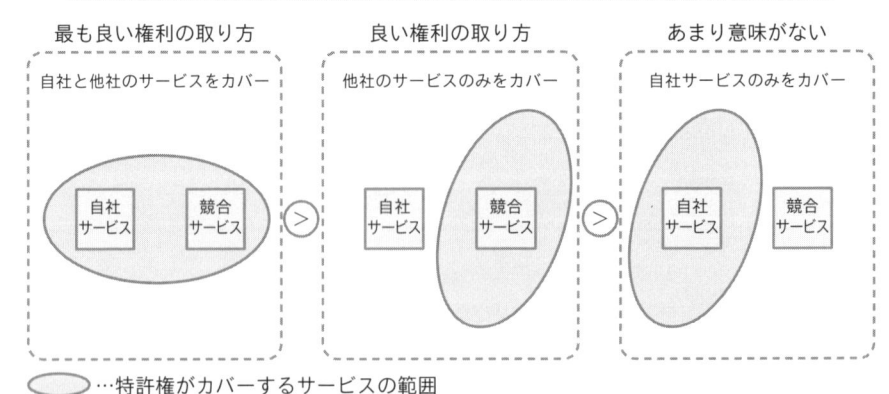

図表 2-41　競合他社サービスをカバーする権利を取らなければ有効ではない

らせたりすることができますが，そのためには，**登録された特許権が"自社"ではなく，その"競合他社"の製品やサービスをカバーできていることが極めて重要になります**。他社の製品やサービスがカバーできておらず自社の製品やサービスしかカバーできていない特許権というものは，特許権を持っていることをマーケティング的に利用することができる点を除けば，維持のための費用がかかるだけで意味がありません。

　特許庁はスタートアップ向けに早期に特許権がとれる，早期審査やスーパー早期審査，面接審査等の施策を打ち出しており，中にはスーパー早期審査を適用して 2 カ月程度で特許権を得るスタートアップも存在しています。しかしながら，出願から 2 カ月後では，競合他社がどのような製品やサービスを提供しているのかについての具体的な情報がないことがほとんどなはずですが，単に自社の製品やサービスをカバーするだけの権利を取得し，そのまま分割出願もすることなく，出願をクローズさせてしまっている企業が見受けられます。なお，出願をクローズするというのは，分割出願等の補正が可能な状態の特許出願がなくなってしまっている状態を指す特許用語です。

　登録済みの特許権が 1 件あるだけで出願がクローズしている場合，その特許権は他社にとってはそれほど脅威ではありません。登録になっている請求項を確認し，そこに記載された構成を回避する仕様への設計変更を行えばいいだけです。一方，将来補正が可能な分割出願が残っている場合には，たとえ設計変更をしたとしても，その変更後の仕様に合わせて新たに請求項を補正して特許侵害を構成する特許権を取得できてしまうので，特許出願はできるだけクローズせず，分割出願を残して，強い権利をとれるようにしておくべきです。

　早期審査を行って早期に権利を取ることにはメリットがありますが，必ず補正が可能な状態の分割出願を残して，「競合他社の製品やサービスをカバーする権利」を取得できるようにして，将来の競合他社との係争に備えておくべきです。「自社の製品やサービスをカバーするための早期審査」を行おうとする場合には，なぜそれが必要なのかを今一度よく考えてみることをおすすめします[52]。

(4)　分割出願を駆使する[53]

　ソフトウェア関連発明は，情報処理の内容を言葉で説明し，権利範囲である請求項に記載するものですが，ソフトウェアゆえにさまざまな実装が可能であって，たとえ特許権が取れたとしても，権利範囲から外れるような設計変更を行って容

52　早期審査のメリット・デメリットについては第 1 部第 2 章 3 - 7 （66頁）参照。
53　分割出願については第 1 部第 2 章 3 - 5(2) （62頁）も参照。

易に回避されてしまうおそれがあります。

　そこで，うまく特許査定になった場合であっても，そこで登録して終了させてしまうのではなく，分割出願を行い，競合他社の将来の実装の変更に柔軟に対応できるようにしておくとよいでしょう。ソフトウェア関連発明の明細書には，さまざまな処理フローやUIの例が記載されていることが多く，記載された処理内容から柔軟に請求項を作ることができるため，1件の特許出願から，分割出願によりさまざまな新しい観点の特許権を生み出すことも可能です。

　なお，大企業は特許を数千件保有していますが，実は特許の観点で言えばそれほど大きな脅威ではありません。特許権を行使して損害賠償を請求する場合，その支払い額は，基本的には「関連する製品の売上高×ロイヤリティ料率」で決まります。ロイヤリティ料率が5％であったとすると，製品売上10億円のスタートアップが支払う金額は5,000万円である一方，製品売上1,000億円の大企業が支払う金額は50億円になります。つまり，お互い相手の製品をカバーする特許が取れていた場合には，特許訴訟になったとしても大企業側の支払いのほうがスタートアップの支払いよりも大きくなり，むしろスタートアップは賠償金を受け取れることになります。

　スタートアップは選択と集中が得意ですので，自社の強み領域に特化して分割出願を駆使して特許ポートフォリオを構築し，大企業の製品をカバーしている特許権を1件でも取得できていれば，大企業と対等以上に戦っていけるのであって，ビジネス交渉を行う場合でも有利な立場で議論を進めることができるようになります。

(5)　どのカテゴリーで特許を取得するべきか

　ソフトウェア関連特許の請求項に記載する発明は，さまざまなカテゴリーで記載することができます。たとえば，サーバやクライアント等の装置，全体としてのシステム，情報処理の方法，それを実行可能な形で実装したプログラムなどがあります。請求項のカテゴリーが異なれば，保護対象が異なることになるので，それぞれのメリット・デメリットを考慮しながら請求項を記載するとよいでしょう。なお，通常は1つの出願の中でさまざまなカテゴリーの請求項を記載して多面的に保護できるようにしています。

　それぞれのカテゴリーについて理解しやすいようにダイエットアプリを例に説明します。このダイエットアプリは，スマートフォンにインストールし，日々の食事内容を記録するもので，その記録内容が管理サーバにアップロードされ解析・評価されて，1週間の献立のレシピがレコメンドされるものです（**図表**

図表 2 -42　ダイエットアプリの例：1 週間の献立レコメンド

請求項の カテゴリー	内容説明	メリット	コメント
サーバシステム	アップロードされた記録を解析・評価し，レコメンドを行うサーバ側のシステム	競合他社も同様のサーバを運営してくる可能性があり，最も直接的	クラウドに複数のサーバが分散して処理を行う場合に権利範囲外となる可能性あるので，サーバ装置よりはサーバシステムと表記したほうが良い
クライアント装置	ダイエットアプリのインストールされたスマホ	ユーザ側の動作が記載されるため，顧客や投資家に説明する場合に内容がわかりやすい	わかりやすいが，スマホを利用して特許権を実施するのはユーザであって，ユーザに対して権利行使がしにくい
サーバとクライアントからなるシステム	記録された食事内容とそれをサーバ側でどう処理するかを記載	サーバとクライアント間の動作が記載されるため，顧客や投資家に説明する場合に内容がわかりやすい	わかりやすいが，ユーザが使用するスマホ側の動作が規定されるため，ユーザに対して権利行使がしにくい
サーバシステムにおける管理方法	上記のシステムの請求項の処理内容を方法として記載	どの機器が処理を行うかを特定する必要がないので複数のサーバが分散して処理を行う場合も適用可能	ユーザの処理動作が含まれないように請求項の記載に留意が必要
クライアント装置における処理方法	スマホにインストールするダイエットアプリの処理内容を方法として記載	ユーザ側の動作が記載されるため，顧客や投資家に説明する場合に内容がわかりやすい	わかりやすいが，スマホを利用して特許権を実施するのはユーザであって，ユーザに対して権利行使がしにくい
サーバにおいて実行するプログラム	サーバに実装するプログラム	サーバにデプロイして実装できるプログラムが提供されている場合には有効	欧州，中国，米国等日本以外の国ではプログラムの請求項は認められないためグローバルに出願する場合注意が必要
クライアント装置において実行するプログラム	スマホにインストールするダイエットアプリ自体	アプリ自体に特徴がある場合には，アプリの提供を差し止められる点で有効	欧州，中国，米国等日本以外の国ではプログラムの請求項は認められないためグローバルに出願する場合注意が必要

2 -42）。

　機械構造等のハードウェア装置とは異なり，ソフトウェア関連特許は，上の例のようにさまざまなカテゴリーで請求項を記載することが可能です。請求項を記載する場合には，将来競合他社が実施してくる部分はどこであるか，を意識してカテゴリーを決定するとよいでしょう。

　また，カテゴリーだけでなく，全体システムの中のどの部分を切り取って請求項にするのかも重要な観点です。たとえば，アプリ上の食事内容の記録，サーバによる食事画像の解析・評価，サーバによるレシピのレコメンドのアルゴリズム，アプリ上の評価内容の特徴的な表示，サーバによるデータの記録管理等，どの部分に注力して権利を取得していくのかをよく検討する必要があります。

さらに，先ほども少し触れましたが，切り取った一部の処理内容を，より一般化して他の事業領域にも適用できないかも考えてみる必要があります。たとえば，画像解析によるレコメンドは，ダイエット管理以外のさまざまな事業領域でも適用できる請求項を作れるかもしれません。食事データの記録管理はプラットフォーム化し，病院や学校，介護福祉の場等でも利用できるような請求項を作れるかもしれません。このように分割出願を残しつつ，より一般的な広い権利を取得できないかを常に検討していくとよいでしょう。

(6) 明細書に記載しておくとよい処理内容

誰しもが当たり前のように実施をする，必須の構成で特許権が取得できると，競合他社の製品やサービスを押えられ，非常に有効な権利となります。しかしながらこのような必須の構成は，基本的な技術内容の組み合わせであって，過去に出願されている特許文献の記載の組み合わせから新規性や進歩性がなく拒絶されてしまう場合が多いです。このような状況であっても，以下のような構成を検討すると，強い特許が取得できる可能性があります。

●エラーなどの例外処理を記載する

ソフトウェアの実装を行う場合には，エラー等の例外処理が発生することがよくあります。このような細かな例外処理まで具体的に記載して特許出願を行うと，過去の他者の特許出願にこのような記載までされていることは少ないので，拒絶理由が出にくく特許が登録されやすいうえに，例外処理はサービスを実装すると必ず発生してくるため，特許権が取れると他社の特許侵害を主張しやすい強い権利となります。

たとえば，飲食店において予約処理を行っている最中に他の予約が入り，入れ違いで席が埋まってしまった場合にどのように例外処理を行うか，あるいはスマホ画像の解析処理を行う際に，画像が上手く撮れていない場合はどのように例外処理を行うか，ユーザ登録時に金融機関認証を挟む設計において金融機関が休業日の場合にはどのような例外処理を行うか，など「突然のエラー・例外が発生した場合に，どのような回避やリカバリー処理を行うのか」という観点を明細書に追記しておくとよいでしょう。

●法律や制度，仕組み等が変わった場合に新しく発生する処理を記載する

世の中に新しい仕組みが生まれるときには，これまでにはない新たな処理が発生するため，このような「新たな処理」について特許出願することを検討しまし

ょう。新たな仕組みであることから，過去に特許出願されていることはなく登録されやすいですし，その仕組みを導入するどんな企業も必ず実装しなければならないでしょうから，ここで特許権が取得できると強みになります。

　たとえば，インボイス制度の登録番号をどう処理するか，新たに公開されたChatGPTを用いたサービスに関する処理をどうするか，新たに開始されたマイナンバーカードの保険証利用をどう処理するかなど，世の中に新しい仕組みが導入されるときに，それにどう対処するのか，競合他社はどう対応してくるのかを想像して，新たな発明を検討してみるとよいでしょう。

　なお，このような新しい仕組みについては，同時に例外処理も発生する場合が多いです。たとえば，マイナンバーカードを持参していて保険証を持参しなかった場合に，従来記入が必須であった保険証情報の入力欄をどう例外処理するのか，ChatGPTを用いて顧客からの問い合わせに対応する仕組みを作ったが，正しい回答が生成されなかったときにどう対処するのか，などです。新しい仕組みに対する処理を考えると同時に，そこで発生するエラー等の例外処理についてもあわせて検討してみるとよいでしょう。

4-3-4　まとめ

　これまで説明してきたように，ソフトウェアによる実装はハードウェアと比べて自由度が高く，それと同じように特許明細書や請求項の記載も将来の自社や競合他社の開発を想像しながら，アイデアを膨らませて自由に記載をすることができます。記載の自由度が高いがゆえに，それを言語化する弁理士の能力も求められるため，情報処理分野に強い弁理士を見つける必要があります。

　統計情報で説明したとおり，Webサービスやアプリなどを用いたビジネスモデル関連の特許出願件数は年率9％で増加してきており，審査請求したうちの75％程度が特許になるという，ソフトウェア関連特許が増産される時代になってきました。戦略的に特許出願を行い，分割出願を繰り返して，競合他社や大企業に負けない広くて強い特許ポートフォリオを構築できるとよいでしょう。

4-4　新素材

　化学や材料を含む新素材の研究開発と社会実装を行うスタートアップにおいては，特許の取得は事業戦略上，あらゆる点で重要になります。これは単に素材や素材の製造方法に関する特許を取得すればよいという単純な話ではなく，開発した新素材をもとに，どのようなビジネスを展開していくのかによって，取得すべき特許の優先度は大きく変わります。ここでは，新素材に関するスタートアップ

が留意すべき特許戦略について説明します。

4-4-1　素材に関するスタートアップのビジネスモデルとEXIT

　従来の素材のようにすでにマーケットが存在する場合と異なり，新たに開発された素材は，そのまますぐに売れることは多くありません。その素材が革新的なものであったとしても，そもそもどのようなプロダクトに活用すればよいか，既存プロダクトに組み込むためにどうすればよいか，その**一連のサプライチェーンが確立されていない**ためです。その素材をマーケットに売り出すためには，スタートアップ自身がその素材を利用して新たなプロダクトやデバイス，サービスを試作・開発したり，他の企業とのPoCや共同研究開発を通して，新しい素材のアプリケーションを開拓することで，自らマーケットを広げていく必要があります。

　そのようにして，開発した新素材をもとにスタートアップ自身がビジネスを行う中で，開発した新素材に**最適なユースケース**を模索し，場合によっては**ピボット（事業の方向転換）**を行いながらビジネスモデルを確立していくことになります。

　開発した新素材をもとに行うスタートアップが行うビジネスモデルとしては，たとえば下記のようなものが挙げられます。

---

① 　素材売り
② 　素材のプロダクト・デバイス・システムへの組み込み
③ 　素材を利用したサービス，ソリューション提供
④ 　素材に関するIPのライセンス・プラットフォームビジネス

　まず①は素材を製造し（場合によっては第三者への製造委託），その素材を必要とするユーザに販売するという単純なビジネスモデルです。しかしながら上述したように，革新的な新しい素材であっても，どのように使用するかどうかがわからない状況で，いきなり素材だけが流通するケースは非常に稀です。また，仮に素材の機能や仕様が，既存のマーケットにおける代替品として受け入れられたとしても，その新たな素材の利用方法やユーザへのメリットが明確になるまでは，単に素材だけを提供するだけではプロダクトへの応用の広がりが遅くなり，このような素材売りだけの戦略というものは採られにくいと考えます。

　そこで，素材系のスタートアップとしては，②や③のように，**新素材を用いたプロダクト・デバイス・システム**等を自ら開発したり，**新素材を用いたソリューションの提供**等を行う戦略を採用したりすることが多くなります。これは，自分

たちで素材の応用先を開拓し，自らマーケットを先んじて作り上げ，競争優位性を確保することを意味します。

　なお，②と③は複合的であり，システムを納入したのちにサービスを提供することでアップサイドセルを得る，というようなビジネスを展開しているところも存在します。ただ，いずれも最初は新素材のPoCとして，新素材を利用したプロダクト開発を独力または共同で行い，**MVP（Minimum Viable Product：実用最小限の製品）** を確立したのちに，ようやく②や③のビジネスモデルが確立できます。特許的な観点で言うと，このMVPに辿り着くまでの間に生じる課題を解決する技術的手段が，基本特許と同等なくらい重要になることが多く，この間における特許戦略が非常に重要になります。

　また，スタートアップが，素材や素材を用いたプロダクトの製造を自ら行わない「**ファブレス戦略**」をとるケースもあります。オープンイノベーションの枠組みにおいて，パートナー企業に技術的支援を行いながら製品化を目指し，レベニューシェアやロイヤリティにより売上を上げていくライセンスビジネスや，素材をあらゆるチャンネルに適用させ，その製造から応用までの一連のサプライチェーンをコントロールするプラットフォームビジネスを確立させるケースもあります。この領域に事業として辿り着いたスタートアップはまだ多くありませんが，売上は大きくなりにくいものの，製造設備やコスト，製造責任等のリスクを負いにくく，モノや資金を多くもたないスタートアップにとっては事業戦略として非常に有効な手段であると言えます。

事例　GORE-TEX

　素材のプラットフォームビジネスであるGORE-TEXの例を説明します。GORE-TEXは防水透湿性に優れた機能をもった素材であり，衣服や医療用素材に応用されています。GORE-TEXの基本特許（素材の製造プロセス）に関してはすでに1990年代に権利が切れているものの，"GORE-TEX"というブランドが広く浸透しており，"GORE-TEX"を素材として用いたプロダクトには，"GORE-TEX"印の商標が付されています。これは，"GORE-TEX"による品質保持を示す機能とともにブランド戦略としても有効であり，この**ブランド戦略**と**プラットフォーム戦略**によって他の追随を許さないビジネスを展開しています。

　さらにスタートアップにおいては，必ずしもIPOを目指すだけではなく，M&Aによる大企業への吸収という形でEXITを迎えるケースもあります。M&Aにおいては，実質的には事業に関するアセットはすべて買収側に譲渡することと

図表 2 -43　素材に関する知財の種類

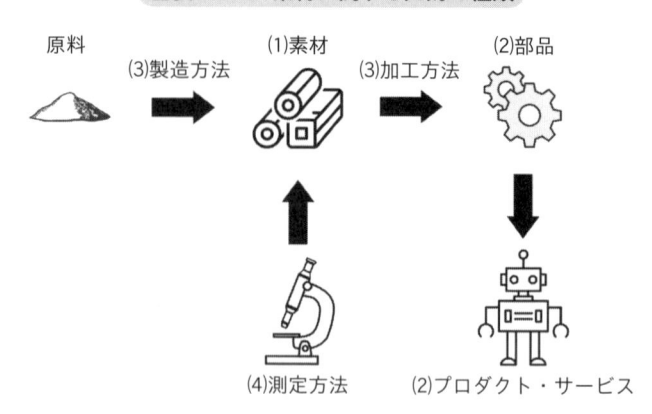

原料
(3)製造方法
(1)素材
(3)加工方法
(2)部品
(4)測定方法
(2)プロダクト・サービス

なるので，獲得してきた知財も譲渡対象となります。そのため，知財も買収側の
デューディリジェンスの対象となることが多いので，基本特許だけではなく，**事
業に紐づいた特許を確実に取得している状態であることが好ましい**と言えます。

4-4-2　素材に関する知財の種類

　素材は一般的にサプライチェーンにおいて，上流側に位置することが多いです。
新しい素材を開発した場合に，その素材を広くマーケットに浸透させるためには，
その素材を活かしたアプリケーションも併せて開発することが必要になります。
そのため，素材に関する知財（特許）だけではなく，その素材を用いた**部品・プ
ロダクト・サービス**も，スタートアップとしては押さえておくべき特許の対象と
なります。また，その素材の開発において，従来にはない**プロセス**を開発し，そ
のプロセスにより製造するものであれば，その製造プロセスについても特許の対
象となります。さらに，その新しい素材の材質や仕様を特定するために必要な測
定等の試験方法も，押さえるべき特許の対象となります（**図表 2 -43**）。

　これらは，単に技術的な強みだけではなく，スタートアップの事業戦略に応じ
て，どのような特許出願を優先して行うか，場合によっては秘匿するかを決定し
ます。以下，それぞれの特許の特徴について説明します。

(1)　素　　材

　素材そのものの特許は，最も基本的な特許です。素材の特許は，たとえば，素
材を構成する物質（元素など），結晶構造，化学式，パラメータ，測定方法等に
より，権利範囲が規定される発明となります。権利範囲の規定の方法は，その素

材の種類によって大きく異なりますが，たとえば鉄鋼の場合は，鉄に含まれる不純物の組成や，鉄の内部で構成される結晶構造等により規定されます。

【請求項1】[54]

　成分組成が，質量％で，

　　C　　　：0.35％以上，0.75％以下，

　　Si　　　：0.005％以上，0.25％以下，

　　Mn　　：0.5％以上，3.0％以下，

　　sol.Al：0.0002％以上，3.0％以下，

　　Cr　　　：0.05％以上，1.00％以下，

　　B　　　：0.0005％以上，0.010％以下，

　　Nb　　：0.01％以上，0.15％以下，

　　Mo　　：0.005％以上，1.00％以下，

　　Ti　　　：0％以上，0.15％以下，

　　Ni　　　：0以上，3.00％以下，

　　P　　　：0.10％以下，

　　S　　　：0.10％以下，

　　N　　　：0.010％以下

を含有し，残部がFeおよび不可避的不純物であり，

　ミクロ組織が，下部ベイナイト，マルテンサイトおよび焼戻しマルテンサイトの少なくとも1種を面積率で90％以上含み，

　Z＝（粒界におけるNbおよびMoの1種または2種の質量％）／（溶解時のNbおよびMoの1種または2種の質量％）定義される粒界固溶比Zが0.4以上であり，

　上記下部ベイナイト，マルテンサイト，または焼戻しマルテンサイトを構成する結晶粒の $\{112\}\langle111\rangle$ のX線ランダム強度比が2.8以上であり，

　粒径が50nm以下のセメンタイトおよびイプシロン炭化物の個数密度が合計で1×1016個／m^2以上である

ことを特徴とするホットスタンプ用鋼板。

　このような素材の特許は，たとえば大学発スタートアップにおいては，すでに大学で基本特許が出願／取得されていたり，論文は出版されているが特許は取得されていない，というケースも存在します。前者の場合においては，事業戦略上，大学から（非）独占的ライセンス[55]を受けるか，特許権を譲渡してもらう必要があります。もしスタートアップ自身が新しい素材を開発するのであれば，必ず取得しておきたい特許です。

54　特許第6460287号

　素材の特許については，上記のような各種の規定について特許性があることを示すために，明細書に**「実施例」**の記載が必要となるケースがほとんどです。実施例は，発明として規定された各種構成の数値や化学式，構造が特定の条件を満たしている場合に効果を発揮するという裏付けのデータです。また，実施例とともに，これらの条件のうち1つでも満たしていない場合は「比較例」や「従来例」として記載する必要もあります。つまり実施例は，発明の範囲を明確にし，特許性を主張するための「臨界的意義」として求められる記載です。

　基本的に，素材のように構造等で特定できないような発明は，元素等の組み合わせや数値によって発明としての有効性が示されるため，実施例を記載せずに権利化することは困難です。一方で実施例を多く書きすぎると，逆に発明のボーダーラインを高めてしまい，権利範囲が狭くなってしまう可能性もあります。なるべく広い権利範囲を取得しつつも，従来技術との差別化を図るために，どのような実施例，データが必要になるかについては，弁理士など知財の専門家等と相談することをおすすめします。

　なお，素材の特許においては，他社製品が当該特許を侵害しているか特定するために，**特定可能な測定方法**を記載しておく必要があります。特に大学から出願される特許では，理論やシミュレーションの結果に基づいて発明を出す場合に，発明の特徴を理論的に記載してしまい，実験によって特定ができない構成要素として規定してしまうという事例も少なくありません。一見理論的な記載のほうが広く権利範囲をカバーできるように見えますが，第三者の侵害特定が困難になってしまうケースもあります。必ず実験的に特定可能な構成要素とすることを意識しておくことが重要です。

　また，素材を製造方法により特定する「プロダクト・バイ・プロセス・クレーム」により特許化する方法もありますが，日本の特許審査実務においては認められにくいこと，仮に特許化できたとしても，侵害立証が容易ではないことから，現状では好ましくないとされています。一方で後述するように，素材の特性を，特定の測定方法で得られるパラメータにより特定して特許化する方法も存在します。これは素材の構造等が一般的な測定方法で特定するのが難しいときに，材料特性等の評価方法で得られるパラメータから特定する方法です。

55　本来的には独占的ライセンスが好ましいが，本特許を実施する企業等が現れる見込みがなければ，初期コストを抑えるという観点から，非独占的ライセンスや，優先交渉権を受けるという選択肢もあります。優先交渉権は，所定期間内にライセンスを受けるかどうかを判定するために研究開発目的で実施可能とする，いわゆる「特許の味見」のための権利です。

(2) 部品・プロダクト・サービス

　新たな素材においては，素材そのものの特徴がダイレクトにマーケットに受け入れられるケースは多くありません。そのため，素材の開発と並行して，どのようにすればマーケットに受け入れられるか，新素材を用いた部品や完成品（日用品・デバイスなど），またはそれらを用いたシステムやアプリケーションについて，単独またはパートナー企業とPoCを行いながら**PMF**（Product Market Fit）を探索していく，ということが多くのスタートアップでは求められます。

　たとえば，電気的特性を計測することが可能な繊維を開発した場合に，いきなり衣服等を製造販売する企業に繊維そのものを買ってもらうケースは少なく，どのような衣料に組み込むことで，どのようなデータが取得し，どのようなビジネスに実装できるか，という検証（場合によっては，そのような企業との共同研究）が必要になります。また，素材売りをするよりもプロダクトとして付加価値をつけることで，売上自体も大きくすることができます。そのため，素材開発に取り組むスタートアップは，**下流側のプロダクトを意識する必要があります。**

　この場合，自社では素材開発だけではなく，プロダクト開発も行うことになります。たとえば，上述したようにセンシング機能を持たせた繊維を組み込んだアスリート向けの衣服に組み込むことで，アスリートの運動状況をモニタリングできる，というようなプロダクトを（単独，共同問わず）開発するとします。

　この場合，繊維の素材そのものだけではなく，たとえば，①繊維を組み込んだ衣料，②衣料への繊維の組み込み構造，③繊維を組み込んだ衣料からのデータの取り出し方，④データ解析による運動状況の評価システム，など，プロダクトやその周辺でさまざまな技術開発が必要となり，それに応じた発明が生み出されることになります。

　これらの発明について特許を取得する場合，たとえば以下のようなクレームとなります。これらは同じ出願にそれぞれの発明が含まれてもよいですし，別の出願として分けられていても構いません。

---

① 繊維を組み込んだ衣料

【請求項1】

　衣料であって，前記衣料は肌と相対する内面部を有し，

　前記内面部の少なくとも一部に繊維Aを含む機能部が設けられる，衣料。

② 衣料への繊維の組み込み構造

【請求項2】

請求項1に記載の衣料であって，

前記機能部において，前記繊維Aは一方向に沿って並行となるように複数のライン状になるよう組み込まれる，衣料。

③　繊維を組み込んだ衣料からのデータの取り出し方

【請求項3】

請求項1または2に記載の衣料であって，

前記機能部は前記繊維Aから得られる信号を外部に送出する送信部をさらに備える，衣料。

④　データ解析による運動状況の評価システム

【請求項4】

請求項3に記載の衣料から得られるデータの解析方法であって，

前記送信部より得られる前記信号に基づいて，前記衣料を着用する人物の運動状況に関する情報を出力する，データの解析方法。

　これらの発明のうち，スタートアップの事業と密接に関わる発明や，パートナーとの事業連携において重要な発明については，優先度を上げて特許を取りにいくことが好ましいです。自らの事業の防護壁，そしてパートナー企業に対する信頼感が得られるためです。

　もしプロダクトの構想が練られたとしても，その時点でまだどのような事業を作り上げていくか決まっていない場合は，ひとまずすべての可能性について広く包括する特許を取りに行くことを考えるべきです。たとえば，最初の事業開発がうまく行かずピボットを余儀なくされる場合に，構想初期の段階で出願した特許の内容に含まれていれば，引き続き特許による保護を受け続けられるからです。最初の特許出願の明細書にあらゆる事業を想定した内容を詰め込んでおけば，後々分割出願等で引き続き特許の恩恵を受けられるのです。

　一方で，事業開発が軌道に乗ってくると，PoCを重ねていくことで**新たな課題が発掘される**ことも多々あります。その発掘される課題に対する解決方法が発明となり得ます。これらの課題を解決する特許がポートフォリオ化されることで，より強固な参入障壁となるべき特許群が形成されていきます。そのため，PMFが見えてきた段階で，集中的にプロダクトに関する特許を押さえていくことを意識することが望ましいです。

(3) 製造方法（ノウハウ）・加工方法

　新しい素材について，素材そのものの新規性のみならず，その素材を製造する方法に技術的な特徴がある場合は，製造方法や製造装置についても特許を取得する選択肢が存在します。製造方法の特許を押さえることにより，他者がその素材の製造をするうえで必然的に特許に抵触することになれば，他者へのけん制の効果は大きくなるでしょう。また，素材を部品や完成品に加工するための加工方法や加工装置も特許の対象としてなり得ます。ここではいずれも「製造方法」として説明します。

　製造方法のクレームとしては，たとえば以下のような形式となります。このクレームは，いわゆる「フロート法」とよばれるガラスの製造方法に関するものです。具体的には，フロートバスと呼ばれる溶融金属の上にリボン状のガラスを形成し，それを引っ張り上げて，その後徐冷炉にてガラスリボンを冷却する方法ですが，本発明はその際に使われる搬送ロールの表面に炭素膜を形成させる発明です。これにより，搬送ロールの表面に溶融金属や酸化物等がつきにくくなり，ガラス表面に疵等を形成しにくくなるというものです。特に素材系では，製造設備の特徴や，製造方法における熱処理，雰囲気制御，速度などの各種パラメータで発明を特定することが多いです。

> 【請求項1】[56]
>
> 　溶融金属を収容した溶融金属浴槽の水平な浴面に溶融ガラスを連続的に供給してガラスリボンを形成し，前記ガラスリボンを前記浴面から引き上げ，複数の搬送ロールによって徐冷炉に搬送するフロートガラスの製造方法において，
>
> 　前記搬送ロールの表面に炭素含有ガスを熱分解させて炭素膜を形成した状態で，前記ガラスリボンを形成，引き上げ，搬送することを特徴とするフロートガラスの製造方法。

　ただし，注意すべき点として，製造方法の発明の実施は，一般的には事業者の工場でなされるものですので，製造方法の特許を他者が実施していることを立証するのは容易ではないことが挙げられます。

　なお，日本の特許法では，製造方法（生産方法）の特許については，特許法第104条において，その物が特許出願前に日本国内において公然知られたものでないときは，その物と同一の物はその方法により生産されたものと推定するとされています。その場合，異なる製造方法で生産されたことについての立証責任は被疑侵害者にあります。また2020年の法改正により査証制度[57]が設けられ，中立公

56　特許第5428858号
57　特許法105条の2 〜 105条の2の10

正な専門家による証拠収集，裁判所提出が可能となり，被疑侵害者が調査を拒みにくくなるようなシステムが追加されました。しかし必ずしも査証による証拠収集が行われる保証はなく，あくまで救済的な位置づけとして考えたほうが無難であると思います。

特許出願は通常，出願から1年6カ月後にすべて公開されます。そのため，製造方法に関する特許も公になります。したがって，新しい素材の製造方法が，素材を分析することにより同業者でも容易にマネをすることができないものであるならば，特許出願をするのではなく，**ノウハウとして秘匿化・営業秘密化するほうが望ましい**と言えます。ノウハウとして秘匿可能な製造方法であるならば，ノウハウは半永久的に（公に開示されない限り）守ることができるからです。

なお，仮にノウハウとして保護していても，他者が同様の製造方法について特許を出してしまった場合に備えて，ノウハウの範囲を特定するための書類（明細書のような形式）を準備しておき，タイムスタンプによりノウハウ確保の時期を明確化・証拠化しておくことが好ましいでしょう。いわゆる先使用権[58]を主張可能な状況にしておくため，「即時実施の意図を有し，即時実施の意図が客観的に認識される態様，程度において表明されていること[59]」を示せるようにしておく必要があります。もっとも，先使用権が成立するか否かを判断することは困難を極めますので，事前に知財専門家に相談しておくことが好ましいといえます。

また，技術レベルの高さや模倣された場合の顕現性の低さからノウハウとして秘匿すべきである一方で，競合他社との競争が激しい分野であり，万が一他社から特許出願されることにより技術開発に影響が出かねないような場合は，いわゆる「目くらまし」特許出願を行うことも考えられます。たとえば，実際に「商品としての品質・仕様を満たす」プロダクトの製造方法がピンポイントなノウハウなのであれば，特許請求の範囲に規定したプロダクト（仕様を満たすことは要求しない）の製法特許の規定範囲を広めにしたり，複数の製法特許を出しておいたりすることで，製造方法を特許で保護し他者をけん制しつつ，実際に上市できるプロダクトの製法のノウハウを隠したままにすることが可能になるケースもあります。製法特許＝ノウハウ秘匿という選択肢だけではなく，第三者に実際のノウハウを特定されない程度の情報開示によって特許を取得できるのであれば，より好ましいです。

また，製法特許においては，プロダクトや材料の製法において必ず生成される中間物が存在すれば，その中間物や中間物の製法特許を押さえておくことも，有

58　特許法79条
59　最判昭和61(オ)第454号「ウォーキングビーム式加熱炉事件」

効になる場合があります。プロダクト製造におけるボトルネックとなるような発明を押さえておくことで，他者に対するけん制効果も大きくなるからです。

(4) 測定方法

　素材自体に新たな特性がある場合や，そもそも素材そのものの構造等の特徴を特定することが困難である場合においては，その素材に由来する何らかの特性を測定するための測定方法を特許として取得できる場合があります。たとえば，新たな素材が従来とは異なる破壊モードにおいて技術的な優位性がある場合に，その「異なる破壊モード」を実証するための測定方法を特許で押さえることが考えられます。この特許取得は，新素材が世の中に普及した場合において新素材の品質を担保する規格を作るうえで重要になります。つまり，その新素材の品質を**標準化**するうえで，品質を評価するための試験に関する測定方法を特許化すると，自社プロダクトやサービスの高品質・高性能を担保することができ，差別化や新たなマーケットの創出を目指すことができるのです。

　測定方法の特許の例としては，たとえば以下のようなクレームが挙げられます。この発明は，従来の測定方法では実現できていなかった「せん断力」と「引張力」との合力によるスポット溶接部の評価を行うための試験方法に関するものです。

【請求項1】[60]

　継手の強度を評価する強度試験方法であって，

　棒状の第1試験片と，

　前記第1試験片に重なり合う棒状の第2試験片と，

　前記第1試験片と前記第2試験片とを接合する接合部と，を含む強度試験片を準備する準備工程と，

　前記第1試験片および前記第2試験片の長手方向における一端部を引張試験機の一方のチャックで把持し，前記第1試験片および前記第2試験片の長手方向における他端部を前記引張試験機の他方のチャックで把持する把持工程と，

　前記第1試験片および前記第2試験片を前記長手方向に引っ張る引張工程と，を備え，

　前記引張工程において，前記第1試験片を一方に引っ張る引張力と，前記第1試験片を他方に引っ張る引張力との合力は，前記第2試験片を一方に引っ張る引張力と前記第2試験片を他方に引っ張る引張力との合力とは異なることを特徴とする強度試験方法。

　また，測定方法の特許に併せて，この測定方法を用いて規定されるパラメータ

60　特許第7260788号

を用いた素材の特許を取得することも考えられます。これは，たとえば材料の構造を一般的な測定方法（X線解析など）で測定することが困難である場合によく用いられますが，仮に材料の構造が特定可能であっても，あえて特定の測定方法で得られるパラメータにより特許を押さえる方法も存在します。構造と材料特性の両面から特許を取得することで，複層的に素材の技術を保護することもできます。注意すべき点としては，測定方法は製造方法の特許と異なり，その特許技術を用いて品質規格を確認した製品に対しては，特許権の効力は及びません[61]。そのため，あくまでも測定により規定されるパラメータで製品そのものを規定するクレームを作ることが重要です。

　さらに，測定方法自体も秘匿してしまうという手段もあり得ます。これは，製造方法の秘匿とセットで考えることができます。素材の特性が明らかにされていても，素材の製法がノウハウとして秘匿されており，かつ他社が容易にその測定方法をマネできないのであれば，作ることも品質を証明することもできないからです。つまり素材のコア技術に関しては一切秘匿してブラックボックス化しつつ，素材を用いたプロダクトで付加価値をつけることができれば，競争力の源泉であるコア技術を半永久的に独占し，**コモディティ化のスピードを遅らせ，事業優位性を維持し続ける**ことが可能となります。

4-4-3　素材に関する事業の権利化の考え方

(1)　どのような特許を取得すべきか

　上述したように，素材に関する特許はさまざまなカテゴリーがあり，素材そのものだけではなく，素材から派生するプロダクト，サービスに応じた発明を多面的におさえていく必要があります。戦略としては，上述したようなさまざまなビジネスモデルの模索，ピボットの可能性をある程度想像したうえで，事業の根幹をなす**基本特許**と，事業に特化した**応用特許**との**ポートフォリオ**を意識し，事業優位性が確保できる特許を狙い定めて取得していくことが求められます。

●戦略の事例：何を優先するか

　たとえば，あるスタートアップの技術的優位性が新たな素材の製造方法にあるものの，新たな素材を活用できるプロダクトについて未知数なのであれば，確保すべき知財の選択肢として，**①素材そのものの特許**，**②素材の製造方法，製造装置**，**③素材を活用したプロダクト**，となります。この場合，もし素材そのものに

61　最判平成10年(オ)第604号「生理活性物質測定法事件」

新規性があるのであれば，間違いなく素材そのものの特許を最優先で押さえることが必須となります。

次に，②の製造関連特許と③のプロダクト特許のどちらを優先すべきかという点です。資金に余裕があるのであれば，②と③を並行して進めるべきです。一方で知財に割ける予算に限りがあるとすればどうすべきでしょうか。これはスタートアップが採るビジネスモデルに依存します。

すでにマーケットにある素材を代替する新たな素材であって，製造装置そのものを開発・販売したり，他社への製造ライセンスを許諾するのであれば，②のうち製造装置を優先して押さえることになります。また，製造装置を販売する場合においても製造方法そのものがブラックボックスなのであれば，製造方法の特許ではなく，②のうち製造装置（つまり装置そのものの構造や機構・制御に関する特許）を押さえ，製造方法はノウハウにして秘匿する，という方策も考えられます。

一方で，まだ新素材がマーケットで受け入れられておらず，そのために自社内でのみ製造，または製造委託（製品はすべて自社が買取）するケースであれば，製造方法に関する特許は一切出さない，という手もあると思います。この場合は，その素材を活かしたプロダクト等に関するPoCが行われているケースが多いと思いますので，そのプロダクトに関する特許（③）を優先的に取得することが求められます。

このように素材のスタートアップにおいても，素材の技術的特徴，素材に関するビジネスモデルの双方に応じて，どのような特許を優先的に押さえていくかが大きく異なります。また，上述したように，素材のコア技術について一切秘匿しつつ，素材を組み込んだプロダクトを特許等で保護することで，新たなプロダクトを産みだし続けても，そのコア技術による事業優位性を半永久的に維持することができるようなビジネスモデルを構築することも可能となります。

なお，上述した例は，「何を特許として押さえるか」「何をノウハウとして秘匿するか」という観点であり，技術優位性を確保しておくための手段としての「**オープン・クローズ戦略**」です。しかしながら，これは自社の競争力を維持するという観点からの「オープン・クローズ戦略」にすぎず，売上を大きくする，マーケットを成長させるという観点は少し欠けています。

そこで，下記の（広義の）「オープン・クローズ戦略」を目指すことで，自社の技術をより多くの企業に利用してもらう可能性が大きくなります。

(2) 素材ビジネスにおけるオープン・クローズ戦略

（広義の）**オープン・クローズ戦略**は，他社に広く自社の技術を利用してもら

い世の中に普及させるため，「多くの企業に利用してもらう領域（オープン領域）」と「自社で独占する領域（クローズ領域）」を組み合わせ，市場を拡大させつつ自社への利益を大きくするための戦略です。一般的なオープン・クローズ戦略については，すでに多くの知見が書籍[62]やウェブメディア等で公開されているため割愛し，ここでは，素材ビジネスに特化したオープン・クローズ戦略の例について説明します。

素材ビジネスにおいて有効なオープン・クローズ戦略として，**技術標準化とノウハウとの組み合わせ**が挙げられます。

技術標準化の戦略としては，たとえば製品そのものの標準化（ブルーレイディスクの仕様等），インターフェース部分（QRコードの標準化，読み取り技術のノウハウ化）がありますが，素材のケースでは，性能基準や評価方法の標準化の戦略を採る例が多く見受けられます。これは，素材の開発自体が高い技術レベルを要求するものであり，その高い技術レベルで標準化が成されれば，マーケットとしてはその規格を満たす製品を流通させる必要がある一方で，その高い技術レベルを実現できる自社のみが利益を受けることができるためです。

●根本特殊化学株式会社の事例

根本特殊化学は，時計や安全標識等に用いられる夜光塗料を開発している企業です。この企業が開発した夜光塗料が，従来よりも数倍以上のりん光輝度を有しており，これにより非常口への誘導等に用いられる蓄光誘導標識板のJIS規格の改正がなされました。この規格を満たす製品を製造できるのは，特許とノウハウを有する根本特殊化学のみでした。このように，標準化においては通常他社への特許ライセンスが必須である場合であっても，ノウハウにより自社実施が事実上独占されている状態であれば，自社が独占的に利益を得られるというケース（つまり「技術誘導化とノウハウの組み合せ」）もあり得るのです。

なお，根本特殊化学のケースは，JIS規格のようないわゆる「**デジュールスタンダード**」という，公的または業界団体等における協議により定められる標準化に則るものですが，他にも「**デファクトスタンダード**」と呼ばれる，市場競争に基づいて事実上それが一般的な規格となって標準化されるケースも存在します。

素材の場合は，プロダクトに求められる材質に基づいて材料が選ばれるケースが多いので，固定的なデファクトスタンダードの例は多くありません。一方で，GORE-TEXやテフロンのように，所定の原材料・製造方法を用いて製品化する

62　たとえば，小川紘一『オープン＆クローズ戦略　日本企業再興の条件〈増補改訂版〉』（翔泳社，2015年）など。

一連のプロセスを認証化し，世界のいたるところで同じ品質を提供できるよう企業を囲い込むような「**プライベートスタンダード**」と呼ばれる標準化手段も存在します。認証元の企業の信用力やブランド力が必要であるため，たとえば大企業との協業により新しい素材のサプライチェーンを組むことができれば，このようなプライベートスタンダードによる囲い込みを，大企業の信用力とブランドをレバレッジに用いて行うことも可能であると考えます。

　また，標準化以外のオープン・クローズ戦略の例としては，素材とエンジニアリングを組み合わせたIPパッケージの提供というものが考えられます。素材に関する技術は広く開示し，利用できるようにする状態にしつつ，素材をプロダクトで活かすための組み込みにおけるエンジニアリングを**IPパッケージ**（特許＋ノウハウ）で固め，自社のクローズ領域として独占しておくという仕組みです。先に述べたように，新しい素材を第三者がいきなりプロダクトに組み込んで利用することは技術的に困難である例が多いです。そこでその素材を活かしたプロダクトの早期立ち上げを実現するために，スタートアップによるIPパッケージの支援を提供できるようにしておくことで，製造設備等を持たなくても，合弁事業など，単なるライセンスではなく，直接的なレベニューシェアを得られる可能性が高くなります。また，素材はプラットフォーム的な性質を持ちますので，さまざまなビジネス領域についてIPパッケージを提供することができるため，マーケットを大きくしつつ自社の利益を拡大することが可能となります。

　このように，新素材のスタートアップにとっては，事業戦略と技術戦略とともに，大胆なオープン・クローズによる知財戦略が，マーケットを一気に拡大しつつ自社の利益を誘導するのに大きく効果を奏するケースもあり得ます。そのため，新素材のスタートアップは，早期の段階から知財専門家の支援を受けたり，採用を行うことが不可欠となります。

(3)　外国出願の重要性

　また，海外展開を視野に入れている場合は，外国出願を行うことも必須となります。新素材のスタートアップにおいては，素材の生産を外国で行う場合に，外国への技術移転とライセンスロイヤリティの確保のため，生産候補国での素材や素材の製造方法の特許権利化も視野に入れる必要があります。一方で，素材を組み込んだプロダクトの特許においては，米国や中国などマーケット規模の大きい国に対して優先的に権利化を検討すべきです。

　このように，発明の種類に応じて，検討すべき対象となる国は変わってきます。

海外事業戦略に応じて適切な外国出願を行うことが重要です。また，特許の保護効果が比較的低い国に対しては，特許ではなく，技術やプロダクトのブランドに対応する商標を出願することも重要です。

4-4-4　まとめ

本項では，新素材のスタートアップがどのような知財戦略を構築し実行すべきかについて説明しました。素材に関する発明は単に素材そのものに留まらず，製造方法，プロダクト（部品・完成品），測定方法など多岐にわたり，それらを特許で保護するかノウハウで秘匿するか，特許を出すにあたって何から出すべきかの選択が非常に重要になります。

その選択においては，素材に関する技術的優位性と，素材を用いたプロダクトやサービスのビジネスモデルとを総合的に判断し，それぞれのケースに応じて決定することが必要です。

そのため，知財戦略の構築やマネジメントにあたっては，技術と事業の両方を把握しているキーパーソンが重要になります。そのキーパーソンと知財専門家が連携して，初期の段階から知財活動を行うことが，事業戦略において優位性を確保するために不可欠であると言えます。

4-5　ハードウェア

ここからは，ハードウェア系のコア技術を有しているスタートアップ企業の権利化戦略について概説します。ここでは，ハードウェアを，機械・構造的な技術成果全般を指すものとして取り上げます。たとえば，新規な物理デバイスをコア技術とするスタートアップ企業や，新たなモビリティの開発に勤しむスタートアップ企業等が該当します。

4-5-1　顕現性

知的財産権を考えるうえで，取得した権利を自社でない第三者が侵害している際に，本当に侵害しているかどうかを立証することができるか，という観点はとても重要です。これを業界用語で「顕現性」と呼びます。仮に自社で押さえている特許権を侵害する第三者が存在していたとしても，本当に侵害しているかを立証することができなければ，適切な権利行使（差止請求権や損害賠償請求権の行使）をすることができません。実は，ハードウェアではなくソフトウェアの分野では，このような侵害立証が難しいケースが考えられます。仮に新規な画像処理アルゴリズムを発明し，これをそのまま特許として権利化することができたとし

ても，第三者が製品内のプロセッサにこのようなアルゴリズムを実際に実行させているかどうかの確信を持つのは難しいということです。

したがって，**ソフトウェアの発明に際しては，侵害立証の観点から，アルゴリズムそのものを権利化するのではなく，情報処理の入出力等，外から見える部分の特徴を権利化することが戦略的に有効となります**（図表 2 -44）。

図表 2 -44　ソフトウェア発明の顕現性のイメージ

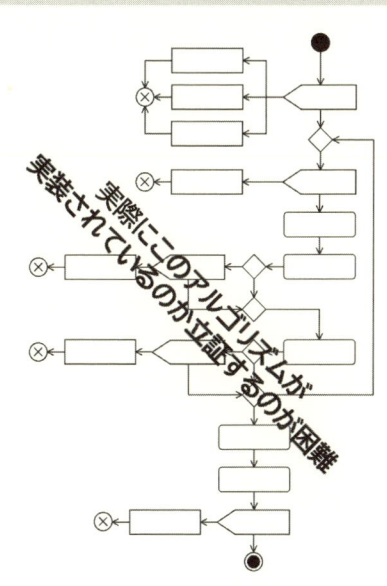

一方で，ハードウェアは，その構造的な特徴を把握するのが誰からも容易と言えますし，逆に言えば，知的財産として積極的な権利化を怠ると，第三者にそのアイデアを取られてしまったうえで，その改良発明を権利化されるといったリスクまで考えられます。このように**ハードウェア発明の顕現性は非常に高いため，積極的かつ多観点での権利化戦略がより力を発揮します。**

4 - 5 - 2　多角的な権利化
(1)　1つのプロダクトに対して複数の特徴を記載した明細書

前述のとおり，ハードウェアをコア技術とするスタートアップ企業であるならば，顕現性が高いために模倣も容易であることから，1つのプロダクトに対して複数の観点で権利化を進める戦略を採ることが重要となります。たとえばプロダクト中に，A，B，Cという3つの技術的特徴があったとします。これら3つを

図表2-45　1つのプロダクトに複数の技術的特徴があるケース

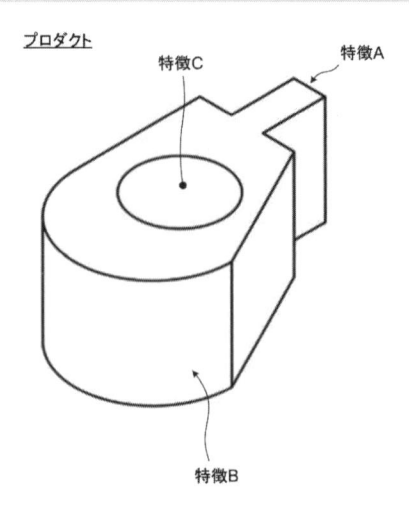

特許権で保護したい場合に，通常であれば3件の特許出願をすることが想定されます。

　しかしながら，スタートアップ企業にとって，知財予算は限定的であるため，特許出願の費用を少しでも抑えたいという気持ちもあるでしょう。そこで推奨するのが，**1つの明細書に複数の観点を盛り込んだ出願をすること**です。これはソフトウェア発明等でも積極的に行われる戦略であり，特段ハードウェア発明に限る戦略ではないのですが，プロダクトが固まっているハードウェアだからこそわかりやすい戦略です。もう少し詳しく述べると，ハードウェアの場合，実体的にプロダクトが可視化されるため，明細書にはプロダクトの具体的な説明（実施形態）が記載されることになりますが，プロダクトが共通しているため，1度の説明にまとめてしまうほうが書き手側も書きやすいというメリットがあります。

　これにより，たとえば本来通常3件分の明細書の費用を2件分相当（重厚な1件の明細書）の費用に抑えることができますし，依頼される側の弁理士も別々に書類を作成する場合に比べて工数を削減することができます。

　また，このような明細書を作成したうえで，**特徴A，B，Cのうち，特に重要な特徴Aを優先的に権利化し，市場の動向や様子を見て，時期をずらして特徴BやCを権利化するという戦略**に出ることもできます。これは分割出願という制度を効果的に利用するものです[63]。

63　分割出願については第1部第2章3-5(2)（62頁）も参照。

また，プロダクトそのものの技術的な特徴だけではなく，その製造方法にも特徴があるのであれば，製造方法の権利を押さえておくのも効果的です。ただし製造方法はノウハウ化したほうが良い場合もあり，オープンにするかクローズにするかを効果的に選択するオープン・クローズ戦略[64]を考える必要があります。これら選択肢の優劣は完全にケースバイケースであるため，内部の知財専門家または外部の弁理士に相談をして，決めていきましょう。

さらに，製造方法だけではなく，そのプロダクトの使用方法といったいわゆる単純方法についても権利化が見込めることがあります。これらは，プロダクトに内在する技術的特徴とともに明細書に記載することが多く，やはり1件の明細書に種々の特徴を仕込んでおくという戦略と相性がよくなります。

以上のように，ハードウェアの技術では，ソフトウェアに比べて**実体的なプロダクトベースの出願戦略を立てやすい**ということを念頭に置いておきましょう。

(2) 特許と意匠との両面から守る知財

(1)では，1つのプロダクト内の複数の特徴という話をしましたが，場合によっては，そのような特徴が1つしかないこともあるでしょう。かといって，(1)で記載した戦略を採るべく，新たな観点が生まれるまで出願を保留にするのは，特許が早いもの勝ちの原理（先願主義）であることを考えると，本末転倒な戦略となってしまいます。一方で，多角的な権利化が知財戦略として重要であることもまた事実です。

そこで特にハードウェア技術に関しておすすめしたいのが，**特許出願と並行して，意匠登録出願を行う**ことです。意匠は物品の外観（デザイン）を保護する制度で，一般にデザインという言葉と馴染みがない製品（たとえば電子部品や機械部品等）であろうと，その物品の外観を保護することが可能となります。**特にデッドコピー対策として**，意匠権は力を発揮します。

意匠権を取得するにあたっては，プロダクト全体のデザインを保護する全体意匠とともに，特にその一部の特徴的な部分を保護する部分意匠制度も使っていきましょう。

また，実際のプロダクトのデザインに加え，これに類似するデザインについても意匠登録出願をしておきましょう。仮に新規な技術的な特徴が1つしかなかったとしても，その外観が新規なのであれば，特許1件と，複数の意匠権という体

---

64 知財本部「知的財産政策ビジョン」
　https://www.kantei.go.jp/jp/singi/titeki2/kettei/vision2013.pdf

制で多角的な権利化戦略を実現することができます[65]。

図表 2-46　特許と意匠でプロダクトを保護するイメージ

技術的特徴：特許権で守る
デザイン：意匠権で守る

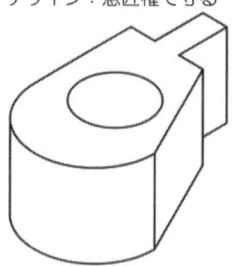

4-5-3　ハードウェア系スタートアップの事例

　ハードウェア系の事例紹介として，筆者が弁理士として知財支援に携わっている株式会社スリーダムアライアンス[66]の例を紹介します。

　スリーダムアライアンス社は，2014年に設立された東京都立大学発のスタートアップで，5つの関連会社を有する，スタートアップ企業としては，比較的大型のモデルです。コア技術として，バッテリーモジュール，セパレーター，モータ，触媒活性を維持可能な燃料電池等を有しており，応用技術として，人や物を運搬するモビリティ開発等にも取り組んでいます。

　同社は，設立後まもない時期から，コア技術をビジネスラインに乗せるべく，特許出願を積極的に行ってきました。国内の出願日ベースでは，2011年に1件（母体となる東京都立大学の出願），2014年に1件，2015年に2件，2016年に1件，2018年に3件，2019年に6件，2020年に12件，2021年に10件と，出願を継続的に行っています。発明の名称を見ても，ハードウェアに限定されず，○○システム等といったソフトウェアや制御に係る内容もあり，ビジネスを拡大するうえで多角的な出願を行ってきたことが窺えます。さらに，同社は，市場の大きさや競合との関係を軸として，日本国内に留まらず外国出願も積極的に続けています。

　たとえば，モビリティには欠かせない電池モジュールについては，特開2023-073566，特開2023-073567および特開2023-073568等の出願がなされています。モ

65　意匠権による保護については第1部第3章3（171頁）も参照。
66　株式会社 スリーダムアライアンス（3 DOM Alliance Inc.）
　　https://www.3dom.co.jp/

ビリティ（移動体）そのものについては，特開2021-174686，特開2021-193871，特開2021-193872および特開2023-030372等の出願がなされています。モビリティそのものの出願として提示した上記４件のうち，３件はソフトウェア要素を含むシステムの発明を請求項に含んでいます。このように，ハードウェアのプロダクトを守るにあたっては，多角的な出願戦略を行う必要があることが確認できます。

　2023年現在では，役員を含め，専門の知財担当者を現在２名抱えており，知財リテラシーの高さが伝わる代表的なベンチャー企業であるといえるでしょう。

4-5-4　まとめ

　本節では，技術分野別の知財戦略として，ハードウェアに関する内容を説明しました。特にぱっと見で侵害・非侵害がわかってしまうという顕現性の観点や，プロダクトベースに複数観点を盛り込んだ明細書作成等について説明しました。

5　大学関連発明

5-1　大学における知財の留意事項

　本節では，特に研究者がアカデミアにおける自らの研究開発の成果を事業化したり，または外部の経営人材により大学や研究機関（本節では総称して「大学」という）による成果を技術移転し，DTSUを立ち上げる場合における，知財（主に特許）の留意点等について説明します。

　なお，産学連携に関する特に日本のアカデミアにおける問題点についてはすでに多く議論がなされています。ここでは，主に大学での成果を用いてスタートアップを起業するにあたり，大学における特殊な環境を前提に，有利な特許権等を確保して事業を進めるうえでのリスクを下げつつ，知財を活用できるための実用的な内容について説明します。

　大学のアカデミアにおいて，自然科学の研究分野において求められる成果の１つは**論文発表**です。サイエンスの世界において，論文は，研究開発の最先端で評価されるべき研究成果を発表するための「メディア」です。特に，競争の激しい研究分野においては，どの論文誌に採択され，どの程度の引用数があるかが，その研究者の評価の分かれ目となります。

　一方で，大学において特許を取得することは，論文を発表することに比して重要ではないという向きがあります（ただし，医薬のような特許が従来より重視され

ている分野についてはこの例に限りません）。実際に筆者も以前アカデミアに在籍した際は，論文として発表できる成果を得られるかどうかが念頭にあり，新たな成果に関する特許出願を行うという発想は頭の中には全く存在していませんでした。これは，まだ知財の仕事を生業として始める前のことです。

特許を出願することが論文の発表よりも劣後する理由としては，複数あると考えられます。主な理由としては，研究の「成果」を示す論文発表は，研究者の評価に直結するものであり，研究者にとっては生命線であるためと考えられます。すなわち論文は研究者や研究グループの優劣に紐づくものであり，そのため論文を作成することは研究活動において不可欠であるといえます。

一方で，**特許は研究者に直接利益が紐づくものではなく，研究者は一発明者として特許に名を連ねるのみ**です。もちろん後述するとおり，大学の職務発明制度によりその研究者が発明者である知財が活用されれば，発明者にも経済的なリターンは見込めます。しかしながら，研究者としての評価には特許は大きく紐づきません。そのため特許等の知財活動に対して研究者にインセンティブが働きにくいと考えられます。

他にも，国の予算に基づく研究については特許化して独占するよりも論文として公表することで広く還元すべきとの考え方や，そもそも特許の重要性について研究者が正しく理解できていない，または営利目的の活動を行う企業ではないため特許により研究活動が制限される可能性が（少なくとも日本では）低い，という環境的な要因も考えられます。

2023年3月に，内閣府より「大学知財ガバナンスガイドライン[67]」が発表されました。本ガイドラインでは，大学知財の社会実装の機会の最大化とより多くの資金循環を目指すためのガイドラインが示されています。しかしそれ以前の問題として，**そもそも大学により生じ知財が，単なる論文ではなく，特許等の権利として，質も量も確実に確保できていないのが現状**です。詳細な議論はここでは避けますが，たとえば特許1件あたりのライセンス収入について，日本は米国の22分の1程度[68]であるなど，日本の大学における知的財産の取得と利用については，まだまだ十分に体制が整っているとは言い難い状況です。

そこで本節では，大学での研究成果を社会実装するうえで，知財について研究者として知るべきこと，大学の特徴として知るべきこと，大学発スタートアップ

67　内閣府『大学知財ガバナンスガイドライン』（2023年3月29日）
　　https://www.kantei.go.jp/jp/singi/titeki 2 /tyousakai/daigaku_gov/governance_guideline.html
68　日本経済新聞「大学の特許収入，日本は米の22分の1　進まぬ産学連携」（2020年6月21日）
　　https://www.nikkei.com/article/DGXMZO60612970R20C20A 6 NN1000/

を運営するうえで知財について知るべきことなど，研究者自らが大学等の成果を知財として活かすための情報やTipsについて説明します。

5-2　成果としての論文と特許の違い

大学の研究成果は，上述のとおり論文や学会等による発表が主だったものであり，特許については研究者の視点から重要とみなされないことが多いです。これは，上述したように，そもそも論文と特許では，成果としての特徴が大きく異なることが一因と言えます。論文と特許の間における特徴の違いの例について，**図表2-47**に示します。

論文と特許のいずれも，その価値は大雑把にいえば，過去の研究開発との相対的な評価に基づくものです。

しかしながら，その評価の対象となるものは，論文においては新たな「知見」

図表2-47　論文・特許のそれぞれの特徴

	論　文	特　許
目的	研究成果を広く世界に共有し，学術の発展に寄与する。	発明を保護，公開し，技術開発による産業の発展に寄与する。
形式	学術誌（査読誌，オープンアクセス，プレプリント等）への投稿，学会等での発表。	特許庁への出願，出願内容は特許公開公報や特許公報で公開される。
対象	自然科学の分野における理論，実験等。	発明（物，方法，製造方法）。
内容	研究の背景，目的，方法，結果，考察等。 再現性を確保するため，詳細に記載がなされる。	特許請求の範囲，明細書（技術背景，課題，実施例等），図面等。 権利範囲を明確にするため，所定のプラクティスに沿ってシンプルに記載されることが望ましい。
審査	同じ研究分野の専門家による査読。研究内容の新規性，内容の妥当性等。査読誌によって審査難易度は異なる。	特許庁の審査官による審査。発明の新規性，進歩性（非自明性），記載要件（明確性，実施可能性）等。審査基準は画一的（ではあるが分野により，記載要件についてプラクティスが異なる）。
権利	研究内容に関しては一切の権利は生じない。著作権は出版社や学会等に譲渡されるケースが多い。	特許査定になれば特許請求の範囲に記載された発明について，一定期間出願人に排他独占権が付与される。
研究者としての関与	「著者」として，研究成果に何らかの関与があった場合に名を連ねる。	「発明者」として，発明の着想と具現化に貢献した人物のみが名を連ねる。
研究者の利益	評価や名声が向上し，助成金の取得やキャリアアップに寄与する。	職務発明の発明者として特許に基づく利益が発生した場合に報奨金が得られる場合が多い。
大学の利益	学術的な評価やランキング向上に資するが，直接的に得られる利益はない。	技術移転において，共同研究やライセンスや譲渡による経済的な利益が得られる。

に関するものですが，特許は「発明」に関するものです。具体的には，**論文における新たな「知見」とは，最先端であり，世界で初めて人類として獲得した新たな知識**に関するものです。

一方で，**特許における「発明」とは，必ずしも最先端であり高度なものに限られず**，新たな「課題」を解決するための「技術思想」や「技術的方案」になります。そしてこれらの「技術思想」等は，「特許請求の範囲」により文言で明確に規定される必要があります。

5-2-1　特許における「発明」

具体的な例で説明すると，ある研究の成果が新たな物性に関するものであるとすると，その物性に関する新たな知見やそれを裏付けるデータが，論文として記載されるべきものです。

一方，特許としては，新たな物性そのもの自体は「発見」にすぎず，「発明」とはなりません。この場合，たとえばその新たな物性を発現した材料や，その新たな物性を用いて実現可能性のあるセンサ等のデバイス，その物性により実現できる新たなアプリケーションなどが，「発明」となり得るのです。

そのような観点でいうと，**必ずしも論文の成果＝特許として出願すべき発明，とはなり得ない**のです。同じ科学技術の根幹を有していても，論文としての成果と特許とは基本的に別物として考えるべきです。論文の延長線上としての特許出願を行うというケースもありますが，あくまでも上記のような違いを認識したうえで行うべきと考えます。

5-2-2　研究者にとっての特許取得の重要性

むろん，大学の研究者にとって，研究開発の成果を論文としてまとめることは重要である一方で，さらに特許を出願するために別の準備をするとなると，研究者に対する負担は確かに大きくなります。

しかし，将来的に大学の研究成果を元にDTSUを起業するにあたって，大学で取得した特許に何らかの瑕疵が生じている場合には，その手当を後になって行うことは非常に困難であり，効果的な特許によるMoat（事業優位性を確保するための障壁）を築くことが難しくなります。そのため，たとえば起業したとしても後続の大企業に模倣される，あるいは特許を持っていないことにより共同研究候補の企業においてリスクと捉えられ，協業を忌避されやすくなることがあります。また，資金調達においても，技術開発における基本特許の確保ができているか否かについて投資家から必ず確認されます。

起業などの将来的な技術移転の可能性が少しでもあると研究者が考えるのであれば，**論文の投稿と同じタイミングで，適切な特許出願も必要になります。**以下ではまず，研究者が大学から特許を出願する際に留意すべき点について説明します。

5-3　研究者の立場として大学・研究機関から特許を出すときに留意すべき点

5-3-1　大学の特許出願の特徴

　まず，研究者が大学から特許を出願する際，大学における特許出願の特徴について簡単に説明します。

(1)　届出のルール

　研究者が自ら行った発明について特許を出願するにあたっては，所属機関のルールに基づきますが，一般的には所属機関への届出が必要です。研究者による発明が，自らの所属機関における研究テーマに基づきなされたものである場合は，原則として大学の職務関連発明として取り扱われます。

　この場合，発明について生じる「特許を受ける権利」は，大学の職務関連発明規程等に基づき，**原則として大学に帰属**（つまり当該権利が自動的に研究者から大学へ譲渡）されます。そのため，仮に近い将来起業し，その発明に基づくプロダクト等の開発をスタートアップで行う場合であっても，その発明が大学でなされたものである場合は，研究者ではなく大学側に特許に関する権利が生じます。もし無断で自らまたはスタートアップにおいて，大学の研究活動で生じた発明について特許出願を行った場合，冒認出願[69]となる可能性が高く，後々特許が無効となってしまうリスクが高くなります。そのため，大学での研究成果に基づく特許出願を行う場合は，将来的な起業を見据えていても，必ず大学に届け出る必要があります。

　なお，特許出願の届出においては，自ら所属機関へ届け出る場合もあれば，**URA（リサーチアドミニストレーター）により特許の出願を推奨される**ケースもあります。URAは大学の研究開発マネジメントや産学官連携のコーディネートを担当します。たとえば，特許出願を届け出る前に，事前にURAに相談し，何を特許出願すべきかを相談することも一案です。

　また，特に化学，材料等の分野では新たな製造方法に関する研究においては，

69　特許権等に対し，出願する権利のない者が出願すること。正当な権原を有しない者による出願であるため，登録は認められず，過誤登録された場合は無効理由となります。

製造方法に関して，すでにすべての情報を論文や特許の明細書に開示してしまっているケースもあります。この場合，そもそも新規性を欠き権利化ができないこともあります。仮に製造方法の特許を取得することができたとしても，侵害発見が容易ではない（被疑侵害者の工場等に立ち入るための許可等を得ることが難しい）ので，権利行使が難しくなることがあります。そうすると，ノウハウの流出となりかねず，権利行使どころか模倣を抑止することができなくなることもあります。研究活動の公表という文脈では研究成果の開示が求められる一方で，知的財産の保護という観点からはどこまでを開示しどこから秘匿すべきか，研究戦略における差別化ポイントとしても非常に重要であるため，研究開発の段階から，情報開示の範囲については常に意識すべきです。

(2)　特許出願に関する費用

　次に特許出願の費用の負担については，第2章の6でも説明していますが，これは所属機関が依頼している特許事務所によってかなり異なるので，事前に所属機関に確認をされたほうが賢明です。

　基本的には特許事務所は大学やTLOが契約している事務所ですので，特許出願はその事務所に依頼することが多いです。ただし，技術分野によっては特許事務所が対応できないケースも存在しますので，その場合は事前に大学やTLOと相談することをおすすめします。もちろん，自身で見つけた特許事務所を大学側に紹介することも可能であるケースもあります。

　特許の出願維持費用については，自らの研究開発の予算から負担することが可能である場合もあれば，大学側のいわゆる間接費用の予算からしか負担することができない場合もあります。特に後者の場合は，相応の費用負担を，大学からではなく技術移転先（たとえばライセンス先，共同開発先）に大学が求める場合があります。この場合，技術移転先が見つからなかったり，その費用負担を技術移転先から見込めなかったりする場合は，仮に特許出願が完了しても，その後の審査や特許の維持，外国出願ができないケースもあります。そのため，せっかく出願しても権利化されず活用されないことも多々あります。また，後者の場合は，特許出願に関する学内審査のハードルが高くなることも考えられます。そのため，後述するように，論文の出版のタイミングと出願のタイミングとの調整が難しく，先に論文が発表されてしまうというリスクも存在します。

　上述したように，外部の企業との共同研究により生まれた成果については，企業との共同出願となるケースも存在します。この場合，費用については企業側が負担することが多いものの，仮に特許を取得できたとしても，権利も企業と共有

という形となることが多いです。そのため，たとえば企業が特許を取得した発明に関しても事業を行わない場合や，企業側が第三者の実施を抑止するためにあえて実施しないという場合もあります。企業側が実施しない場合であっても，第三者への権利譲渡やライセンスを企業が拒否する場合があり，その場合は特許が塩漬けになってしまうこともあります。そのため，**共同出願により得られる共有特許は，起業するにあたっては非常に使いにくい特許**となることが多いです[70]。

(3) 論文の投稿と特許出願のタイミングの調整

　そして，大学における一番の問題は，投稿論文の出版と出願とのタイミングの調整です。特許法では，特許出願前に第三者に公開された発明については，特許を受けることはできず（新規性違反），また特許出願前に第三者に公開された発明に基づいて容易に想到し得る発明についても特許を受けることができない（進歩性違反）とされています。

　これは，仮に自分が行った研究成果の発表（つまり投稿論文の発行等）によっても起こり得るものです。「新規性喪失の例外」という緊急的な措置も存在しますが（後述），基本的には論文の内容が公開された後に特許出願を行うことは，相当の困難性が生じます。また，仮に特許出願後に投稿論文等の内容が発表されて，そのあとに発明を優先権主張により追加する場合であっても，すでに発表された内容をベースに特許性の審査がなされるため，権利化のハードルは高くなります。

　以上のことから，研究成果を技術移転して起業を考える場合は，論文の作成と並行して特許出願の準備も必要となり，出願内容にはさまざまなケースを想定した発明をあらかじめ仕込んでおくことが必要になります。

5-3-2　特許の考え方

　しかし，上記は一般的な，大学から企業への技術移転のためのリソースとして，特許を確保するための考え方にすぎません。

　DTSUを立ち上げるにあたっては，**研究開発と知財戦略を最初の段階から，より密接に行うべき**であると考えます。研究成果をどのような事業でどのような形で活かすのか，どのようなビジネスを行うのか，特許はその点を見据えて取得すべきものになります。

　「発明」は，特許法2条1項では「自然法則を利用した<u>技術的思想</u>の創作のうち高度のもの」（注：下線は筆者）をいうと定義されています。つまり発明とは，

70　この点については，第2部第8章1-4（237頁）参照。

技術的思想に基づくものであり，必ずしも研究成果に基づくものではありません。重要なのは，技術的思想の着想を具体化したものが発明であり，**着想と具体化するためのプランがあれば，発明として基本的に成立し得る**，ということです。もちろん，化学やバイオのような実験科学分野では，実際の実験結果に基づき新たな発明が効果を奏するものであると説明する必要はありますが，少なくとも第三者から見てロジカルに成立するものであれば，特許出願するにあたっては，すべての実験結果が要求されるものではありません。

そのため，たとえば，大学で特許出願を届け出る場合においては，研究テーマに沿った発明について，必ずしも研究成果が出た段階ではなく，**むしろアイデアベースで発案したものであってもよい**と考えます。

なお，大学によっては研究の成果が出ていない段階の発明を特許出願させることに抵抗があるため，大学側が出願を認めないケースもあるかもしれません。しかしその場合は，大学と交渉のうえ，発明者である研究者が特許を受ける権利を承継することも可能です。その場合は，むしろ起業後（もちろん起業前でもよい）に自ら特許出願することが可能になるので，場合によってはスタートアップ側に都合が良いこともあります。

特許出願において一番重要な事項は「特許請求の範囲」です。特許請求の範囲に記載された構成を満たす技術が排他的独占権である特許権で守られるためです。そのため，権利範囲はできるだけ広いほうが好ましいです。

ここで，「権利範囲が広い」ということは，その発明の内容がシンプル，かつ明確であることです。1つひとつの論文においては，基本的にその分野の頂点，最先端について詳細に記載することが求められますが，特許請求の範囲においては，逆に，その最先端の要素を必要最低限に含み，なるべく技術を限定しないように記載することが好ましいのです[71]。

(1) 発明として特許出願できる具体事例

たとえば，研究において，物質Aの発見により，物性Bの定量的な値が従来物質の数万倍の値が得られ，この物性Bに関する論文を投稿するとします。この場合，何を「発明」として特許出願ができるでしょうか？

「物質A」[72]はもちろん発明の対象となりますが，たとえば物性Bが従来では利

71　この点については第1部第1章2-6（12頁）も参照。
72　「物質A」についても，出願の際に載せる情報として，いわゆるチャンピオンデータだけを記載するのではなく，権利範囲が広くなるように，技術的特徴を満たす要件をできるだけ最低限にして記載することが好ましいです。

用できなかったデバイス等に用いることが可能になるのであれば，「物質Aにより構成される素子を備えるセンシングデバイスX」も発明としては重要なものとなります。実際は物質Aのチューニングが物性Bの驚異的な特性を決定づけるものであったとしても，重要なのは物質Aが新たなセンシングデバイスとして用いることができることにあります。上記の例は極端ですが，この研究によって得られる物性がどのような技術に資することができるか？　という視点は重要です。

　また，実際にマーケット規模が大きいものが物質よりもデバイスなのであれば，物質だけではなく，物質を用いたデバイスを特許で守ることが，よりマーケットに対して大きなインパクトを与えることができます。

　さらに深掘りしていくと，仮にこのセンシングデバイスXが実現できるとして，どのようなビジネスに組み込むことができるかを考えるべきです。たとえば，センシングデバイスXによりエッジデバイスでの新たなセンシングが可能であるとすれば，そのエッジデバイスのシステムやエッジデバイスの使い方など，あらゆる応用を考慮して，発明をどんどん深掘り，水平展開していくことが重要なのです。これにより，将来的に起業したとして，事業計画が途中で変更（ピボット）したとしても，最初に出願した特許のスコープから外れにくく，幅広い領域をカバーすることが可能である特許を早い段階で確保することができます。

　また，仮に上記の物性Bに関する研究成果が出ていない段階であっても，上記のようなセンシングデバイスXの発明に関する特許出願を行うことは，実務的には可能です。つまり，物質Aにより物性Bがこれまでにない顕著な値を示す可能性が理論やシミュレーション等によりある程度予測できるのであれば，実験を始める前から特許出願を検討してもよいと考えます。物質の特許ではなく，デバイスの特許であれば，実施例（実際の実験の条件やその結果）が不要なケースも多いためです。

(2)　模倣容易な技術の出願戦略事例

　発明はその技術的な困難性が高ければ特許として認められる，というものではなく，逆に技術的な障壁が低いような発明に関する特許のほうが，Moatとしての機能が非常に強くなることもあります。

　誰もが技術的に模倣することが可能な技術であればあるほど，特許としてその価値は大きくなります。 そのため，研究的にはそれほど評価の高くないような内容であっても，技術移転を想定した際に一連のサプライチェーンにおいて必要不可欠な技術なのであれば，最優先で特許出願をすべきです。

例[73]として，iPS細胞に関する知財戦略において，マサチューセッツ工科大学のイェーニッシュ（Jaenisch）教授らが開発した，細胞の初期化因子であるOct-4たんぱく質を発現する初代体細胞について説明します。

Oct-4たんぱく質は，iPS細胞そのものの作製に比べて研究業績としては高く評価されていないものの，iPS細胞の製造工程においては非常に重要であり，さまざまな製造方法において必須となっています。このOct-4たんぱく質に関する特許は効果が大きくない分，権利の無効化が難しく，iPS細胞の製造においては回避が難しい特許となっています。一方で，大元の京都大学のiPS細胞関連技術は，発明の効果としては大きいものの，その分多数の因子を組み合わせる必要があり，権利範囲は狭くなっています。

このように，研究成果と特許の権利範囲とは一対一で対応するものではなく，一連のマーケットやサプライチェーンを見込んで，**要所となるような技術を広く深く押さえる**，という意識が重要になるのです。

5-3-3　発明者の認定[74]

特許出願においては，**発明者の認定**が必要となります。ここでいう発明者とは，発明を着想し，それを具現化したことに寄与した者であると一般的に定義[75]されています。論文では，著者として研究に何らかの形で関わった教職員，ポスドク，学生等が名を連ねるケースが多いですが，特許においては，明確に発明に関わった者に限るべきであるとされています。論文と同様の感覚で特許出願の発明者に名を連ねようとするケースが散見されますが，発明者の認定が正しくない場合に争いの原因となり，権利の安定性が揺らぐことになります。

発明者の認定のポイントとしては，研究のテーマに直接関連し，発明を創出した人物に限ることです。単なる作業者や，同室に所属するも研究そのものになんら関わっていない教職員等は，発明者として認定すべきではありません。また，仮に研究テーマについて学生やポスドクが関連していたとしても，発明の創出自体は具現化（つまりこれから実験を行うことにより実証する設計が完了している状態）の時点で完了しているため，学生やポスドクが単にテーマに沿って実験を行うだけであれば，発明者としては認定しないようにすべきと考えます。逆に学生やポスドク自身が研究テーマを考え発明を創出しているのであれば，発明者として認

73　特許庁『令和元年度　バイオベンチャー企業出願動向調査報告書』（2020年3月）
　　https://www.jpo.go.jp/resources/report/gidou-houkoku/tokkyo/document/index/bio_venture.pdf
74　発明者の認定については第2部第8章1-2（234頁）も参照。
75　吉藤幸朔著，熊谷健一補訂『特許法概説〈第13版〉』（有斐閣，1998年）187-188頁。

定されるべきです。ただし，学生や，大学との雇用関係にないポスドクが成した発明（に関する権利の持分）は職務発明に該当しないケースが存在するため，大学への権利譲渡について別途手続きが必要になる場合もあります。

5-3-4 特許出願の具体的な進め方

(1) 特許出願まで

このように特許出願を行うにあたっては，その発見・発明の技術的価値以外の要素が数多く，しかも複雑に絡むことから，研究者自らだけではなく，**知財やビジネスの専門家と事前に相談をすることが望ましい**と考えます。

最も身近な相談相手としては，大学のTLO，URA，大学と契約している弁理士等です。彼らからは，発明に関する内容以外にも，たとえば，どのような用途に使えるか，代替技術や抜け道はあるか，実際に実現するとすれば何年後くらいになるか，この技術の使用が見込まれる企業はあるか，マーケットの大きさや国，というように，科学技術以外にもビジネスを見据えたヒアリングが行われることがあります。このような質問については，素直にわかる範囲で回答してよいですし，わからない場合は彼らに調査をお願いしてもよいと思います。このような会話を通して，権利のスコープ，出願国などの特許に関する適切なアドバイスを得られるだけではなく，研究成果をコアとした技術に基づく起業を想定したビジネスに関する壁打ちも併せて行うことが可能になります。

具体的に特許出願の内容が定まってきたら，大学が契約する弁理士と打ち合わせを行い，出願書類を起案してもらうことになります。この打ち合わせでは，産学連携の担当者やTLOの担当者も入ることが多いと思います。このとき，**特許に関する具体的なプラクティス**（たとえば，権利範囲の記載方法等）**は専門家に任せておくのがよい**と考えます。

もっとも研究者としては，弁理士に作業を丸投げするのではなく，弁理士が発明を技術的に理解しているかはもちろんのこと，さまざまな変形例（バリエーション）を提案してもらえるか，まだ不確定ではあるが将来のさまざまなビジネスを見据えた権利範囲をブラッシュアップしてもらえるか，をチェックすることが重要です。弁理士は研究分野について素人であることが多く，彼らなりに事前に予習はするものの，技術的に完全に理解していることは多くありません。一方で，過去の知見や独特の視点から，さまざまな発明の態様を提案してくれることもあります。そのような幅広い提案をする弁理士は信頼できると考えてよいと思います。もちろん出願書類中に誤記等が目立つと弁理士の印象が悪くなることもありますが，それは些細な問題であり，むしろ**技術移転した際に強い権利として成立**

させることができるかどうかが，弁理士の腕の見せ所です。したがって，単に研究者側の要求のみを素直に聞く弁理士ではなく，さまざまな視点で提案をする（時にはこちらの要求に対して真っ向から反対するような）弁理士を頼むように，機関側に依頼することが好ましいと考えます。

弁理士から出願書類の原稿が上がってきたら，大学から研究者側に原稿のチェックを依頼されます。チェックする対象の書類は「特許請求の範囲」の他に「明細書（発明の説明を記載する文書）」や「図面」があります。一番重要なのは「特許請求の範囲」ですが，内容について疑義がある場合は，上述のように**直接修正するのではなく，TLOや弁理士と確認をしながら行うべき**です。

特許請求の範囲の記載は，日本や諸外国における専門的なプラクティスに則って弁理士が記載しているものであるので，最終的な文言の修正は弁理士に委任すべきだからです（プログラミングのソースコードを他人が勝手に触るのを避けるのと同じような考え方です）。「明細書」も同様に，直接修正を行うのではなく，内容に疑義があれば，**コメント機能等を使って修正を弁理士に依頼する**ことが好ましいと考えます。特に「発明の詳細な説明」以外の欄は，上記のプラクティスに則しているため，研究者による直接の修正対象は基本的に「発明の詳細な説明」だけで十分です。図面も同様に直接修正を行わないことが望ましいです。

(2)　特許出願後

出願が完了すると，出願日から1年以内は優先権主張が可能となります。

簡単に説明すると，優先権とは，出願内容の補充（実験結果の追加）や，日本出願に基づく外国出願を行う際に，元の出願と同様の内容については元の出願の日になされたものとする，というものです。グローバルを目指すDTSUであれば，**外国出願は避けて通れない道**です。そのため，最初の出願から1年の間に，外国出願をするかどうかを検討することになります。

ここで外国出願の手段として特に多く用いられるのは「PCT出願」です。これは，米国や中国，欧州での権利化を考慮する際に，各国に直接出願をするのではなく，いったん国際機関に対して出願する国際出願のスキームです。最初の出願から2年6月以内にどの国で権利化するかを決定することができ（「各国移行」という），PCT出願から最低で1年6月の猶予が与えられます。たとえば，大学による出願後に起業して資金調達を行い大学からライセンス等を受けた場合に，将来的に米国のマーケット進出を狙うとすれば，スタートアップ側から大学に対して，費用負担と引き換えに米国での権利化を依頼することができます。

ただし，いきなり米国で権利化するとなると，出願だけで100万円程度の出費

を見込む必要があります。PCT出願を利用すれば，国内出願とほとんど同じような感覚で出願することができ，費用も抑えられます。なお，台湾はPCT出願では権利化できないため，元の出願から１年以内に，PCT出願とは別に台湾への直接出願を行う必要があります。

(3) 公表済みの研究成果等を出願する場合

投稿論文や学会での発表日までに特許出願の書類作成が間に合わない場合や，特許出願よりも先に発表を行ってしまった場合には，緊急措置的手段があります。まず，まだ研究成果の発表が行われていないものの，出願書類の作成に十分な時間が確保できない場合は，**仮出願**という手法を用いて，ひとまず発表内容について出願日を確保しておくことが可能です。

最もよく利用される手段は米国仮出願制度（Provisional Application）[76]です。これは，論文の原稿やスライド資料等を出願書類として添付するだけで，その資料等に記載された技術内容についての出願日を確保できる手段です。その際に，論文等の近々で開示が予定されている情報だけではなく，その時点で認識していた発明を説明するための文章やクレーム案（特許請求の範囲の文言）を追加しておくと，仮出願時点での発明の外縁を明確にすることができるので，併せて行っておくことが望ましいでしょう。なお，日本でも仮出願のように出願日の確保を目的として，資料等を出願書類の体裁に落とし込んで出願することも可能です。

この仮出願から１年以内に優先権主張出願により本出願を行うことで，論文の出版を遅らせることなく，綿密な権利範囲の検討が可能となります。

また，万が一研究成果の発表までに特許出願が間に合わなかったり，忘失したりしていた場合には，「新規性喪失の例外」[77]という制度を利用することも可能です。これは，研究成果の発表の日から１年以内に出願する際に，当該発表により新規性喪失をしたことを申請することにより，審査の際に新規性喪失の根拠とならない措置がなされる制度です。ただし，米国では同様の制度（グレースピリオド[78]）が存在しますが，欧州や中国では新規性喪失の例外が適用されにくい[79]た

76　米国特許法（35 U.S.C.）111条(b)および37 CFR 1.53(c)

77　特許法30条2項

78　米国特許法102条(a)(1)の例外

79　たとえば，欧州特許条約55条(1)「第54条（新規性）の規定の適用については，発明の開示は，それが欧州特許出願前の６月以内に行われ，かつ，それが次のものに起因するか又は次のものの結果である場合は，考慮されない。…(b)出願人又はその法律上の前権利者が，1928年11月22日にパリで署名され，最後に1972年11月30日に改正された国際博覧会に関する条約にいう公の又は公に認められた国際博覧会に発明を展示したこと」（下線筆者）と記載されており，新規性喪失の例外の規定を受けられるケースが所定の展覧会での展示に限られています。日本ではウェブサイトでの公開も認められています。

め，これらの国での権利化は実質的に難しくなります。つまり，**新規性喪失の例外はあくまで緊急的手段であり，常用すべき制度ではありません**。そのため，投稿論文の出版や学会発表のスケジュールに併せて，前もって特許出願を完了するためのスケジュール調整が必要なのです。これらのスケジュール調整はURAやTLOと相談して情報を共有しておき，出願日を早める，あるいは仮出願制度を利用するなど，取りうるさまざまな措置についてあらかじめ準備しておくことが重要です。

また，レアなケースではありますが，在外研究や外国の研究機関との共同研究等により，外国でなされた研究成果を基に特許出願を行う場合，その研究成果により生じる発明がどの国で生じたかに留意する必要もあります。たとえば，米国やシンガポール，インドにおいては，発明者がそれらの国に居住してる場合や，それらの国において発明をなしたとされる場合は，「第一国出願義務」により，当該国で出願する必要が生じます。2022年5月11日に成立した「経済安全保障推進法[80]」により，日本でも近い将来，第一国出願義務が課される可能性があります。この場合，権利の帰属についてはもちろんのこと，日本ではなく当該国にて出願手続きを行うための手配等も必要になります。この点についても，URA，TLOや弁理士と事前に相談をされることが賢明です。

5-4 大学の知財を使い起業をする場合

大学の研究成果を用いて実際にDTSUを起業した場合における，大学の知財の取扱い等について説明します。

大学の研究成果を基に技術移転したDTSUを立ち上げる場合，基本的には大学側において基本的な研究成果が一定程度完了していると想定できます。この場合，大学側はあくまでも基礎研究を行い，社会実装を進めるスタートアップ側は，これらの基礎的な知見を基に，さまざまなアプリケーションを見据えた応用研究やプロダクト・サービスの開発を行う，というような，**両者における役割分担が非常に重要になります**。

5-4-1 応用研究を行う場合の留意点

このような大学とスタートアップとの間での役割分担が明確でない場合は，研究成果に紐づく知財の帰属についても明確になりにくいケースが生じます。たとえば，大学側が基礎研究だけではなく，応用研究の領域まで特許を押さえてしま

---

80 「経済施策を一体的に講ずることによる安全保障の確保の推進に関する法律（令和4年法律第43号）」
（2022年5月18日公布）

った場合，スタートアップは応用研究に関する特許ライセンスを大学から受ける必要が生じます。

この場合，スタートアップが応用研究に関する特許について自由に利用するための代償が大きくなるだけではなく，仮にスタートアップが成長し大手企業により買収が検討され，特許そのものやライセンスの地位の譲渡が買収条件となった場合に，交渉が困難になったり長引いたりする可能性があります。

また，大学とスタートアップとの間で共同での特許保有という形も，上記と同様の理由で避けたほうがよいでしょう。さらに，特許という観点ではなく，ノウハウについても，大学とスタートアップとの間でその帰属を明確に分けることが望ましいです。特に大学とスタートアップとの共同研究において，スタートアップ側で得たノウハウを大学が論文や研究発表等で開示してしまうリスクを避ける必要があります。

そのため，スタートアップとしては，応用以降の研究開発により生じる知財は，できるだけ大学に依存せず，単独で保有するような形が好ましいでしょう。

具体的には，**大学では基礎研究のみを行い，応用研究はスタートアップで行うような座組**としておくことで，上記のような問題を回避し，応用研究について大学側が権利を持つ可能性を 0 に近づけることができます。スタートアップにおける研究開発は事業戦略や知財戦略に直接的に紐づくものであるため，大学と異なる役割を明確にし，技術情報を単独で管理できるようにすることが重要です。

5-4-2 特許ライセンスの条件

一方で，大学発スタートアップを立ち上げるにおいて，大学から特許ライセンスを受けることは必須であることが少なくありません。特許ライセンスの条件等については第10章を参考にしていただきたいのですが，基本的には独占または非独占の特許ライセンス，あるいは優先交渉権（事業化のための研究開発を行う猶予期間を設け，その期間中に他社に先駆けて優先的にライセンス交渉を行うことが可能となる権利）を受けることが好ましいでしょう。

また，大学と共同研究契約を締結して研究開発を行うケースも考えられます。この場合の成果物の帰属については，発明者主義に基づく（つまり両者のうち発明に貢献した人物が所属する機関・企業に帰属する）とされるケースが多く，大学との共同出願により権利を共有化することが少なくありません。しかしながら先ほど説明したとおり，大学と共同で権利を持つことは後々にリスクが大きくなります。

大学側は特許を自ら実施することはないため，DTSUが共有特許を用いた製品

等を販売したり，ライセンスフィーを獲得したりした場合に，その売上の一部を「不実施補償」として要求する場合も少なくありません。また，スタートアップがM&A等により買収される際に，スタートアップ側の権利の持分を買収側に移転させる場合には大学側の許諾が必要となり，交渉が難航したり長引いたりすることも考えられます。そのため，成果物の帰属については，**共同開発であっても，極力単独にしておく**（もちろんスタートアップ側に）ことが好ましいです。一般的には，発明者主義に基づく権利帰属が大学側から求められるケースが多いのですが，個人的には成果物の属性（基礎研究か応用研究か等）に応じて，大学かスタートアップのいずれかに単独で権利を帰属させ，もう一方には無償で利用させるようなスキームにすることが望ましいでしょう。

そもそも，大学に限らず他人との共同研究を実施するにおいては，その共同研究契約を締結する（むしろ，その前段である秘密保持契約を締結する）前に，共同研究に関するアイデアについて単独で特許出願をしておくことが重要です。その後の共同研究の成果よりも，共同研究で目的とするプロダクトや技術概念を押さえておくほうが，特許としての価値は高いためです。

5-5　まとめ

以上，大学発DTSUを立ち上げる場合における知財に関する留意点について説明しました。大学の研究成果に基づく技術移転を，研究者自らの起業によって実現する場合には，その研究成果に関連する特許が必須となります。その特許が事業においてMoatとして機能させるためには，以下の点が重要です。

- ・論文との位置付けの違いを明確に意識すること
- ・研究成果を利用した際に容易に模倣されやすいようなハードルの低い技術を権利化することを目指すこと
- ・大学特有の特許出願の手続きや費用面，研究計画と出願のタイミングの調整などについては，URAやTLOと早期にコンタクトし，連携により情報交換を積極的に行うこと
- ・大学での研究開発とスタートアップでの研究開発とは明確に役割を異ならせること

6　特許取得の費用のリアル

DTSUにとって特許戦略を構築するにあたり国内外で特許権を取得することは大切な投資であり，将来のビジネスにとって競争上の優位性を得るために不可欠

ですが，特許取得のための費用も大きな課題となります。

　特許取得のための費用は日本国内と外国で異なり，技術分野によっても異なります。また，特許が登録された後も維持費用が毎年かかるので，実際のビジネスに役に立たない特許を取得しても維持費用が無駄になってしまうという問題があります。

　資金や人的資源などのリソースに限りのあるスタートアップにとって，特許取得費用は大きな負担となるため，ビジネスの展開に応じた特許出願の時期や件数の計画を策定し，特許取得に必要な費用を予算化することによってリソースの割り当てを検討することが重要です。

　特に，シード期，アーリー期，ミドル期，レイター期の各ステージで資金調達を行う際に，特許取得の費用についても適正な金額の根拠を投資家に説明することによって，競合他社による模倣行為を防ぐための特許網の構築に費用が必要であること，その分の資金の調達の必要性が高いことを納得してもらう必要があります。以下，特許取得に必要な費用について具体的な数字を挙げて説明します。

6-1　国内特許出願

　日本国内で特許を取得するにあたり，費用の支払いは大別して(1)特許出願前の調査時，(2)特許出願時，(3)出願審査請求時，(4)特許庁の審査結果に対して応答を行う時，(5)特許査定時の5段階で行われます。

(1)　特許出願前の調査

　特許出願を行うにあたり自社の技術やアイデアが特許となる見込みを検討するために先行技術調査を行う場合は，特許事務所や調査会社に先行技術調査の費用として10〜30万円程度を支払う必要があります。

　また，特許出願前に弁理士や弁護士等の専門家と一緒に発明の発掘を行ったり，知財に関するアドバイスを専門家から受けたりする場合は，出願費用とは別に専門家への支払いが生じる場合があります。

　一方，特許出願を急ぐ場合は，出願と同時に早期審査請求を行い，特許庁による審査結果を踏まえて，特許明細書のブラッシュアップを国内優先権主張出願で行うことにより，特許出願前の調査を省略する場合もあります。

(2)　特許出願時

　特許出願時にかかる費用については，技術分野にもよりますが機械系，電気系，ITソフトウエア系に関しては，弁理士による特許明細書の作成費用が概ね30〜

50万円となります。一方，化学系やバイオ系，医薬系の特許明細書の作成費用は
それよりも高くなる傾向があります。

　弁理士による特許明細書の作成費用は，明細書のページ数や図面の数によって
異なることが多いです。また，弁理士による特許明細書の作成費用とは別に，特
許庁への支払い費用（印紙代）として1万4,000円が必要です。

(3)　出願審査請求時

　特許出願を行った後に特許庁に対して出願審査請求を行う場合は，技術分野に
もよりますが，概ね20〜30万円前後を特許庁に支払う必要があります。出願審査
請求料は，特許請求の範囲における請求項の数によって決まります。スタートア
ップの場合，資本金や従業員数が所定の条件を満たせば，減免措置を受けること
により，2分の1または3分の1となります。なお，出願審査請求は特許出願か
ら3年以内の任意のタイミングで行うことができますが，特許出願と同時に出願
審査請求も行う場合は，両方の合計金額をあらかじめ予算に入れておく必要があ
ります。

(4)　特許庁の審査結果に対して応答を行う時

　出願審査請求を行った後，特許庁より拒絶理由通知を受けた場合は，特許庁に
対して意見書や手続補正書を提出することにより審査官への反論を行います。弁
理士に依頼して書面を作成する場合の費用は，概ね10〜20万円程度となります。
なお，審査官への反論が認められない場合は，再度の拒絶理由通知または拒絶査
定が出されます。このときに，さらなる反論を行う場合は，特許庁に対して審判
請求を行うことになり，3名の審判官によって審理してもらうことになります。
この場合は，審判請求料として概ね10〜20万円（特許請求の範囲における請求項の
数によります），弁理士への支払い費用として15〜30万円程度が必要となります。

　一方，出願審査請求を行った後，拒絶理由通知を受けることなく，（後述する）
特許査定が出される場合もあります。この場合は，特許庁の審査結果に対して応
答を行う必要がなくなるため，費用も発生しません。

(5)　特許査定時

　審査官や審判官により特許性が認められ，特許査定や特許審決が出された場合
は，特許庁に対して特許料（年金）を払うことにより，特許権を取得できるよう
になります。具体的には，特許査定や特許審決が出された段階で，1〜3年目の
特許料を一括で支払います。4年目以降は，毎年維持年金を支払います。

　1〜3年目の特許料の金額は，特許請求の範囲における請求項の数にもよりますが，スタートアップは，⑵の出願審査請求時と同様，資本金や従業員数について所定の条件を満たせば，減免措置を受けることにより特許料を2分の1または3分の1とすることができます。1〜3年目の特許料は，特許事務所における手続きの費用も含めて概ね5万円程度となります。なお，以降は，4年目，7年目および10年目でそれぞれ特許料が大きく上がるので，必要のない特許について放棄を検討することが望ましいです。

　以上をまとめると，日本国内で特許を取得するにあたり，特許出願前の調査の後に特許出願を行い，特許査定となって1〜3年目の特許料の支払いを行うまでにかかる費用は，技術分野にもよりますが，概ね45〜170万円（審判請求を行わない場合は45〜120万円）となります。
　実際は，1件の特許権を取得するために，平均で80〜100万円程度かかる場合が多いので，特許出願を行うときは特許権取得のための予算を確保しておきましょう。

図表2-48　特許査定にかかる費用

支払いタイミング	概算費用（出願から権利化まで）
⑴　特許出願前の調査	0〜30万円
⑵　特許出願時	30〜50万円 （機械系，電気系，ITソフトウエア系）
⑶　出願審査請求時	10〜15万円
⑷　特許庁の審査結果に対して応答を行う時	0〜70万円
⑸　特許査定時	5万円
合計	45〜170万円

6-2　外国特許出願

　外国で特許権を取得する場合，それぞれの国で権利が発生するため，特許出願も各国の特許庁に対して行う必要があります。外国出願のルートとして，以下の4つのルートがあります。

① 日本特許出願→1年以内に外国で特許出願（パリルート）
② 日本特許出願→1年以内に国際特許出願（PCT）→日本特許出願から約2年半以内に各国に移行
③ 国際特許出願（PCT）を直接行う→国際特許出願から約2年半以内に各国に移行
④ 特許権を取得したい国または地域に直接特許出願

　国際特許出願（PCT）を行うメリットとしては，どの国で特許権を取得するかの判断を最初の日本特許出願または国際特許出願（直接）の日から約2年半まで延ばすことができ，また国際調査機関（多くの場合，日本特許庁）より特許性に関する調査結果が得られることにあります。

　PCTを行う場合は，上述した②のルートにより基礎となる日本特許出願が存在する場合は，弁理士に支払う費用が10〜20万円，受理官庁等に支払う印紙代が概ね30〜50万円程度となります。なお，受理官庁等に支払う印紙代（具体的には，国際出願手数料や調査手数料等）については，スタートアップは資本金や従業員数について所定の条件を満たせば減免措置を受けることにより2分の1または3分の1となります。

　各国移行（ルート②③）や各国での出願（ルート①④）を行う場合，国によっても費用が異なりますが，1カ国あたり約150〜300万円を想定しておく必要があります。特に外国に特許出願を行う場合は，その国の言語で記載された特許明細書を用意する必要がありますが，日本語から現地の言語への翻訳費用が大きくかかります。

　たとえば，日本特許出願を行った日本語の特許明細書から英語の特許明細書を作成する場合は，翻訳費用として技術分野や明細書の分量にもよりますが約50〜100万円，場合によっては200万円以上の費用がかかります。また，外国に特許出願を行う場合は日本の特許事務所等に支払う費用に加えて，その国の弁護士，弁理士が手続きを行う費用も必要となるため，代理人費用は日本出願と比べて2倍以上かかる場合もあります。さらに，欧州各国で特許権を取得するために欧州特許庁に特許出願を行う場合は，特許権を取得する前の段階でも特許出願を行った後に毎年維持年金として10万円以上を支払う必要があります。

　このように，外国に特許出願を行う場合は，日本への特許出願と比べて国数に応じて費用が増え，また各国で権利化に必要な費用も翻訳代やその国の弁護士，弁理士に支払う費用を考えると日本出願の倍以上の費用が必要となるため，外国での商品やサービスの将来の販売計画を考慮しながらどの国で特許権を主張するか慎重に検討する必要があります。

図表2-49では，日本特許出願を基礎として国際特許出願（PCT）を行い，その後に各国に移行してから特許査定となり最初の年の特許料の支払いを行うまでにかかる費用の概算を示します。

図表2-49　外国特許出願にかかる費用

外国出願の種類	概算費用（出願から権利化まで）
国際特許出願（PCT）	25〜45万円 （機械系，電気系，ITソフトウエア系）
米国出願（各国移行）	200〜300万円
欧州出願（欧州特許庁）（各国移行）	200〜500万円
中国出願（各国移行）	150〜250万円
韓国出願（各国移行）	150〜250万円
その他の国への特許出願（各国移行）	150〜250万円

6-3　特許庁や自治体，JETROによる支援

　以上のように，日本国内や外国で特許権を取得するために特許出願を行う場合は，国内外の特許庁に納付する印紙代や弁理士等の代理人の手数料として，多額の費用がかかります。スタートアップにとって特許出願のための費用は大きな負担となりますが，各省庁や各自治体，JETRO（日本貿易振興機構）等により特許出願の費用の一部に対して補助金等が交付される場合があります。

6-3-1　国内特許出願

　国内特許出願には，自治体によっては，特許庁に納付する印紙代や弁理士に対する報酬の2分の1を支援する制度があります。たとえば，東京都知的財産総合センターが実施する「スタートアップ知的財産支援事業」では，採択された事業者に対して知的財産権の出願等権利化に要する経費について上限1,800万円・2分の1以内が助成されるとともに，専門家によるビジネス・知財両面に関する伴走支援が行われます[81]。また，中小企業庁が実施する「ものづくり・商業・サービス生産性向上促進補助金（いわゆるものづくり補助金）」でも弁理士に対する報

81　東京都中小企業振興公社　東京都知的財産総合センター「令和6年度 スタートアップ知的財産支援事業 ハンズオン支援」
　　https://www.tokyo-kosha.or.jp/chizai/startup/handson/

酬の3分の1が助成の対象となります[82]。

このように，スタートアップに対する特許出願費用の支援はさまざまな機関により行われているため，資力が乏しい場合には各機関による支援内容を調べて支出をできるだけ減らすことが大事です。

6-3-2 外国出願

外国に特許出願を行う場合は，特許庁では，スタートアップにおいて事業化を予定している最先端技術に係る特許出願人のうち，海外への特許出願比率が低い者による海外出願案件について，その出願費用の一部（海外特許庁への出願手数料，翻訳費用，海外出願に要する国内代理人・現地代理人費用等）を助成する制度があります[83]。本制度は，補助率が助成対象経費の2分の1以内であり，出願手続きの補助上限額が1ファミリーあたり150万円，中間応答等の補助上限額が1手続き（各国別）あたり50万円となっています。2022年度の採択率は89％と高いため，申請者要件を満たしている場合は応募する価値は十分にあります。

また，JETROや各都道府県の中小企業支援センター等が窓口となり，1企業あたり上限300万円，1件の特許あたり上限150万円として，外国出願に要する費用の2分の1の助成を受けることができます[84]。

ただし，これらの助成金は，毎年の公募時期に合わせて応募しなければ採用されず，また審査があるため，必ずしも採択されるわけではない点に注意が必要です。とりわけ，助成金の公募は，支援組織にもよりますが1年のうち特定の期間しか行われていない場合が多く，助成金申請を念頭に外国特許出願の時期等をあらかじめスケジュールしておくことが望ましいです。また，採択にあたっては事業展開に具体性も必要となってくるため，海外への事業展開における特許や商標の重要性についてあらかじめ説明することができるようにしておく必要があります。

---

82 ものづくり補助事業公式ホームページ「ものづくり補助金総合サイト」
   https://portal.monodukuri-hojo.jp/
83 「〈特許庁補助金〉スタートアップで活用予定の海外出願支援事業（令和5年度）」
   https://www.jiii.or.jp/startup_hojo/index.html
84 JETRO「外国出願費用の助成（中小企業等外国出願支援事業）」
   https://www.jetro.go.jp/services/ip_service_overseas_appli.html

第 3 章

第3章

ブランド・デザイン

1 特許以外の知財によるビジネスの保護： ブランド・デザイン

　スタートアップが提供する新しい商品やサービスは，さまざまな知的財産権で多面的に保護することができます。このうち，初期のスタートアップにとってとても重要なものが，ブランドとプロダクトデザインを商標権と意匠権で保護することです。

　起業を考えた瞬間から，どのような会社名にしようか，どのようなサービス名にしようか悩んだと思います。また，これから世に出す商品やサービスをどのようなパッケージにしようか，画面デザインにしようか，についても考えているでしょう。このように，スタートアップが最初に接する知財がブランドとデザインです。

　せっかく思いついた素晴らしいブランドやデザインに対して，宣伝広告費を投下して顧客に対する認知度を高めていったとしても，これを権利で保護していなければ，簡単に模倣され類似の商品を投入されてしまいます。ブランドやデザインというものは，特許権により保護される技術などと比べて，遙かに簡単に模倣できてしまいます。したがって，プラダやルイ・ヴィトンなどのアパレル企業や，アップルのようなブランド価値により高価格帯の商品を販売する企業は，ブランドの保護に力を入れ，多数の商標権や意匠権を取得し，模倣品を徹底的に取り締まり，ブランド価値が低下しないように日々努力をしているのです。

　ネーミングやロゴなどのブランドを保護する商標権は，出願後，特許庁の審査

を経て，似たような他人の先行商標がないか，すでに一般的に使用されている商標ではないか，公的なマークなどで登録が認められない商標ではないか，などの審査の基準をクリアすると登録が認められます。登録が認められると，5年もしくは10年ごとに更新の登録費用を納付することで，永遠に権利を更新することができ，登録商標としてブランドを保護し続けることができます。

　また，デザインを保護する意匠権は，出願後，特許庁の審査を経て，類似の先行意匠がないか，意匠を表す図面が方式に従って記載されているか，などの審査の基準をクリアすると登録が認められます。意匠権は，登録されると，登録維持年金を支払い続けている限り，出願の日から25年間の間デザインを保護し続けることができます。

　これらの商標権や意匠権を取得するために費用がかかりますが，自分たちが宣伝広告投資をして顧客認知度を高めていくブランドやデザインを長期にわたり保護することができる権利ですので，確実に取得していくようにしましょう。

2 商標権によるブランドの保護

2-1 ブランドの意義

　ブランドとは，従来，消費者が市場で商品を識別できるように付けるネーミングやマークのことであり，かつて家畜を区別するために所有する家畜に焼印を押していた「Brender」という行為を表す北欧の言葉に由来しています。「ブランド」の定義もさまざまですが，1937年に設立されたAmerican Marketing Associationの定義によれれば，「ブランドとは，販売者の商品やサービスを他の販売者から区別するための名前，用語，デザイン，シンボル，その他何等かの特徴である」と定義されています[1]。

　現在では，単に特定の商品を識別するのみならず，提供する企業全体や，関連する組織団体，はたまた日本をブランド化する，という文脈で使われるように，その対象はより広範で多岐にわたっています。

1　Definition of Brand：A brand is a name, term, design, symbol, or any other feature that identifies one seller's goods or service as distinct from those of other sellers.
　Definitions of Marketing, American Marketing Association: https://www.ama.org/the-definition-of-marketing-what-is-marketing/

私たちは日々いろいろなブランドを目にしています。たとえば単に「水」という，最もシンプルな商品にすら「クリスタルガイザー」「evian」「南アルプスの天然水」「い・ろ・は・す」「ボルヴィック」「FIJI Water」「おいしい水 六甲」「アルカリイオンの水」などたくさんのブランド名が付いていて，コンビニでこのラベルを見て商品を選び，購入しているのです。ブランドに投資をして，顧客の注意を引き，興味を持ってもらい，その商品を手に取ってみたいという欲求を掻き立て，実際に購入するというアクションに繋げます（消費者の購買心理プロセスAIDMA：Attention（注意），Interest（興味），Desire（欲求），Memory（記憶），Action（行動））。

　ブランド・商標は，企業にとって，その商品・サービスを認知してもらい，選択してもらうための極めて基本的かつ重要な無形資産なのです。

　まず，スタートアップが最初に考えるべきブランドは，社名（ハウスネーム）や，商品・サービス名（ペットネーム）です。これらは特許庁において「商標権」という権利として保護され得るものであり，自社の名前，商品，サービスを差別化し，守るための権利として，必ず取得しておくことをおすすめします。

　これらの重要なブランド名は，誰も使っていない，独自性のある，たとえば造語などを選択するとよいでしょう。できれば創業前に弁理士に相談し，これから登記しようとする社名が商標登録できそうかどうかを調査し，確実に商標を登録し，万全の態勢で事業に臨むべきです。

2-2　イノベーションをブランド化する

　スタートアップはイノベーションを起こし，素晴らしいビジョンとミッションを掲げて世界を良くするために日々努力しています。調達した資金を投入し，今までにない新しい製品を開発し，顧客に提供し続けることで，顧客からの信頼や評判を勝ち取り，イノベーションは加速します。

　素晴らしい技術やサービスは，ブランド化されていようといまいと差別化要素となり，自社の事業の成長を後押しします。しかしながら，このような革新的な技術やサービスは世の中を変えることができるかもしれませんが，同時に模倣されやすいものです。

　「ブランド」は，自社の新しい技術やサービスを，追随してくる競合から守り，自社の利益を押し上げることが可能な無形資産です。ブランドを適切に選択し，十分な投資を行うことでブランド価値を高め，顧客からの認知を獲得できた場合には，そのブランドは容易には模倣することができなくなります。たとえば，Apple社のiPhoneは，既存のチップセットを購入し組み立ててAndroid OSを導

入すれば，ほぼ同じ機能がより安価に提供できるのであって，技術的には何ら優位性がありません。しかしながら，その高いブランド力により，そこにリンゴのマークを付けるだけで同じAndroid端末よりも高い利益率を維持して商品を販売することができています。Under Armourの吸汗速乾性と通気性に優れたスポーツシャツは，原料の合成繊維を調達すれば誰しも作ることができるものですが，顧客はアスリートが着ているそのUとAの組み合わさったロゴのついた"その"スポーツシャツが欲しいのです。

　スタートアップは経営資源の一部をブランディングに振り分け，イノベーションをブランド化しましょう。ブランドの力をうまく活用することで，顧客を誘引し投資した額を超える収益を上げられるようになり，競合の追い上げを阻止し，市場をコントロールできるようになるのです。

　ちなみに，単にブランド化するだけでは意味がなく，信用が蓄積されたブランドは，ライセンス，売却，担保等の対象となる知的資産とするために，商標権を取得して保護をしておくことが重要です。

2-3　どんなブランド名にするとよいのか

2-3-1　ブランド・商標の機能

　ブランド・商標には，次の3つの基本機能が備わっています。

図表3-1　ブランド・商標の3つの基本機能

自他商品識別機能	出所表示機能	品質保証機能
自社の商品・サービスと他社の商品・サービスとを区別する機能	一定の商標を付した商品やサービスは一定の出所から流出していることを示す機能	同一の商標を使用した商品やサービスには同一の品質があることを保証する機能

TOYOTA
Human Movement Company

商標登録第4039298号
商標登録第6070061号 他

| BMWではなくトヨタ | トヨタが作っている | トヨタだから安心 |

出所：特許庁『2023年度「知的財産権制度入門」』81頁に基づき筆者作成
https://www.jpo.go.jp/news/shinchaku/event/seminer/text/document/2023_nyumon/all.pdf

- ・自他商品等識別機能
- ・出所表示機能
- ・品質等保証機能

つまり，ブランド・商標として十分に機能を発揮するためには，自分たちの商品やサービスが，他社の商品等と十分に差別化されており，ユニークであること必要です。

2-3-2　名称の重要性

　駆け出しのスタートアップは，ともすれば商品やサービスと関連する，シンプルでわかりやすい名前を付けてしまいがちです。たとえば，おもちゃ型ロボットに「ぬいぐるみロボ」とか，食肉提供サービスに「熟成ミート」といったものです。しかしながら，このような商品等の内容を強く連想させるネーミングや，英語の辞書に載っているような単語をブランド名に使用することは，ブランドに対する投資対効果の観点からおすすめできません。

　たとえば，新しくカフェをオープンしたとしましょう。カフェの名前は「美味しいコーヒー屋」です。わかりやすいコーヒーのロゴも使い始めました。お客さんは看板を見ても，店名を聞いても，すぐに美味しそうなコーヒーを提供する店であることがわかるシンプルで非常にわかりやすいネーミングです。

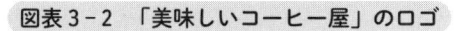

図表3-2　「美味しいコーヒー屋」のロゴ

　厳選したコーヒー豆を仕入れ，じっくりと焙煎し，時間をかけてドリップして仕上げたそのコーヒーは確かに美味しく，他のどの店でも味わえない芳醇な香りを提供するお店です。

　ここに来た顧客は，この素敵なお店を友達に紹介したくてたまりません。

顧客：ねぇこの間凄い美味しいコーヒー屋見つけちゃったんだよ！

友人：えっ何なに？　なんてお店？　行ってみたい。

顧客：「美味しいコーヒー屋」だよー

友人：だからなんてお店なのって？

顧客：だから「美味しいコーヒー屋」だって！

　　　　　　　　　　　⋮

友人：あぁそういう名前のお店なんだね。どこにあるの？

顧客：渋谷のどこだっけな？　検索してみて。

友人：「渋谷　美味しいコーヒー屋」でGoogle検索っと！

　　　37,800,000件ヒットするけど……どれ？

　このように，商品やサービスを端的に表すシンプルなブランド名は，最初はわかりやすいと感じるかもしれませんが，非常にブランド投資対効果が低く，SEO（検索エンジン最適化）の観点からもおすすめできません。

2-3-3　ブランドはどのように作られるか

　ブランドは，投資により作り上げていくものですが，どんなブランドでも最初のブランド価値はほぼゼロです。今や18兆円のブランド価値があると言われているGoogleでさえも，ほんの20年程前の創業時はブランド価値ゼロです。むしろ，宣伝広告を打ったり，商標登録をしたりする費用を考えると，マイナスからスタートすることになります。

　先ほどの例の「美味しいコーヒー屋」の名前やロゴと，「スターバックス」の名前とロゴを比較してみましょう。最初は聞いたり見たりした瞬間に商品の内容を理解できる「美味しいコーヒー屋」のブランド価値のほうが高く感じます。一方の「スターバックス」の名前や人魚のロゴは，コーヒーと何の関連もなく，一見して何の商品だか全くわかりません。

　しかしながら，時間をかけて，宣伝広告費を使い，ブランドに投資をしていくと，コーヒーとは関連のなさそうな「スターバックス」の名前や人魚のロゴは，すぐにGoogleでも検索トップに表示されるようになり，飛躍的にブランド価値が上がっていきます。

　一方の，「美味しいコーヒー屋」は広告をどれだけ打っても，Google検索で100位にも入ってきません。他の「美味しいコーヒー」の記事に埋もれてしまいます。

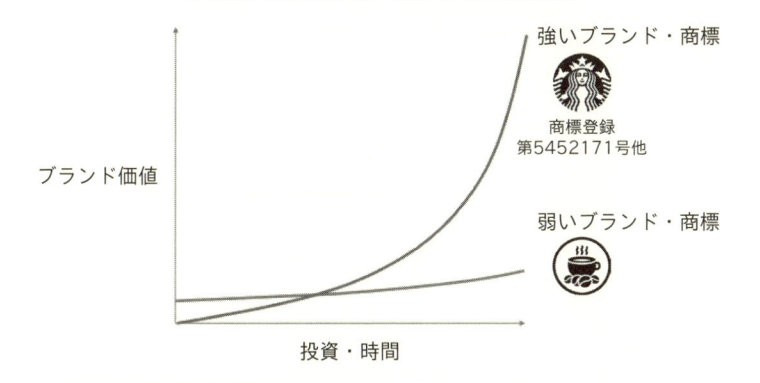

図表 3 - 3　ブランド価値の投資対効果

　起業したてのスタートアップは，わかりやすいネーミングを選びがちです。しかしながら**将来のブランド投資対効果を考えた場合には，「わかりやすい」ネーミングではなく「独自性」の高いネーミングやロゴを選択すべき**なのです。

　おすすめは，英語の辞書に載っていない，かつ英単語に似た発音がない，完全な造語です。たとえばUNIQLOやZOZO，Panasonic，Sony等が参考になります。ブランドは投資してゼロから作り上げるものなのですから，完全に誰も知らない造語で何も問題はなく，むしろ投資により誰も知らないブランドがどんどん成長していく過程を是非楽しんでみてください。

　なお，スターバックスロゴの変遷を見ると，当初はロゴの中に「STARBUCKS」「COFFEE」「TEA」「SPICES」の文字がありましたが，その後徐々に文字表示が減り，2011年にはスターバックスのロゴにはもはや「COFFEE」や「STARBUCKS」の文字すらなくなり，人魚のロゴのみになりましたが，このロゴだけで誰しもが「コーヒー」を提供する「スターバックス」であることがわかるブランドに成長していることがわかります。

※ロゴの変遷参考：https://creative.starbucks.com/logos/

2 - 4　商標登録出願における商標の種類

　商標登録出願を行う場合には，登録して保護を受けたい「商標」と，それをどの事業分野に対して保護したいかという「指定商品又は役務」を指定して出願を行います。指定商品または役務（サービス）は，特許庁で45種類の区分（類）に分けられており，特許庁に支払う費用もこの区分の数に応じて変動し，区分数が多いほど支払う金額が高く設定されています。

　たとえば，アパレル企業であれば「18類」のかばんや財布と，「25類」の洋服や靴の商品を指定して商標登録出願を行いますし，飲食店であれば「30類」のお弁当と，「43類」の飲食物の提供の商品や役務（サービス）を指定して商標登録出願を行います。

　また，商標には以下のように文字のみからなる商標，図形（ロゴ）のみからなる商標，それらの結合商標があり，これらは別の商標になりますので，出願を行う場合には，別々の商標登録出願を行うことになります。なお，文字と図形の結合商標は，全体として1つの商標になりますので，この結合商標を登録したとしても，文字のみの商標や図形のみの商標が守られているとは限りませんので，たとえばサービス名の文字と，そのアイコンであるロゴ図形がある場合には，結合商標ではなく，それぞれ別の2件の商標登録出願をすることをおすすめします。

図表3-4　商標の種類

	内容	実際の例
① 文字商標	・文字のみからなる商標 ➤ ひらがな，カタカナ，漢字，ローマ字，数字等	**SONY** 商標登録第0618689号他
② 図形（ロゴ）商標	・写実的なものから図案化したもの，幾何学的模様等の図形のみから構成される商標	商標登録 第3085606号他　　商標登録 第1655435号他
③ 結合商標	・文字商標と図形商標の組合せ	 商標登録第5315304号

出所：特許庁『2023年度「知的財産権制度入門」』77頁に基づき筆者作成
　　　https://www.jpo.go.jp/news/shinchaku/event/seminer/text/document/2023_nyumon/all.pdf

2-5　ブランド戦略

　スタートアップは，新しく生み出したサービスや商品とともに成長し，その商品名・サービス名を使い続け，一定の認知度を獲得するまで宣伝広告をし，この無形資産であるブランド・商標に資本を投入し続けていかなければなりません。ただやみくもに投資を続けるのではなく，なるべく投資対効果の高い方法を選択しましょう。

複数のブランドを生みだしていく場合のブランド戦略には，大きく３つの体系があります。マスターブランド戦略，サブブランド戦略，マルチブランド戦略です。これから事業をスタートしたばかり，またはこれから事業を大きくしようとしている資金力が十分ではないスタートアップは，まずは投資対効果の高いマスターブランド戦略か，複数サービス展開する場合にはサブブランド戦略を取るとよいでしょう。効率良く集中的にブランド投資を行って，商品やサービス名の知名度を上げていきましょう。その後余力ができ，別商品やサービスを販売することになったら，マルチブランド戦略も含めて，その戦略を採るのが自社と顧客にとって有益かを検討して，ブランドの横展開をしていくとよいでしょう。

　それぞれのブランド戦略について説明していきます。

2-5-1　マスターブランド戦略

　１つのマスターブランドを決めて，関連する商品もすべて同じマスターブランドを付ける方法です。

図表3-5　マスターブランド戦略

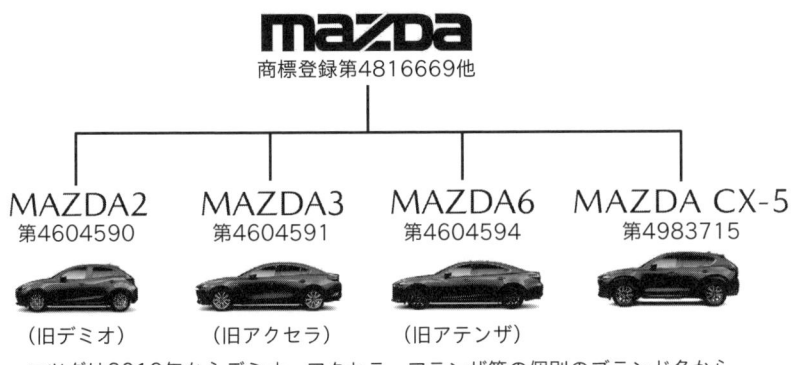

出所：マツダ オフィシャルウェブサイト https://www.mazda.co.jp/ に基づき筆者作成

　マスターブランド戦略のメリットは，すべての商品について１つのマスターブランドに集中して投資を行えるため，投資効率が高いことです。一方でデメリットは，１つのマスターブランドに集中するため個別の商品ごとの訴求がしにくいことや，不祥事などでマスターブランドが棄損した場合に，すべての商品にその影響が波及することです。

　たとえば自動車メーカーのマツダは，もともとコンパクトカーはデミオ，小型セダンはアクセラ，中型セダンはアテンザというブランド名で販売を行っていました。一方海外ではMAZDA 2，MAZDA 3，MAZDA 6という名前で販売しており，個別の名前ではなく「MAZDA」という車メーカーの1つのマスターブランド名に投資をしていました。

　海外での売り上げが好調だったこともあり，2019年に日本も個別の車のブランド名を辞め，MAZDAというマスターブランドをすべての車につけ，それぞれの車種の違いは数字やアルファベットで表すこととしました。

　ちなみに，マツダ車として長い歴史と知名度を有する2人乗り小型オープンスポーツカーである「ROADSTER」のブランドだけは残し，「MAZDA ROADSTER」として使用を続けることにしています。

2-5-2　サブブランド戦略

　1つのマスターブランドの傘下に，個々の商品に対応するサブブランドを付ける方法です。

図表3-6　サブブランド戦略

SONY
商標登録第5172032,
商標登録第6765799他

VAIO　WALKMAN　PlayStation　XPERIA　α　aibo

第4120431他　第4453395他　第4440718他　第5694407他　第5341251他　第6138601他
（パソコン）　（音楽再生機）　（ゲーム機）　（スマホ）　（デジタルカメラ）（ロボット）

SONYはさまざまな新商品を投入するときに「SONY」というマスターブランドの知名度を使いつつ，個々の商品のサブブランド名にも併せて投資

出所：ソニー商品紹介サイト（https://www.sony.jp/#products）に基づき筆者作成

　サブブランド戦略のメリットは，マスターブランドの知名度を利用しつつ，各個別の商品のサブブランドに対しても柔軟にブランド投資を行えることです。個別のサブブランドの知名度が上がって来た場合には，サブブランドのみでも十分に顧客に遡及することができるようになります。

一方，サブブランドのデメリットは，マスターブランドのブランド管理（ブランドポリシー）と，サブブランドのブランド管理の両方を併存させなければならず，管理が煩雑になることです。たとえばマスターブランドはゴシック体，サブブランドは明朝体のフォントであった場合に，商品説明をどちらのフォントで記載すべきか，は個別に決定していく必要があります。

　図表3-6のソニー・プレイステーションの例を見てみましょう。新商品発表当初は「SONY」の名前とともに，サブブランド「プレイステーション」を使用し，ソニーが新しくゲーム機を販売した，というサプライズとともに商品を投入しましたが，現在ではプレイステーションという名前の知名度が十分に上がり，CMでも「SONY」を強くアピールせず「プレイステーション」という商品名だけを推し出すようにしています。

2-5-3　マルチブランド戦略

　商品ごとに全くばらばらのブランド名を付ける方法です。よく見るとパッケージには会社名が書いてありますが，その会社が製造販売をしていることが知られていないことも多いです。

図表3-7　P&Gのマルチブランド戦略

P&G商品の多角化を行い，需要者が異なるそれぞれの商品ごとにブランドを使い分けて投資をしている

出所：P&Gブランドサイト（ https://jp.pg.com/brands/ ）に基づき筆者作成

　マルチブランド戦略のメリットは，個別の商品それぞれについて，需要者に合わせて作りこんだ別々のブランド投資を行うことができることです。また，それ

ぞれの商品ブランドに何らかの不祥事が発生した場合でも，その影響が他のブランドには波及しにくいです。

　一方，デメリットは，すべての商品のブランド投資がまったく別個になりますので投資効率が悪く，また，それぞれのブランド管理が煩雑になります。

　このマルチブランド戦略は，消費財や食料品等を販売する企業が多く選択する方法であり，上記のP&Gの例では，紙おむつから化粧品まで，それぞれ需要者層も商品単価も大きく異なる商品それぞれに別のブランドを使用し，それぞれ別々のマーケティングを行っています。P&Gがこれらのブランドを販売していることを知らなかった人もいるのではないでしょうか？

　また，これらの消費財や食料品等のメーカーは，ブランディングやマーケティングの戦略に長けており，同じ商品カテゴリーであっても，顧客ターゲットセグメントを変えて，別のブランドを使用したりもします。たとえば，P&Gが持つヘアケアのブランドはここで表示したHerbal Essencesだけではなく，次のようにさまざまありますが，それぞれ狙う需要者が異なり，プロモーションも異なっています。

図表3-8　P&Gのヘアケア製品におけるマルチブランド戦略

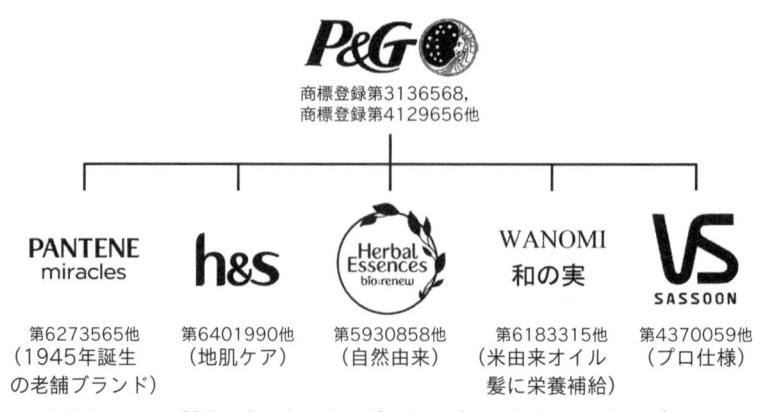

P&Gはヘアケア製品の中でも，ターゲットセグメントごとに異なるブランドで販売をしている

出所：P&Gブランドサイト（https://jp.pg.com/brands/）に基づき筆者作成

　シャンプーやコンディショナーといったヘアケア製品は，需要者の好みによって選択されるものが変わります。全く同じ成分であっても，香りを変えるだけで

購買層が変化します。このP&Gのように，同じヘアケア製品を販売する場合に，サプライチェーンは同じものを共有しコストを下げつつも，取り切れていない顧客ターゲットセグメントに合わせて異なるブランドを投入することで，コストはあまり上げずに売り上げを何倍にもすることができるのです。

3 意匠権によるデザインの保護

3-1 意匠権とは

　近年，新たな商品を販売する際にデザインの重要性がますます高まっています。デザインは商品やブランドの差別化を図るための重要な要素となっており，魅力的なデザインを持つ商品は，他の競合商品よりも顧客の目を引きやすくなり，購買意欲を高めることができます。また，近年では商品の性能だけでなく，ユーザーエクスペリエンスが重要視されるようになりましたが，優れたデザインは商品を使う際の使いやすさや快適さを向上させることができます。使い勝手の良いインターフェースや洗練された外観デザインは，顧客の満足度やロイヤリティを高めることになります。

　さらに，優れたデザインはブランドのイメージ形成においても重要な役割を果たします。洗練されたデザインは高品質や信頼性をイメージさせ，ブランド価値を高めることができます。また，ブランドのコアバリューやメッセージを視覚的に伝えることもできます。

　たとえば，自動車会社のマツダは，ブランド価値を高めるために，2009年から「ブランドデザイン」を提唱しています[2]。これは，個々の商品ではなく，それら商品群の全体像をデザインしていくという戦略です。デザインのテーマとして，魂を感じる動きを創造するという意味で「魂動」と名付け，具体的なデザインでは「走る姿が最も美しい」フォルムを追求しています。また，このデザインテーマに合わせてコンセプトカー「SHINARI」を発表するとともに，このコンセプトカーの要素をさまざまなカテゴリーのクルマにプライオリティーを変えながら配分しています。このような「ブランドデザイン」の推進によって，メディアだけでなく一般消費者にマツダブランドが認知されるまでに至りました。

　意匠権は，商品の優れたデザインを保護するものです。保護対象となる意匠は，

2　前田育男・生水俊彰・増田尚嗣「マツダでのブランド戦略におけるデザイン開発と知的財産権」
　『特技懇誌』no.274（2014.9.5）http://www.tokugikon.jp/gikonshi/274/274tokusyu 1 -3.pdf

図表3-9　マツダのデザインによるブランド戦略

出所：増田尚嗣『マツダにおけるデザインによるブランド戦略と関連意匠制度を活用したデザインの保護およびその課題』（産業構造審議会 知的財産分科会 第7回意匠制度小委員会，2018年9月18日）
https://www.jpo.go.jp/resources/shingikai/sangyo-kouzou/shousai/isho_shoi/document/07-shiryou/04.pdf

物品の形状，模様もしくは色彩またはこれらの結合であって，視覚を通じて美感を起こさせるものをいいます。なお，物品の一部分についてのデザインも意匠に含まれます。

　また，従来より，電子機器の操作のために用いられる操作画像や，電子機器がその機能を発揮した結果として表示される表示画像について，機器に記録，表示されるものについて意匠法の保護対象となっていましたが，2020年4月から，機器に記録，表示されていない画像についても新たに意匠法の保護対象となりました。さらに，スマートフォンやPC等に表示されるアイコンのみの画像についても意匠法による保護が可能です。

3-2　意匠権による保護を受けるための要件

　意匠権により新商品のデザインを保護するためには，保護を受けようとする意

図表3-10　意匠権の権利範囲

形状＼物品	同一	類似	非類似
同一	同一	類似	非類似
類似	類似	類似	非類似
非類似	非類似	非類似	非類似

匠について，特許庁に意匠登録出願をし，意匠登録を受ける必要があります。意匠登録出願を行うにあたり，画像以外の物品についてはこの物品の外観を示す図面（具体的には，六面図，断面図，斜視図等）とともに，物品名を指定した願書を特許庁に提出します。意匠権の権利範囲は，物品が同一または類似であり，かつ形態が同一または類似となる範囲となります。

　意匠権の存続期間は出願時から最大で25年間であり，存続期間が出願時から最大で20年間である特許権よりも存続期間が長くなっています。このため，ある商品について，技術的特徴およびデザインの両方がユニークな場合は，特許出願および意匠登録出願の両方を行うことにより，特許権の存続期間が満了しても意匠権による保護が引き続き可能となる場合があります。

3-3　意匠登録出願を行うメリット

　DTSUにとって，特にプロダクトデザインに特徴がある場合，意匠権は非常に重要な役割を果たします。スタートアップが意匠登録出願を行うメリットは以下のとおりです。

3-3-1　競合他社に対する牽制
　意匠権は同一の形態のもののみならず，類似する形態のものに対しても意匠権侵害であると主張することができます。また，意匠権を取得すると権利範囲となるデザインが意匠公報に掲載されます。このため，競合他社は自社の意匠権に関する意匠公報を見たときに，同一のみならず類似するデザインの製品を製造，販売することを避けるようになるという牽制効果を発揮することができます。とりわけ，自社のブランドやデザインを重要視する企業や，コンプライアンスを重要視する大企業では，デザインが類似することにより意匠権を侵害してしまうことを恐れるため，これらの企業に対しては牽制効果が大きくなります。

3-3-2　市場で模倣品が出回ることを防止
　意匠権の取得によって，製品の外観やデザインの観点から自社製品を模倣被害から守り，もし万が一模倣品が市場に出回った場合でも意匠権に基づいて対応できるようになります。模倣品や類似品の排除に関しては，製品やパッケージに意匠権を取得していることを明記しておくことにより（たとえば，意匠登録番号を記載する等），偽物やコピー商品，類似商品が発生すること自体を防ぐ効果もあります。

　それでも模倣品の製造や販売を行う業者に対しては，意匠権をあらかじめ取得

しておくことにより，取得した意匠権に基づいて差し止めや損害賠償請求を求める侵害訴訟を提起したり，税関による取り締まりや刑事罰等も期待できます。

3-3-3 新しいブランドの構築

DTSUにとって製品デザインはブランドを支える重要な要素の1つであり，自社の優れた製品デザインについて意匠権を取得することによりデザインにこだわった商品であることを世間にアピールすることができます。また，その製品デザインを独占することで自社商品のブランディングを進めることができます。

特に，一般消費者の目に触れる商品を開発する場合は，自社らしさが現れたデザインは必ず意匠権を取得することが望ましいです。他社が類似するデザインの製品を販売してしまうことを意匠権によって阻止することにより，自社のブランド価値の形成につなげることができます。

3-3-4 技術的特徴を特許権だけではなく意匠権でも保護

優れた技術的特徴は特許権により保護可能ですが，その技術的特徴が商品の形状となって現れる場合は，特許権だけではなく意匠権も活用して多方面から保護することが重要です。このように，意匠権は特許権を補完する効果を発揮することもできます。とりわけ，技術開発の歴史が長く，新規性や進歩性を有する発明が生まれにくいような成熟分野でも，意匠権による新たな技術の保護が可能になります。

3-3-5 税関取り締まりに活用

模倣品が外国で製造されて日本に輸入される場合，税関取り締まりによって模倣品が国内市場へ流入してしまうことを防ぐことができます。税関では年間でおよそ1〜3万件，製品数では50〜100万点の模倣品の輸入が差し止められています。商品のデザインやブランド名が模倣された場合には，技術的内容を保護する特許権と比べて税関職員にとって一目で模倣品の判別を行うことができるため，取締件数も多い傾向があります。

このように，意匠権や商標権を取得することにより海外から国内への模倣品の流通を阻止することが可能となります。

3-3-6 社員のデザイン意識の向上を図る

意匠権という形でデザインのオリジナリティが公的に証明されることにより，社員に対してデザインや知財の啓発を行うことができ，優れたデザインの開発を

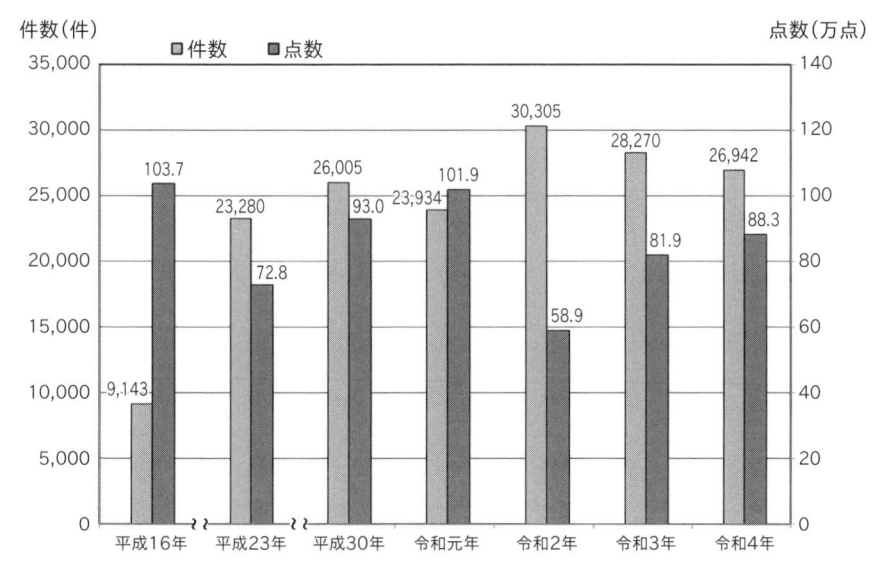

図表 3-11　2022年の税関における知的財産侵害物品の差止状況

件数（件）　　　■件数　■点数　　　　　　　　　　　　　点数（万点）

出所：財務省「令和4年の税関における知的財産侵害物品の差止状況」（2023年3月3日）
　　　https://www.mof.go.jp/policy/customs_tariff/trade/safe_society/chiteki/cy2022/index.htm

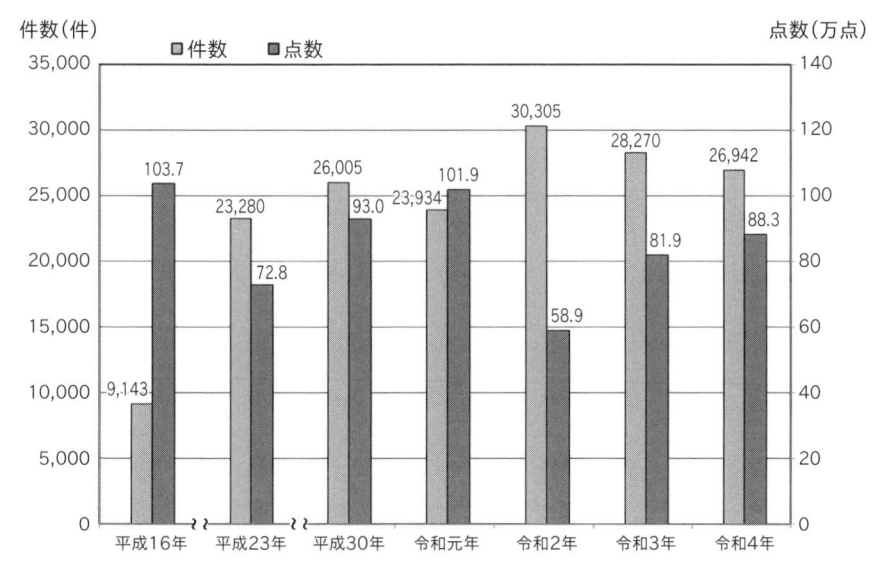

第3章
ブランド・デザイン

促すことができるようになります。また，社員が自社の製品の意匠権を知っていれば，市場やネットに出回っている模倣品や侵害品を早期に発見しやすくなります。他にも，意匠権の取得と並行してGood Design賞等の各種のデザイン賞への応募を行うことにより社員のモチベーションアップにもつなげることができます。

3-3-7　意匠権を担保に資金調達

　近年では意匠権を担保に資金調達を行うケースも見られます。アッシュコンセプト株式会社の動物型輪ゴム「アニマルラバーバンド」は，2003年度のGood Design賞を受賞する等デザイン性に優れており，ニューヨークの近代美術館を始め世界中で販売されていますが，日本政策投資銀行は同社の意匠権を担保に新製品開発のための1,000万円の金型投資を行いました[3]。

　このように，意匠権を担保に金融機関から融資を受けたり，投資家に対して意匠権に基づいてデザインの優位性をアピールすることにより資金調達を行ったりすることも考えられます。

3　日本政策投資銀行「デザインベンチャー・アッシュコンセプト（有）に対し，日本で初めてのデザイン権担保融資を実施」（2017年1月31日）https://www.dbj.jp/news/archive/rel2006/0131.html

4 商標・意匠登録費用

4-1 商標権の取得費用

日本国内で商標権を取得するにあたり，費用の支払いは大別して，①商標登録出願時，②拒絶対応を行う時，③登録査定時の3段階で行われます。

① 商標登録出願時

商標登録出願を行う際に，「区分」および「商品／サービス」を指定する必要があります。「区分」とは，それぞれの「商品／サービス」が属する分類のことを指します。商標として登録できるあらゆる「商品／サービス」が，特許庁が定める第1類から第45類までの「区分」に分けられ権利化がなされます。出願の前に商標を使用する「商品／サービス」が，上記の第1類から第45類までの「区分」の中から，自分が使用している（もしくは使用の予定がある）「商品／サービス」はどの「区分」に属するかを指定して，出願の際にその「区分」と「商品／サービス」を願書に記入しなければなりません。

商標登録出願時にかかる費用については，登録済の商標調査の内容にもよりますが，「平成15年特許事務報酬（弁理士手数料）に関するアンケート結果」によれば[4]，弁理士による出願書類の作成費用が1区分指定の場合5～10万円程度，3区分指定の場合10～20万円程度となります。また，特許庁への支払い費用（印紙代）が3,400円＋（区分数×8,600円）必要です。また，商標登録出願の前に弁理士や弁護士等の専門家からアドバイスを受ける場合は，出願費用とは別に専門家への支払いが生じる場合があります。

② 拒絶対応を行うとき

商標登録出願を行った後，特許庁より拒絶理由通知を受けた場合は，特許庁に対して手続補正書や意見書を提出することにより審査官への反論を行います。特許事務所に支払う手続補正書や意見書の作成費用は概ね5～15万円程度です。審査官への反論が認められない場合は拒絶査定が出されます。その際にさらなる反論を行う場合は，特許庁に対して審判請求を行うことにより3名の審判官によって審理してもらうことになりますが，審判請求料として特許庁に支払う費用が

---

4 日本弁理士会「平成15年特許事務報酬（弁理士手数料）に関するアンケート結果」https://www.jpaa.or.jp/free_consultation/howto-request/attorneyfee/attorneyfeequestionnaire/#a10

15,000円＋（区分数×40,000円），弁理士への支払い費用として15〜25万円程度が必要になります。

③ 登録差定時

審査官や審判官により商標が登録可能であると認められたら，特許庁に対して登録料（年金）を払うことにより商標権を取得できます。商標登録料は10年分で区分数×32,900円ですが，5年ごとの分割支払いを行う場合は5年分で区分数×17,200円となります。また，登録査定が特許庁に出された場合は，謝金として弁理士に1区分の場合5万円，3区分の場合10万円程度支払われるのが一般的です。また，特許事務所に商標登録料の納付を依頼する場合は，別途手数料が必要になります。

以上をまとめると，日本国内で商標権を取得するにあたり，商標登録出願を行ってから登録査定となり10年分の登録料の支払いを行うまでにかかる費用として，1区分の場合は概ね15〜65万円，3区分の場合は概ね35〜100万円となります。実際には，1件の商標権を取得するために平均で1区分の場合20万円程度，3区分の場合35〜40万円かかる場合が多いので，商標登録出願を行うときは商標権取得のための予算を確保しておきましょう。

図表 3 -12　商標権の取得費用

支払いタイミング	概算費用（出願から権利化まで）
(ⅰ)　商標登録出願時	5〜10万円（1区分） 15〜25万円（3区分）
(ⅱ)　特許庁からの通知に対応する時	0〜45万円（1区分） 0〜55万円（3区分）
(ⅲ)　登録査定時（10年分の登録料納付）	約10万円（1区分） 約20万円（3区分）
合計	15〜65万円（1区分） 35〜100万円（3区分）

4-2　意匠権の取得費用

日本国内で意匠権を取得するにあたり，費用の支払いは大別して，①意匠登録出願時，②拒絶対応を行う時，④登録査定時の3段階で行われます。

①意匠登録出願時にかかる費用については，デザインの内容にもよりますが，

「平成15年特許事務報酬（弁理士手数料）に関するアンケート結果」によれば，弁理士による出願書類の作成費用が概ね5〜15万円，特許庁への支払い費用（印紙代）が16,000円となります。また，意匠登録出願の前に弁理士や弁護士等の専門家からアドバイスを受ける場合は，出願費用とは別に専門家への支払いが生じる場合があります。

　②意匠登録出願を行った後，特許庁より拒絶理由通知を受けた場合は，特許庁に対して手続補正書や意見書を提出することにより審査官への反論を行います。特許事務所に支払う手続補正書や意見書の作成費用は，概ね5〜15万円程度です。審査官への反論が認められない場合は，拒絶査定が出されます。その際にさらなる反論を行う場合は，特許庁に対して審判請求を行うことにより3名の審判官によって審理してもらうことになりますが，審判請求料として特許庁に支払う費用が55,000円，弁理士への支払い費用として10〜20万円程度が必要になります。なお，意匠の場合は特許と異なり拒絶理由通知が出される割合はそれほど高くはなく，意匠登録出願を行ってから拒絶理由通知が出されずに登録査定が出されるケースも多いです。

　③審査官や審判官により意匠が登録可能であると認められた場合は特許庁に対して登録料（年金）を払うことにより意匠権を取得できます。意匠登録料は第1年〜第3年は毎年8,500円，第4年〜第25年は毎年16,900円です。また，登録査定が特許庁に出された場合は，謝金として弁理士に5〜10万円程度支払われるのが一般的です。また，特許事務所に意匠登録料の納付を依頼する場合は，別途手数料が必要になります。

　以上をまとめると，日本国内で意匠権を取得するにあたり，意匠登録出願を行ってから1年目の登録料の支払いを行うまでにかかる費用として，デザインの内容によっても異なりますが概ね10万円〜70万円となります。実際には，1件の意匠権を取得するために平均で20〜30万円程度かかる場合が多いので，意匠登録出願を行うときは意匠権取得のための予算を確保しておきましょう。

図表 3-13　意匠権の取得費用

支払いタイミング	概算費用（出願から権利化まで）
(i)　意匠登録出願時	5〜15万円
(ii)　特許庁からの通知に対応する時	0〜40万円
(iii)　登録査定時（1年目の登録料納付）	5〜15万円
合計	10〜70万円

第4章

特許事務所，弁理士の選定・協働

　DTSUにおいては，知財戦略の立案，高度な専門技術の出願権利化，他社特許の抵触調査，大学や大企業との連携など，幅広い知的財産業務が求められます。しかし，すべての業務を遂行可能な知財体制を自社内で構築することは現実的ではありません。そのため，DTSUにとって，外部の弁理士や特許事務所，その他の専門家のリソースを有効に活用し，協働することが重要です。

　本章では，優れた特許活動に取り組むために，DTSUがどのような特許事務所，弁理士（以下，総じて「弁理士」という）を選定し，協働していくか具体的なアプローチに焦点を当てて説明します。特に，弁理士の選定にあたっては以下の5つのポイントに注目するとよいでしょう。

図表4-1　弁理士選定のポイント

1．専門性	効果的な特許出願・権利化を実現するためには，技術分野に精通した特許事務所の選択が重要です。
2．業務内容の幅	知財戦略の策定，アイデア管理，社内規則整備など，出願・権利化以外の知財業務サービスを提供する事務所もあります。
3．コミュニケーション	特許事務所との協働にあたり円滑なコミュニケーションは非常に重要です。コミュニケーション手段を確認します。
4．費用	費用対効果が高く，企業の予算に合った特許事務所を選定することが重要です。
5．国際対応力	技術の国際展開を考慮する場合，国際特許出願に対応できる特許事務所を選ぶことが重要です。

1　専門性

効果的な特許出願・権利化を実現するためには，DTSUの技術分野に精通した特許事務所の選択が重要です。専門性を評価する際に着目する代表的なポイントを以下に説明します。

1-1　高度な技術理解力

DTSUの技術は，高度で複雑な技術を扱っていることが多いため，特許事務所がその技術を十分に理解し，知的財産を保護するために適切な手続きを行う能力を有することが求められます。

特許事務所のウェブサイトや資料では，対応可能な技術分野やサービス内容が記載されています。これらの情報から，特許事務所が自社の技術分野に精通しており専門性を有しているかどうかを評価することができます。最近では，専門とする技術分野における判例研究や特許出願動向などの知財情報をインターネットで発信している特許事務所も多いため，そのような情報は特許事務所の専門性を評価する際に参考になります。

1-2　過去の出願実績

特許事務所がこれまで出願した特許公報を調べることにより，自社の技術分野に関する実績があるかどうかを判断できます。具体的には，J-PlatPat等の特許データベースにおいて，特許事務所名，弁理士名等で検索することにより，過去の特許出願を調べることができます。特許公報から担当している企業名や技術分野を確認することにより，特許事務所の専門性や対応力を詳細に把握することができます。

1-3　口コミや評判

DTSUや，取引先等ですでに特許出願等を行っている知人がいる場合には，どのような特許事務所に依頼しているのか意見，アドバイスを聞いてみることは有効な手段です。どのような観点で特許事務所，弁理士を選定し依頼しているのか確認してみるとよいでしょう。

1-4　直接相談

特許事務所に直接相談し，自社の技術や特許に関する質問をしてみることで特

許事務所の専門性や対応力を評価することができます。具体的な案件を持ちかける前に，事前相談や無料相談を利用してみると良いでしょう。複数の特許事務所の専門性を調査し，自社の技術分野に適した特許事務所を選ぶことが重要です。

1-5　担当者の経歴チェック

特許事務所に所属している弁理士の経歴を調べることで，自社の技術分野に精通しているかどうかを評価できます。特許事務所のウェブサイトには，弁理士の経歴が掲載されていることが一般的ですので，弁理士が発表した研究論文や書籍，セミナー等の講師歴などを参考に弁理士の専門性を確認することができます。たとえば，自社の技術分野と関連する分野において豊富な発表歴があれば専門性が高い弁理士であると判断できます。

2　業務内容の幅

特許事務所によっては，特許の出願・権利化以外にも通常の会社内における知財業務の一部を顧問業務，コンサル業務として請け負っている場合があります。DTSUにおいては，専任の知財担当者を採用することが難しい場合も多いため，そのような，出願・権利化以外の知財業務を依頼可能かどうかも特許事務所を選択する際に重要な選択基準です。具体的には以下のような業務があります。

2-1　知財戦略の策定・推進

DTSUは，ビジネス戦略と連動した知財戦略を策定し，推進していくことが重要です。社内の知財戦略の策定・推進に対して助言やサポートを顧問業務として特許事務所へ依頼することが可能か確認してみるとよいでしょう。

2-2　社内の発明発掘，アイデア管理

DTSUにおいては，社内の発明発掘，ブレスト等のアイデア相談等や，アイデアのリスト管理など，社内の知財管理業務も必要です。定期的な発明発掘会議の開催や，アイデア相談のファシリテーションなど，社内の知財管理業務も顧問業務として特許事務所へ依頼することが可能か確認してみるとよいでしょう。

2-3　知財リスクの監視

競合他社の特許活動など，定期的に知財リスクを監視し，リスクの早期発見と

対応を行うことも重要です。競合他社の特許情報の定期ウォッチングや，競合分析，クリアランス調査など，他社知財リスク対応についても特許事務所が対応可能か確認してみるとよいでしょう。

2-4　社内規則整備・社内セミナー等

職務発明規定，発明奨励規則等の社内規則の整備や，定期的な社内知財研修やセミナー開催により社員に知財に関する最新情報や注意事項を共有します。これにより，社内の知財意識を醸成することができます。社内の知財意識を向上させることにより，効果的な特許出願，権利化を行うことができたり，秘密情報や知財に関する情報の漏洩などの情報管理意識を向上させることができます。社内規則整備，社内セミナー等の社内知財意識向上に向けた相談も可能か特許事務所へ確認してみるとよいでしょう。

3　コミュニケーション

特許事務所との協働にあたり円滑なコミュニケーションは非常に重要です。特許事務所との間で，特に以下の点に気をつけると，円滑なコミュニケーションを実現することができるでしょう。

3-1　コミュニケーション手段の確認

特許事務所とのコミュニケーション手段を事前に確認し，双方が使い慣れたツールや方法で情報交換ができるようにすることが大切です。電話やメール，ファックスが主流の特許事務所がまだまだ多数派ですが，Slackなどのコミュニケーションツールを利用している特許事務所も増えてきています。

自社内のコミュニケーション手段に合った特許事務所を選択することによりコミュニケーションのストレスを減らすことができます。コミュニケーション手段について特許事務所へ確認してみるとよいでしょう。

特に特許業務においては特許庁からの書類の送受信も多いため，書類の納品も書面による郵送か，Fax，メール，その他チャットツール，GoogleDriveなどのクラウドサービスを利用可能か確認しておくことが好ましいです。

3-2　進捗管理と情報整理

特許事務所との間で，特許出願や審査の進捗状況を共有し，情報を整理するこ

とが人切です。Googleスプレッドシートなどを利用して，進捗管理やドキュメント共有を効率的に行うことができるか確認しておくとよいでしょう。

3-3 タイムリーな連絡

特許に関する手続きや審査には期限が設けられていることが多いため，問い合わせ内容に対してレスポンスが良いかどうか確認しておくとよいでしょう。

3-4 定期的なミーティング

DTSUと特許事務所との間で，定期的なミーティングを実施し，技術や事業戦略の最新情報を共有することが重要です。また，ミーティングを通じて双方のフィードバックを得ることで，特許戦略を適切に調整することができます。特許出願や審査の進捗状況を定期的に報告してもらうことで，安心して事業展開を進めることができます。特許事務所との間で報告のタイミングや方法を事前に確認しておくとよいでしょう。

3-5 フィーリング，相性

特許事務所とストレスなく協働していくうえで，事務所担当者とのフィーリング，相性は大事な要素です。問い合わせに対する回答の早さ，丁寧さ，手続きに融通が効く，効かないを含めて特許事務所が提供するサービスは担当者によって大きく異なります。ディープテックの社風を含めて，特許事務所と相性が良いかどうか確認しておくとよいでしょう。

4 費 用

DTSUは，研究開発に多額の資金が必要ですので，特許にかかる費用も重要な検討事項となります。費用対効果が高く，企業の予算に合った特許事務所を選ぶことが望ましいでしょう。

4-1 費用構造の把握と交渉

特許事務所の費用構造を理解し，企業の予算に合わせて交渉することが重要です。出願手数料，権利化手数料，顧問料など，費用の内訳を確認し，特許事務所選定の参考にするとよいでしょう。

4-2　サービス内容の検討

　特許出願だけでなく，技術調査や競合分析，ライセンス交渉など，特許事務所が提供するサービスの幅広さを確認することが重要です。多岐にわたるサービスを提供できる事務所は，DTSUのさまざまなニーズに対応できるため，費用対効果が高まるでしょう。

4-3　知財戦略全体の最適化

　特許だけでなく，商標や著作権など，さまざまな知財権についても相談可能か確認することが重要です。DTSUにおいては，特許以外にも商標，著作権（ソフトウェア）など，さまざまな知的財産権の保護が重要です。

5　国際対応力

　事業の国際展開を考慮する場合，国際特許出願に対応できる特許事務所を選ぶことが重要です。異なる国の特許法や手続きに精通した事務所を選ぶことで，グローバルな知財戦略の構築が容易になります。DTSUにとって，国際市場での競争力を確保するためには，特許事務所の国際対応力が重要です。

5-1　外国特許出願のサポート

　DTSUは，特定の国や地域だけでなく，国際的な市場での展開を見据えています。特許事務所が外国特許出願の手続きや戦略をサポートできるかどうかを確認しておくとよいでしょう。

5-2　現地特許事務所との連携

　特許事務所が，各国・地域の現地特許事務所と連携し，現地法や審査基準に対応したサービスを提供できるかを確認しておくとよいでしょう。これにより，国際特許出願の効率性や成功率を向上させることができます。

5-3　言語能力

　国際特許出願において，言語能力は重要な要素です。特許事務所が英語をはじめとする複数の言語に対応できるかを確認しておくとよいでしょう。また，技術用語や業界用語に精通しているかも重要なポイントです。

5-4　国際的な知財戦略の立案

　DTSUは，国際市場での競争力を向上させるために，国際的な知財戦略を構築することが求められます。特許事務所が，国際的な視点を持って戦略立案やアドバイスを提供できるかを確認しておくとよいでしょう。

契 約 戦 略

^第 **5** ^章

DTSUの契約戦略の特徴と全体像

1 事業展開・研究開発×単独・共同の4つのパターン

　DTSUのビジネス構造は大きく分けて「研究開発フェーズ」と「事業展開フェーズ」に分かれます。

図表5-1　DTSUのビジネス構造

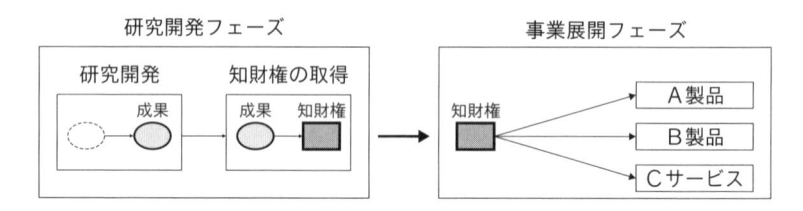

　この「研究開発フェーズ」と「事業展開フェーズ」は，DTSU単独で行われる場合と，DTSUが他者と組んで行われる場合があります。

　「研究開発フェーズ」を単独で行う場合には単独研究開発に，共同で行う場合には共同研究開発となります。

　また，「事業展開フェーズ」を単独で行う場合には単独事業に，第三者と共同で行う場合には共同事業ということになります。このうち，共同事業にはいくつかのパターンがありますが，1つの典型例は「ライセンスビジネス」です。

　DTSUにおけるライセンスビジネスとしては，DTSU（ライセンサー）が知財権を保有したうえで，大企業（ライセンシー）にライセンスを行い，当該ライセン

シーが当該知的財産権を実施して製品の製造やサービスの提供を行い，DTSU（ライセンサー）はライセンス料収入を得る，というパターンが典型例です。

　もちろん，共同事業の形態はライセンス契約に限られるものではなく，たとえばジョイントベンチャー（JV）や，知的財産権を保有するDTSU自らが製品の製造やサービスの提供を行い，大企業がそれらの製品・サービスの販売拡大を行うパートナー（販売代理店等）としての役割を果たすというビジネスモデルもあります。

　つまり，**図表5-2**のようにDTSUのビジネスとしては「単独研究開発×単独事業」「単独研究開発×共同事業」「共同研究開発×単独事業」「共同研究開発×共同事業」の4種数の組合せがあることになります。

図表5-2　DTSUのビジネスにおける4種数の組み合わせ

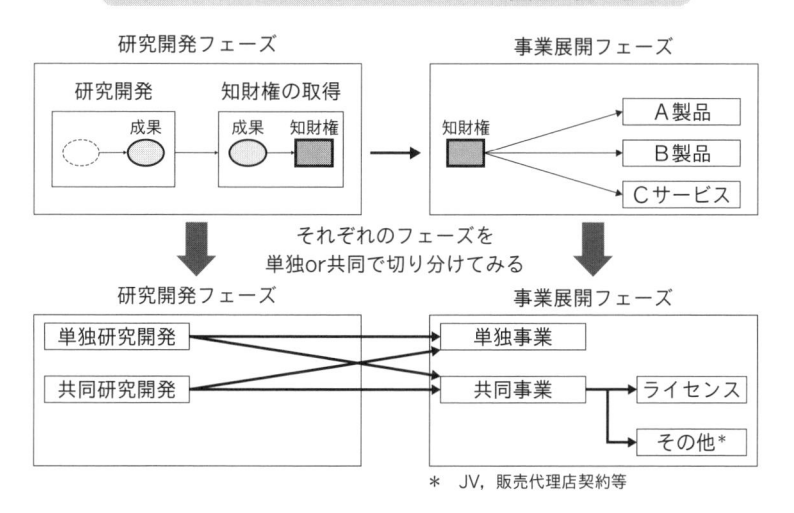

本書では，この4種数の組み合わせのうち，最もパターンとして多いと思われる**「共同研究開発」×「共同事業」**を対象とし，さらに，「共同事業」の中でも

図表5-3　「共同研究開発」×「共同事業」の「ライセンスビジネス」

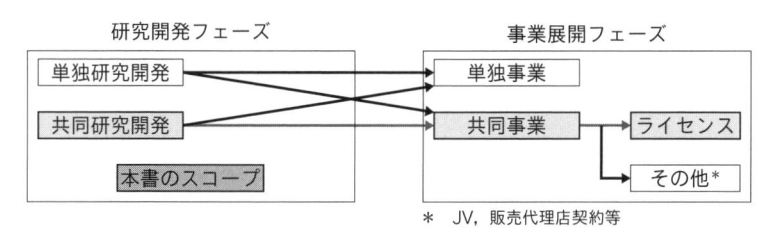

DTSUで採用されることが多い「**ライセンスビジネス**」を対象として解説をします。

2　フェーズと契約の関係

「共同研究開発」→「ライセンスビジネス」という流れのビジネスを行う場合，具体的には以下のように「情報交換フェーズ」「技術検証フェーズ」「共同研究フェーズ」「ライセンスフェーズ」に沿って進めることがほとんどです。

図表5-4　4つのフェーズ

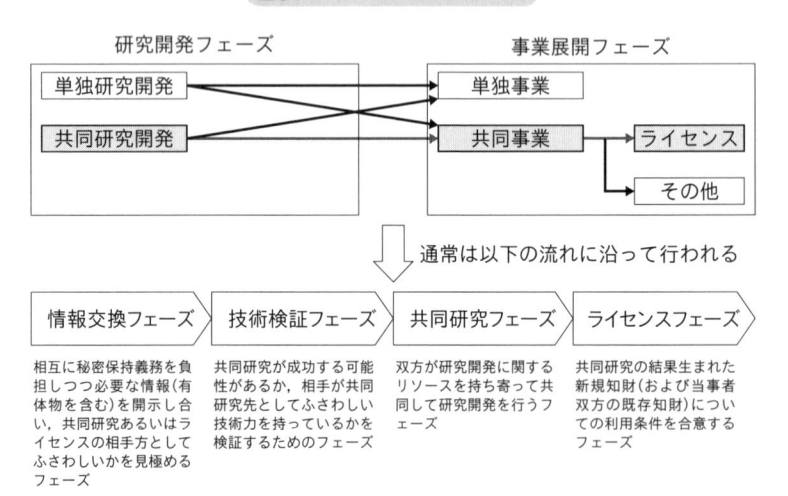

また，これらの各フェーズに関して締結される契約として，NDA（秘密保持契約），PoC（Proof of Concept）契約（技術検証契約），共同研究契約，ライセンス契約があります。

フェーズの流れや，各フェーズに関して締結される契約が4種類あることはご存じの方が多いと思います。

しかし，ここで注意しなければならないのは「『フェーズ』と『契約書のタイトル』は一致していない」ということです。

この点は，あまり知られていませんが非常に重要なポイントです。

具体的に説明していきます。

2-1　一般的なイメージ

　一般的なイメージは，「『フェーズ』と『契約書のタイトル』は一致している」というものではないでしょうか。

　つまり，**図表5-5**のように情報交換フェーズではNDA，技術検証フェーズではPoC契約，共同研究フェーズでは共同研究契約，ライセンスフェーズではライセンス契約をそれぞれ締結する，というイメージです。

図表5-5　一般的なイメージ

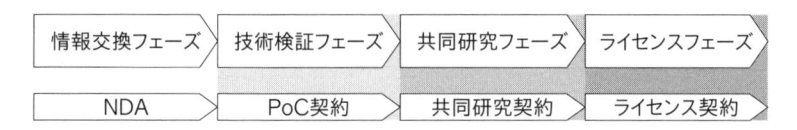

　この理解は，少なくとも部分的には間違いではありません。

　特に情報交換フェーズでNDA，技術検証フェーズでPoC契約を締結するのはそのとおりなのですが，より重要な後半段階（共同研究フェーズ・ライセンスフェーズ）においては，実は「フェーズ」と「契約書のタイトル」は必ずしも一致しません。

　そのため，以下のような誤解がよく生じます。

- ・ 相手から「共同研究契約」というタイトルの契約書を提示されたが，共同研究に関することしか書いていないだろうから，共同研究の条件（研究テーマや研究費の負担など）さえチェックしておけば大丈夫だろう。
- ・ 「共同研究契約」というタイトルの契約書だから，研究成果の知財権がどちらに帰属するかについては『別途協議』とするしかないだろう。

2-2　共同研究フェーズ・ライセンスフェーズにおいては，「フェーズ」と「契約書のタイトル」は必ずしも一致しない

　共同研究フェーズ・ライセンスフェーズにおいては，「フェーズ」と「契約書のタイトル」は必ずしも一致しない，ということの意味をもう少し掘り下げて説明します。

　共同研究フェーズ・ライセンスフェーズにおいて合意される（契約の対象となる）事柄のうち重要なものは，以下の3つです。

① 共同研究自体の条件（研究目的・研究費用等）

② 成果の帰属条件（単独か・共有か）

③ 成果の利用条件（バックグラウンドIP[1]の利用条件も含む。以下同じ）

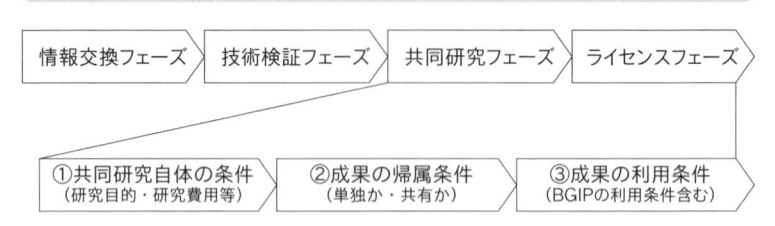

図表5-6　共同研究・ライセンスフェーズで合意される3つのポイント

そして，これらの①～③の事柄を，どの契約において合意するかについてはさまざまなパターンがあります。

2-3　分離型パターン

一番多く見られるのは**図表5-7**のようなパターンでしょう。

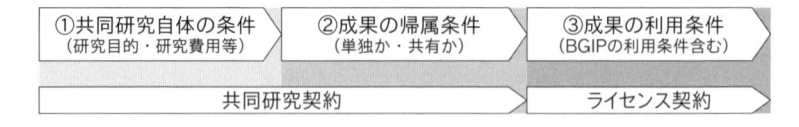

図表5-7　分離型パターン

これは「共同研究契約において，①共同研究自体の条件，および②成果がどのように帰属するか（単独帰属か共有か）をあらかじめ定める」→「共同研究の結果，成果が生じた場合には，共同研究契約で定めたとおりの内容で帰属が決ま

1　バックグラウンドIP（BGIP）とは，「共同研究契約の当事者が共同研究契約締結前から保有していた知的財産権（及び共同研究契約締結後に共同研究とは関係なく取得した知的財産権）」のことをいいます。

　「バックグラウンドIP」がある以上は「フォアグラウンドIP（FGIP）」もあるのですが，これは「共同研究契約の当事者が共同研究の実施により得た（発明した）知的財産に関する知的財産権」のことをいいます（単独発明の場合も共同発明の場合もあります）。

　「共同研究契約→ライセンス契約」のパターンでは，当該共同研究で生み出された知的権（＝FGIP）のライセンスだけが問題になるように考えがちですが，実際には「FGIPを実施するためには必然的にBGIPを実施する必要がある」などの関係にあることが多く，むしろBGIPのライセンスの方がライセンシーにとって重要であることもあります。詳しくは第9章2-4「バックグラウンドIPについて気をつけるべきこと」で解説します。

る」→「③当該帰属が決まった知財の利用条件についてライセンス契約を締結する」というものです。

　成果物の帰属条件は共同研究契約で合意するが，成果物の利用条件についてはライセンス契約で合意するという点が最大の特徴です（「帰属条件」と「利用条件」を分離して合意するという意味で，以下，このパターンを**「分離型パターン」**と呼ぶことにします）。

　DTSUが共同研究契約を締結することが多い，大学の共同研究契約書雛形は，通常はこの「分離型パターン」を採用しています。

　たとえば，京都大学が公開している共同研究標準契約書[2]は，7条に以下のような条項があります（「甲」は大学，「乙」は相手企業です）。

■ 京都大学共同研究標準契約書

第7条（特許権等の帰属）

1　甲及び乙は，本研究成果として発明が生じたときは，速やかに，相手方に対し，その内容を付して通知しなければならない。当該発明に係る特許権及び特許を受ける権利（以下「本特許権等」という。）の取扱いは，次の各号のとおりとする。

　① 甲又は乙の本研究担当者等が単独で当該発明を行った場合には，本特許権等は，当該甲又は乙の単独所有とする（以下「本単独特許権等」という。）。

　② 甲及び乙の本研究担当者等が共同で当該発明を行った場合には，本特許権等は，甲及び乙の共有とする（以下「本共有特許権等」という。）。（以下略）

2　略

　この条文は「②成果がどのように帰属するか（単独帰属か共有か）」について定めた条文で，具体的内容としては「単独発明に基づく特許権等（本単独特許権等）は単独保有」（7条1項1号）「共同発明に基づく特許権等（本共有特許権等）は共有」（同2号）という内容となっています。

　一方，同契約9条には，本共有特許権等の利用条件について以下のような条項があります。

■ 京都大学共同研究標準契約書

第9条（共有特許権等の取扱い）

2　https://www.saci.kyoto-u.ac.jp/introduction/collaborative/
　なお巻末のリンク集（323頁）もご活用ください。

1　乙は，本共有特許権等の取扱いについて，その出願前に，甲に対する通知により次の各号のうちいずれか一つを選択する。なお，乙は，当該選択後，甲の同意を得た上で，他の選択へ変更することができる。甲は，正当な理由なく当該同意を留保しない。

　①　有償譲受：甲及び乙が合意をしたときは，乙又は乙が指定する第三者は，有償で甲の持分の全部を譲り受け，以後，乙の本単独特許権等として取り扱う。

　②　独占的実施：乙は，本共有特許権等を，甲乙が別途合意する対価にて，独占的に実施することができ，甲は第三者に実施許諾を行わない。

　③　非独占的実施：乙は，本共有特許権等を，無償にて非独占的に実施することができ，甲は，事前に乙の意見を聴取し斟酌した上で，乙の同意なく，第三者に対し，非独占的な実施の許諾を行うことができる。当該実施許諾の対価は，当該本共有特許権等の持分に応じて甲及び乙に配分される。

2　乙が，前項第2号の独占的実施又は前項第3号の非独占的実施を選択した場合，次の条件が適用される。

　①　甲及び乙は，本共有特許権等を共同で出願し，出願等の費用（特許庁，裁判所等の機関又は外部の弁理士等の外部専門家に対し支払われる，本特許権等の出願等に要する費用）は乙が負担する。

　②　乙は，甲の同意なく，第三者に対し，非独占的な実施の許諾を行うことができる。当該実施許諾の対価は，当該本共有特許権等の持分に応じて甲及び乙に配分される。なお，乙は，甲の同意を得た場合，金銭以外の対価であっても当該許諾をすることができる。

　③　乙の子会社による実施，及び乙又は乙の子会社の事業のための第三者による製造（乙又は乙の子会社が納入（部材購入による場合を含む。）を受ける範囲での製造に限る。）は，乙の実施として取り扱われる。

3　略

　一見，この条文は共有特許権の利用条件について規定しているように見えます。その意味で，分離型パターンではなく，後述する「一体型パターン」ではないかと思われるかもしれません。

　確かに，9条1項において事業者側が共有特許権について，「有償譲受」「独占的実施」「非独占的実施」のいずれかを選択できると定めているという点においては，共有特許権の利用条件について一部規定はしているのですが，事業者側（特にDTSU）にとって重要な選択肢である「有償譲受」「独占的実施」の具体的条件については結局「別途合意」することが必要となっています。

　したがって，共同研究契約の締結とは別に，当該「合意」（契約）が成立しな

ければ,「有償譲受」も「独占的実施」もできないことになり,やはりこの契約書は分離型ということになります。

大学の共同研究契約雛形は,筆者の知る限り,すべての雛形が分離型となっています。

2-4 一体型パターン

共同研究フェーズ・ライセンスフェーズにおける,「フェーズ」と「契約」の組み合わせのうち最も多いのは先ほど紹介した分離型パターンですが,最近は,異なる組み合わせも,少しずつではありますが増えています。

それは「共同研究契約において,①共同研究自体の条件,②成果がどのように帰属するか（単独帰属か共有か）,および,③共有知財についての双方の利用条件をすべて合意してしまう」というものです（以下これを「分離型パターン」と対比する意味で**「一体型パターン」**と呼ぶことにします）。

図表5-8 一体型パターン

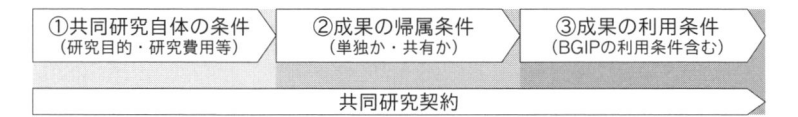

分離型パターンと比較すると,共同研究契約締結の時点で,「成果の帰属」だけではなく,「成果の利用条件（バックグラウンドIPの利用条件も含む）」も合意・確定しているという点が特徴です。

この「成果の利用条件」とは,具体的には独占・非独占やサブライセンス可否,ライセンスフィーの内容を指します。

これらの「成果の利用条件」は,分離型パターンだと,共同研究契約ではなく,その後に締結されるライセンス契約で合意しますが,これを前倒しして共同研究契約締結の時点ですべて合意・確定してしまおうという発想が一体型パターンです。

この一体型パターンを採用しているのが,経産省・特許庁が公開している「オープンイノベーション促進のためのモデル契約書」（以下「OIモデル契約書」という）の「OIモデル契約書ver2.1（大学編：大学・大学発ベンチャー）（2023年5月改訂）」の共同研究開発契約書[3]です。

3　https://www.jpo.go.jp/support/general/open-innovation-portal/index.html
　「OIモデル契約書」については,巻末のリンク集（323頁）をご活用ください。

同契約書の 7 条は以下のような内容になっています（甲がスタートアップ，乙が大学です）。

■ **OIモデル契約書ver2.1（大学編：大学・大学発ベンチャー）共同研究開発契約書**

（知的財産権等の帰属および成果物の利用）

第 7 条 本単独発明にかかる知的財産権は，その発明等をなした当事者に帰属するものとする。甲は乙に対し，甲の単独発明の実施をすることを，また，乙は甲に対し，乙の単独発明を実施することをそれぞれ許諾する。許諾の条件は別途協議の上定める。

2　本発明（筆者注：共同発明のこと）にかかる知的財産権は，甲乙の共有とする。共有持分の割合は，本発明の創出にあたっての寄与度に応じて決定するものとする。ただし，甲は，乙に対し，甲の新株予約権●個を対価として，乙の共有持分の全部を買い取ることができるものとする。

3　略

4　本契約の有効期間中，乙は，本発明にかかる特許権の権利存続期間満了までの間，本発明を自ら実施せず，また，甲以外の第三者に対し，本発明の実施許諾を行わないものとする。ただし，甲が正当な理由なく●年間本発明を実施しなかった場合にはこの限りではない。

5　本契約の有効期間中，甲は，乙の事前の承諾を得ることなく，第三者へ本発明の実施許諾を行うことができるものとする。

6　前項の場合，甲は，乙に対し，当該第三者への許諾により得られたライセンス料の●％（以下「乙ライセンス報酬」という。）を支払うものとする。ただし，本条 2 項ただし書に基づき，甲が乙の共有持分を買い取った場合には，同支払義務は発生しないものとする。

7　以下略

このうち，7 条 1 項・2 項が知的財産権の帰属についての条項になっています（具体的内容は，先ほどの京都大学の雛形と同様，「単独発明に関する知財は単独帰属」「共同発明に関する知財は共有」というものです）。ここまでは分離型パターンとその内容を含め同一です。

一方，7 条 4 項，5 項，6 項は，共有知財の利用条件について具体的に定めています。

すなわち，まず 7 条 4 項において，DTSUが共有知財を独占的に実施できる（大学は自己実施しないし，DTSU以外の第三者にライセンスもしない）ことが明記されています。この点についての対価の定めがないことから，いわゆる不実施補償

は発生しません。

次に7条5項ではDTSUに第三者に対するサブライセンス権があることが定められ、同6項では同サブライセンスにより生じたライセンス料の支払義務が定められています。

先ほど紹介した京大の雛形（分離型パターン）では、DTSUが共有知財を独占的に実施するためには「別途対価について合意」する必要がありましたが、このモデル契約では別途合意することなく、DTSUによる独占的な実施権が認められており、一体型パターンであると評価できます。

2-4-1 一体型パターンのメリット

一体型パターンの最大のメリットは、**研究成果を利用しようとする側（大学とDTSUの共同研究契約であればDTSU側）にとって、共同研究契約締結時点で共同成果の利用条件が合意済みであり、共同成果が生まれた時点でスムーズにその利用開始ができる**、という点です。

共同研究の結果、非常に価値が高い共同成果が生まれたとしましょう。

この場合、当然のことながらDTSU側は、当該成果を独占的かつ合理的なライセンスフィーで、できるだけ早く利用開始したいわけですが、分離型パターンだと、共同成果やバックグラウンドIPの利用条件について改めて共同研究先と交渉・合意する必要がありますので時間がかかりますし、場合によっては合意できない（合意できなければ共同成果を利用することは当然できません）というリスクもあります。

一方、一体型パターンの場合は、共同成果が発生した時点において、すでに利用条件についての合意が成立していますので、スムーズに利用を開始することができます。

この点が一体型パターンの最大のメリットです。

また、一体型パターンのもう1つのメリットとして、**共同知財の利用条件さえきちんと合意できれば、共同知財の帰属条件についての交渉の重要度・難易度が相対的に下がる**、という点があります。

大企業・DTSU間の共同研究契約交渉においては、知財の帰属に関する交渉が非常に難航しますし、知財の帰属については先ほどの京大の例のように「単独知財は単独保有、共同知財は共有」で合意するのが通常であり、その内容を変更することは容易ではありません。

分離型の場合、共同知財の利用条件を共同研究契約締結時点では合意しませんので、DTSUにとっては必然的に「優れた共同成果が生み出されたにも関わらず、

共同成果の利用条件の合意ができず当該共同成果を自社が独占的に利用できない可能性がある」というリスクを内包しています。そのリスクを完全に排除するためには，共同研究契約締結時点で，共同成果の帰属について「自社に単独帰属させる」という条項を必ず勝ち取らなければならないことになります。

一方，一体型の場合，共同研究契約で合意した利用条件で利用できることが保証されているため，「優れた共同成果が生み出されたにも関わらず，共同成果の利用条件の合意ができず当該共同成果を自社が独占的に利用できない可能性がある」というリスクがなく，知財の帰属にそこまでこだわらなくてもよいことになります（もちろん，自社単独帰属とできればベストですが）。

2-4-2 一体型パターンのデメリット

もちろん，一体型にはデメリットもあります。

まず協議・合意すべき事項が増えますので，単純に共同研究契約の交渉に時間がかかります。

また，一体型は，「まだどのような成果が生まれるかが判らない段階」でライセンス契約を締結することを意味しているので，たとえば，高すぎるライセンスフィーを設定してしまった場合に事業展開における利益率が低くなるなどのリスクもあります。

その意味で，一体型を採用する場合には，研究・開発フェーズ後の事業展開フェーズから逆算し，当該事業展開に必要な知財の帰属・利用条件を共同研究契約において定めることが重要となります。もっとも，最終的には経済的合理性がなければ共同成果を利用しないという選択肢はある（利用義務があるわけではない）ので，致命的なリスクではないと思われます。

2-5 まとめ

「フェーズと契約の関係」を簡単にまとめると，以下のとおりとなります。

- 「フェーズ」と「契約書のタイトル」は必ずしも一致していない。
- 今，締結しようとしている契約がどこをスコープにしているのか（共同研究の条件・成果物の帰属・成果物の利用条件）を見極めること。契約書のタイトルに惑わされない。
- 契約締結交渉に時間はかかるが，早い段階（共同研究契約締結の段階）で，成果物の帰属および利用条件についても合意する一体型パターンのほうが，結局，後の事業展開が楽になることが多い。もっとも，その場合，事業展開から逆算し，当該事

業展開に必要な知財の帰属・利用条件を共同研究契約において定めることが重要となる。

3　DTSUのアライアンスの3つのパターン

　以上，DTSUが各フェーズで締結する契約の概要について説明をしてきましたが，DTSUは誰とどのようにアライアンスを組んで共同研究やライセンスビジネスを行っていくのでしょうか。

　実は，DTSUのアライアンスは以下の3つのいずれか（あるいはその組み合わせ）がほとんどではないかと思われます。

3-1　パターン1：DTSUと大企業の1対1契約

図表5-9　パターン1

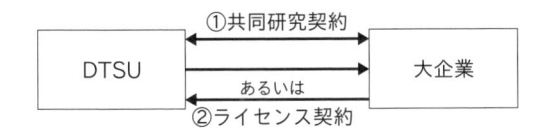

①　DTSUが大企業との間で1対1の共同研究を行う
②　共同研究の結果生じた新規知財（FGIP）およびBGIPについて，DTSU→大企業へのライセンス，あるいは大企業→DTSUへのライセンスを行う

　これは，大学が登場しないパターンであり，OIモデル契約の「OIモデル契約書ver2.1（新素材編）」の「共同研究開発契約書（新素材編）」はこのパターン1に関するものです。

3-2　パターン2：DTSUが大学とライセンス契約，大企業と共同研究・ライセンス契約を結ぶ

図表5-10　パターン2

① 大学の既存知財についてDTSUがライセンスを受ける。

② 当該既存知財権を用いてDTSUが大企業との間で共同研究を行う。

③ 共同研究の結果生じた新規知財について，DTSU→大企業へのライセンス，あるいは大企業→DTSUへのライセンスを行う。

②③部分はパターン1そのものですので，パターン2は，パターン1に入る前に大学との間で①のライセンス契約を締結する点が特徴です。

OIモデル契約の「OIモデル契約書ver2.1（大学編：大学・大学発ベンチャー）」「ライセンス契約」は，①のライセンス部分の契約です。

①のライセンス契約，すなわち**「DTSUと大学との間のライセンス契約」は，その後のDTSUの成長を基礎付ける，極めて重要な意味を持つ契約です。**

この契約がDTSUにとって不利な内容となっている（たとえば独占性が確保できていない，サブライセンス権が設定されていない，契約期間が短い等）と，その後のDTSUの成長スピードやVCからの投資の受けやすさ，IPOやM＆AなどのEXIT条件に致命的な悪影響を及ぼすことになります。

その意味で，DTSUは特に「DTSUと大学との間のライセンス契約」を締結するにあたっては，弁護士などの専門家のサポートも受けながら，時間をかけてじっくりと大学と交渉をしなければなりません。

ただ，実際には「DTSUと大学との間のライセンス契約」は，DTSUの立ち上げ間もない時期に締結されることが多く，その時点では，まだDTSU側に十分な知見・経験や交渉力がないことが多いため，DTSUにとって不利な内容になっていることも多いのが実情です。

3-3 パターン3：DTSUが企業・大学それぞれと共同研究・ライセンス契約を結ぶ

図表5-11 パターン3

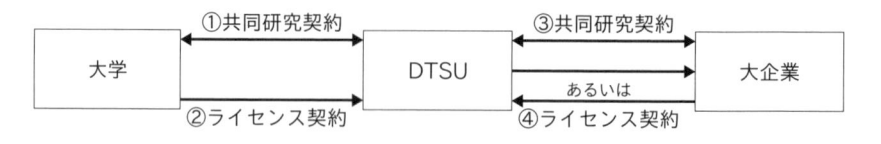

① DTSUが大学との間で共同研究を行う。

② その結果生じた新規知財およびもともと大学が保有していたBGIPについてDTSUが大学からライセンスを受ける。

③　当該新規知財・既存知財を用いてDTSUが大企業との間で共同研究を行う。

④　共同研究の結果生じた新規知財について，DTSU→大企業へのライセンス，ある
いは大企業→DTSUへのライセンスを行う。

　パターン2と異なるのは①②の部分だけであり，大学の既存知財のライセンス
ではなく，大学と共同研究を行うことで発生した新規知財のライセンスを受ける
点です。

第 **6** 章

情報交換フェーズ

情報交換フェーズ	技術検証フェーズ	共同研究フェーズ	ライセンスフェーズ
相互に秘密保持義務を負担しつつ必要な情報(有体物を含む)を開示し合い,共同研究あるいはライセンスの相手方としてふさわしいかを見極めるフェーズ	共同研究が成功する可能性があるか,相手が共同研究先としてふさわしい技術力を持っているかを検証するためのフェーズ	双方が研究開発に関するリソースを持ち寄って共同して研究開発を行うフェーズ	共同研究の結果生まれた新規知財(および当事者双方の既存知財)についての利用条件を合意するフェーズ

・NDA
(Non-Disclosure
Agreement)
・MTA
(Material Transfer
Agreement)

　情報交換フェーズで締結される契約はNDA(Non-disclosure Agreement, 秘密保持契約)およびMTA(Material Transfer Agreement, 成果有体物提供契約)です。

　NDAとMTAを比較するとNDAのほうが締結される機会が圧倒的に多いので,本章ではNDAを中心に解説をします。

1　NDAの重要性

　NDAとは読んで字のごとく,ある当事者(提供者)が秘密情報を他方当事者(受領者)に提供する際,当該秘密情報に関する権利義務を定めるために用いるものです。

NDAは一般的にそれほど長大・複雑な契約ではありませんし，おそらく本書の読者の中で，NDAを見たことがないという人はいないと思います。

しかし，NDAは簡単なようで実は奥が深いのです。

ここでは，NDAとはそもそもどのような内容なのか，NDAが力を発揮する場面，問題となる条項，問題事例の順番に解説していきます。

Column　早めの見切りも重要

NDAは当事者間で最初に結ぶ契約であることが多いので，NDAの契約締結交渉を通じて，相手がどんな会社なのか，今後次のフェーズに移行した場合の契約締結交渉がどのようなものになるかをイメージできることが多いです。

たとえば「大企業がNDAの自社雛形を送付してきたが，NDAには不必要・過剰な事項が多数含まれている」「VBが修正を求めても応じない」「そもそも検討に時間がかかる」「自社雛形をPDFで送ってくる」などの対応をとられた場合，その後の契約交渉にかなりの時間がかかることを覚悟したほうがよいでしょう。

DTSU（特に外部から投資を受けているDTSU）にとって「時間」は極めて貴重な資源です。

大企業との交渉の初期段階から，事業全体のステップ（例：NDA→PoC契約→共同研究契約→ライセンス）の提案を行い，大まかな方向性やスケジュール感についてある程度の合意をとってから本格検討に進むことをおすすめします。

NDAの交渉段階で大きな違和感を感じたら，早めに見切りを付けて余計な時間を使わないことも重要です。

2　NDAの内容

NDAの最低限の構成要素は，以下の3つです。

① 「秘密情報」の受領者は，当該「秘密情報」を，
② 第三者に開示してはならない，かつ
③ 特定の利用目的以外に利用してはならない

このうち，①②，つまり「①「秘密情報」の受領者は，当該「秘密情報」を，②第三者に開示してはならない」（第三者開示の禁止）はよく知られていると思い

ます。

　一方，①③，「①「秘密情報」の受領者は，当該「秘密情報」を，③特定の利用目的以外に利用してはならない」（目的外利用の禁止）は，実はあまり知られていないのではないでしょうか。

図表6-1　NDAとは

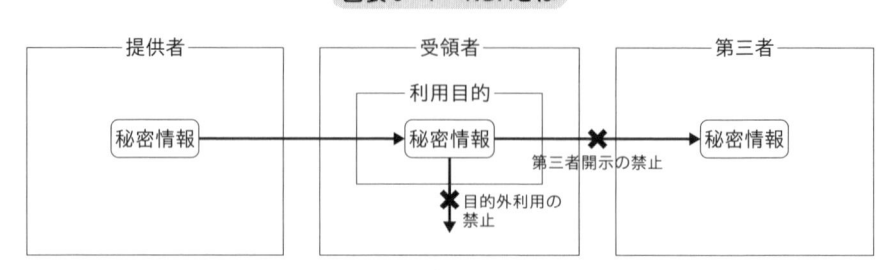

　この「目的外利用の禁止」は，秘密情報を「外部」に漏洩することを禁止するのではなく，受領者「内部」において，秘密情報を特定の目的以外に利用することを禁止するものです。

　この「目的外利用の禁止」の条項がない，あるいは内容が甘いと，提供した秘密情報を受領者が自由に利用してよいということになってしまい，提供者にとって予測不可能な事態（受領者が秘密情報を利用して受領者のための研究開発を行うなど）が生じてしまいます。

　詳細は後述しますが，第三者提供禁止と目的外利用の禁止はNDAの二本柱と心得てください。

3　NDAが力を発揮する場面

　筆者は，NDAについて説明する際に「両当事者間の関係が切れてしまってからその真価を発揮する特殊な契約です」といつも説明をします。

　NDAが締結される典型的な場面は，それまで取引関係がなかった当事者間が，今後本格的な取引（PoC契約や共同研究契約）に入っていくかどうかを検討するために，秘密情報のやりとりをするという場面です。

　NDAを締結したうえで受領した秘密情報を受領者側が検討し，本格的な取引開始に値すると考えれば，次フェーズ契約（PoC契約や共同研究契約）を締結しますし，そう判断しなければNDAの締結および情報提供だけで取引は終了し，次

フェーズ契約は締結されません。

　そして，次フェーズ契約を締結する場合，通常は当該契約の中で，改めて秘密情報に関する条項を定めます。その際には従前のNDAの条項をそのまま引き継ぐこともありますし，改めてより詳細な条項にすることもありますが，いずれにしても，次フェーズ契約を締結できれば，秘密情報に関する当事者双方の合意は必ず存在することになります。

　一方，次フェーズ契約を締結できなかった場合には，当然のことながら，授受した秘密情報に関する当事者間の契約は当初締結したNDAしかありません。

図表6-2　NDAを締結している場合

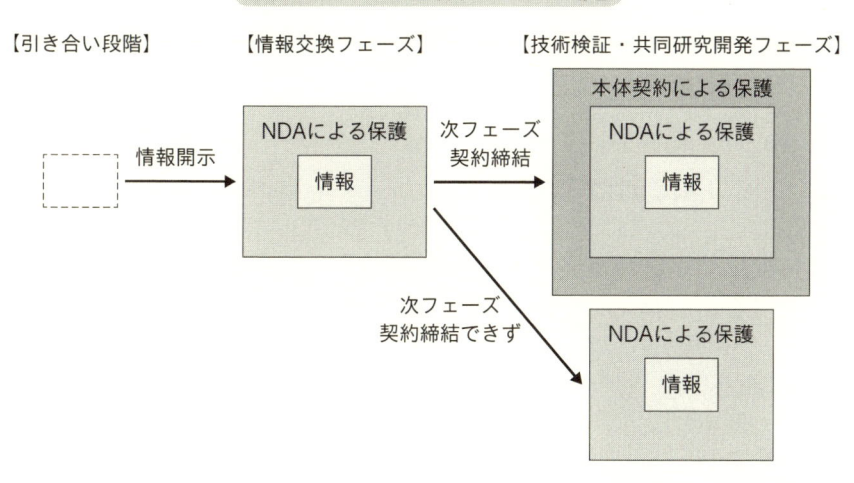

　そして，「次フェーズ契約を締結できなかった場合」とは通常，両当事者間の関係が切れてしまっていることが多いでしょうから，仮にNDAの内容が不十分だと，秘密情報が漏洩・他目的利用されるリスクがぐんと高まることになります。

　また，万が一（最近ではあまりありませんが），秘密保持契約を締結せずに情報提供をした場合にはもっと悲惨なことになります。

　情報提供フェーズの後に次フェーズ契約を締結できれば，なんとか当該次フェーズ契約で当初開示した秘密情報を守れますが，次フェーズ契約を締結できなかった場合，秘密情報は全く保護されない，いわば「裸」の状態のまま受領者の手元に残ります。

　この場合，当該秘密情報は，提供者が当該秘密情報について特許化等をしてない限り，原則として受領者が自由に利用できることになってしまいます。

　これが，NDAは「両当事者間の関係が切れてしまってからその真価を発揮す

る」という特殊な契約と筆者が考えるゆえんです。

図表6-3　NDAを締結していない場合

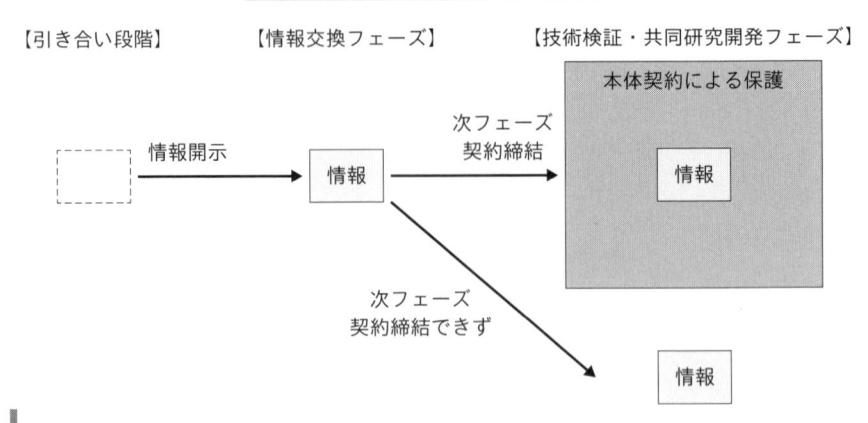

4　NDAにおける各条項

　以下では，「OIモデル契約書ver2.1（新素材編）」の「秘密保持契約書（新素材編）」の契約条項例を示しながら主要な条項の解説を行います。

　このモデル契約は，「新素材aを開発した大学発スタートアップX」が大会社である事業会社Yとの間で共同研究開発を行うことを目指しているという設定です。したがって，同モデル契約のNDAにおいては，専らスタートアップが秘密情報を開示することを前提に各条項が定められています。

　OIモデル契約書ver2.1については巻末のリンク集（323頁）を活用ください。

4-1　秘密情報の利用目的の特定

　先ほど説明したとおり，NDAの主要な機能は，秘密情報の受領者に「第三者提供の禁止」および「目的外利用の禁止」を義務づける点にあります。

　この「目的外利用の禁止」を定める際には，当然のことではありますが，秘密情報の利用「目的」をまず定義・限定する必要があります。

　モデル契約の前文では，この「目的」について以下のように定めています。

■　OIモデル契約書ver2.1（新素材編）秘密保持契約書

■前文

> X社（以下「甲」という。）とY社（以下「乙」という。）とは，甲が開発した放熱特性を有する新素材αを自動車用ヘッドライトカバーに用いた新製品の研究開発を甲乙共同で行うか否かを検討するに当たり（以下「本目的」という。），甲または乙が相手方に開示する秘密情報の取扱いについて，以下のとおりの秘密保持契約（以下「本契約」という。）を締結する。

つまり「本目的」とは「甲が開発した放熱特性を有する新素材αを自動車用ヘッドライトカバーに用いた新製品の研究開発を甲乙共同で行うか否かを検討する」目的ということになります。

NDAにおいてよくある問題条項は，この「本目的」の定義が広すぎたり漠然としていたりするケースです。たとえば以下のような定義の仕方です。

> ▼　問題事例1
> 「X社とY社は両者で取引を行うにあたり（以下「本目的」という）……」
> ▼　問題事例2
> 「Y社は，X社が開発した●●についての研究開発を行うか否かを検討するにあたり（「以下本目的」という）……」

実際には「取引を開始するか否かを検討する」フェーズにも関わらず問題事例1のように「取引を行うにあたり」を「本目的」としてしまうと，受領側が秘密情報を何の制限もなく内部的に自由に利用できてしまう可能性があります。

また，情報交換フェーズの後，当事者による共同研究開発が前提となっているのであれば，モデル契約のように「本目的」の中に「共同」「共同研究」等の文言を入れておく必要があります。問題事例2のように，そのような文言が入っていないと，受領者が単独研究を行うかを検討するために，秘密情報を用いることができることになってしまいかねません。

4-2　秘密情報の定義・範囲

NDAにおいては，「秘密情報」について当該情報の受領者に各種義務が課されますので，情報の受領者側にとっては「秘密情報」の範囲は狭いほうが有利ですし，情報の開示側にとっては「秘密情報」の範囲は広いほうが有利です。したがって，自社が受領側なのか開示側なのかによって「秘密情報」の範囲を使い分けたほうがよいということになります。

4-2-1　自社が開示側の場合

DTSUが大企業とアライアンスを組む場合は，自社の情報の「開示側」にたつ

場合が多いと思われます。

　その場合は，「モデル契約ver2.1（新素材編）」1条オプション1で紹介されている「無限定型」が適しています。

■　OIモデル契約書ver2.1（新素材編）秘密保持契約書

> **第1条**　本契約において「秘密情報」とは，本目的のために，書面，口頭，電磁的記録媒体その他開示の方法および媒体を問わず，一方当事者（以下「開示者」という。）が相手方（以下「受領者」という。）に対して開示した一切の情報，本契約の存在・内容，甲乙間の協議・交渉の存在・内容およびこれらを含む記録媒体ならびに，素材，機器その他の有体物（別紙●●に定めるものを含むが，これに限られるものではない。）をいう。

　この「無限定型」では，開示した一切の情報を「秘密情報」と定義していますので，後述する「秘密指定型」と異なり，開示側が万が一秘密指定を失念したとしても，当該情報を開示したことさえ立証できれば，当該情報が「秘密情報」に該当することになります。

　ただし，「無限定型」で合意したとしても，そもそも当該情報を開示したかどうかが問題となることがありますので，実務的には**口頭で開示した場合には，当該情報を開示したことを何らかの形で立証できるようにする**（例：口頭開示後に，当該口頭開示を含む議事録を作成・送付する等）**ことが重要**です。

4-2-2　自社が受領側の場合

　自社が情報を受領する側，および自社が情報を提供する側にも受領する側にも該当する場合は，「モデル契約書ver2.1（新素材編）」1条1項オプション3で紹介されている「要秘密指定型」が適しているでしょう。

■　OIモデル契約書ver2.1（新素材編）秘密保持契約書

> **第1条**　本契約において「秘密情報」とは，本目的のために，書面，口頭，電磁的記録媒体その他開示の方法および媒体を問わず，一方当事者（以下「開示者」という。）が相手方（以下「受領者」という。）に対して開示した情報および当該情報を含む記録媒体，ならびに，素材，機器その他の有体物のうち，書面または電磁的記録（以下「書面等」という。）により開示する場合には，当該書面等上に秘密である旨を明示し，口頭その他無形の方法により開示する場合には，開示の時から

> 14日以内に書面等により当該情報の概要，開示者，開示日時を特定した上で秘密である旨通知したものをいう。

　要するに，書面で開示する場合には秘密情報であることの明示（例：マル秘表示など），口頭で開示する場合には，開示後14日以内に秘密指定をしなければ秘密情報に該当しない，とするものです。

　「要秘密指定型」を採用する際の注意事項は以下の2点です。

(1)　秘密指定の失念

　書面開示の場合には，すべての資料について秘密指定をするようにしておけば漏れはないと思われますが，特に口頭開示情報については秘密指定を失念しがちなので注意が必要です。先方と交渉・打ち合わせがあった場合には，DTSUは議事録を2週間以内に送付し，内容が秘密情報に該当することを記載するよう習慣づけてください。これにより，「自社が秘密情報を開示したこと」および「相手から秘密情報の開示を受けていないこと」を立証することができます。実は，「相手から秘密情報の開示を受けていないこと」を立証できるようにしておくことも，後述する情報のコンタミネーション（混入）防止という観点から非常に重要です。

(2)　秘密情報に含めるべき情報

　もう1点は，秘密指定の有無に関わらず絶対に秘密情報に含めたい情報（例：細胞などの有体物）がある場合です。この場合には，それらの情報については秘密指定の対象から除外し，秘密指定の有無に関わらず秘密情報に該当する旨定めることもあります。

Column　コンタミネーション（混入）防止の重要性

　相手から秘密情報を受領する際，当該秘密情報と，自社がそれ以前から保有している自社既存情報へのコンタミネーション（混入）を防止することは非常に重要です。

　相手から秘密情報を受領した場合，自社既存情報の範囲を明確に立証可能な状態にしていないと，自社既存情報について自社で特許出願する際や，自社既存情報を別の第三者に提供する際に障害が生じます。

　そのため，NDAにおいて，「（秘密情報の受領者が）開示を受けたときに既に保

有していた情報」は秘密情報に該当しないと定めることが一般的です（モデル契約1条2項1号参照）。

　もっとも，問題は「（秘密情報の受領者が）開示を受けたときに既に保有していた情報」であることを証明する方法です。

　最も確実な方法は，秘密情報を受領する前に自社既存情報に基づいて特許出願を行っておくことです。もっとも，タイミングやコストの問題からすべての自社情報を特許出願することは現実的ではないし，情報の種類によっては必ずしも特許出願になじまないものもあるでしょう。

　そのため，「契約締結前に自社が保有していた情報のうち重要なものだけでも秘密保持契約において，別紙●●に列記するなどして明確に特定する（モデル契約（共同研究開発契約）2条2号参照）。」「特許出願になじまない自社既存情報については，タイムスタンプや公証制度等を利用する。」などの工夫が必要になります。

　なお，この「相手から受領した秘密情報と自社既存情報のコンタミネーション」という問題は情報交換フェーズに限らず，情報の授受が行われるあらゆるフェーズで問題となるため，注意が必要です。

4-3　有効期間

　先ほど，「秘密情報」の定義で，「情報の受領側か提供側かでスタンスが異なる」と説明しましたが，NDAの有効期間についても同じことが当てはまります。

　すなわち，情報の受領側にたつと，情報の管理コストの見地からNDAの有効期間は短いほうがよいということになりますが，提供側からすると，有効期間は長ければ長いほどよいのです。

　さらに，NDAにおいては有効期間満了後も，NDAのコアな義務（例：秘密保

図表6-4　秘密情報の範囲×秘密保持期間

【秘密情報を開示する側】　　　【秘密情報を受領する側】

秘密情報の範囲　←→　秘密保持期間

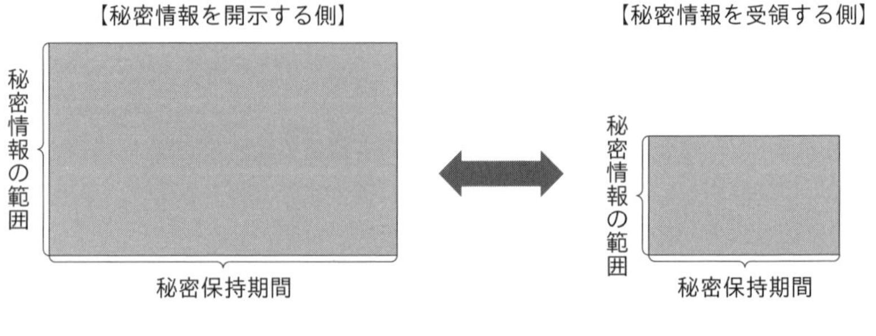

持義務等）については，さらに一定期間効力を持つとすることが多いのですが，その場合は「契約の有効期間＋コア義務の残存期間」で考える必要があります。

図表6-5　NDAの有効期間＋コア義務の残存期間

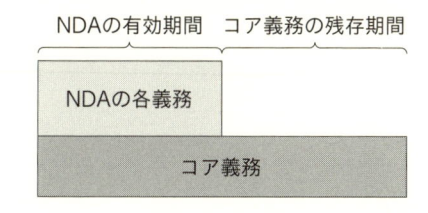

NDAの有効期間　コア義務の残存期間

NDAの各義務

コア義務

　筆者の個人的な感覚としては，情報の陳腐化の速度や情報受領側の管理コストの観点からすると，「契約の有効期間＋義務の残存期間」については1 ～ 3年程度，長くとも5年が相場ではないかと考えます。

　たとえば「OIモデル契約書ver2.1（新素材編）」10条では以下のように定めています。

■　OIモデル契約書ver2.1（新素材編）秘密保持契約書

第10条（期間）

　本契約の有効期間は，本契約の締結日より1年間とする。ただし，本契約の終了後においても，本契約の有効期間中に開示された秘密情報については，本契約の終了日から3年間，本契約の規定（本条本文を除く。）が有効に適用される。

4-4　知的財産権の帰属条項

　NDAに関する契約交渉で悩ましいのは知的財産権の帰属条項です。

　条項のバリエーションとしては「発明者主義（当該発明等を創出した当事者に知的財産権が帰属する）」「秘密情報をベースに発明された知的財産については当該秘密情報の提供者に帰属する」「専らDTSUのみが秘密情報の開示側の場合はDTSUに単独帰属」などがあります。

　しかし，筆者の場合，当方から提示するNDA案には知的財産権に関する条項は含めていませんし，NDAの締結交渉段階で相手から知的財産権に関する条項を入れるよう提示された場合でも，お断りしたほうがよいとアドバイスしています。

　これは以下の理由に基づくものです。

- 　一般的に，知的財産に関する条項についての交渉は長期化することが通常で，スピード感を持ってNDAを締結し情報交換をするという両当事者の目的にそぐわないことも多い。
- 　情報交換フェーズ以降の，技術検証（PoC）フェーズや，共同研究開発フェーズにおいては，知的財産が発生することが多いため，その点に関する契約交渉は必要だが，逆にNDAを締結しての情報交換のみのフェーズで新たな知的財産権が生じるケースは少ない。

　具体的な対応としては，①「双方ともに提供する情報のスコープを絞る＋NDAに知財条項を含めない」ですみやかに締結する，②事業会社から提供されたNDAの雛形に知財条項が含まれている場合には，「後に締結するPoC契約や共同研究開発契約において定めれば足りるのでNDAでは知財条項は設けないということでお願いしたい」と提案することが多いです。

　筆者の経験では，きちんと理由を示して交渉をした場合，NDAに知的財産権の条項を盛り込むことに強くこだわる事業会社はそれほどいないように感じています。

　OIモデル契約においても，上記のような観点からNDAにおける知的財産権の帰属条項は「その他の追加オプション条項」にとどめられています。

5　次のフェーズへの移行に関する条項

　以上1〜4まで述べてきたことは，一般的なNDAについてもほぼそのまま当てはまりますが，DTSUがPoC契約・共同研究契約・ライセンス契約締結の前提として締結するNDAの場合，特有の条項があります。

　それは**「次フェーズへの移行に関する条項」**です。

　DTSUとしてはNDAを締結して情報開示をした以上，次のフェーズに進むことへの期待を持ちつつ事業会社からの連絡を待つわけですが，結局その後事業会社からの音沙汰がないというケースもたくさんあります。これは時間こそが最も貴重な資源であるスタートアップにとっては致命的な事態となります。

　そのため，DTSUがPoC契約・共同研究契約・ライセンス契約締結の前提として締結するNDAにおいては「次フェーズへの移行に関する条項」を入れるべきです。

　そのような見地から，「OIモデル契約書ver2.1（新素材編）」7条では以下のよう

に定めています。

■ OIモデル契約書ver2.1（新素材編）秘密保持契約書

> **第7条（技術検証（PoC）契約または共同研究開発契約の締結）**
> 　甲および乙は，本契約締結後，技術検証PoCまたは研究開発段階への移行および技術検証（PoC契約または共同研究開発契約の締結に向けて最大限努力し，乙は，本契約締結日から2か月（以下「通知期限」という。））を目途に，甲に対して，技術検証（PoC契約または共同研究開発契約）を締結するか否かを通知する。ただし，正当な理由がある場合には，甲乙協議の上，通知期限を延長することができる。

6　NDAの限界

　これまでNDAについていろいろ解説をしてきました。

　ただ，元も子もない話をすると「**NDAは万能ではない**」ことを知るべきです。

　NDAを締結していたとしても，秘密情報を目的外利用されたり第三者に漏洩されたりすることは当然起こりえますし，そもそも内部告発でもない限り受領者側にNDA違反があることを知ることすらできません。また，NDA違反があることを知ったとしても，当該違反に起因する損害を立証することも困難です。

　したがって，NDAを締結したとしても，他社に知られ模倣された場合に致命的な影響がある情報は開示してはならないし，開示を要請されても断らなければなりません。

　つまり，情報の種類としては「①NDAなしでも開示できる情報」「②NDAを締結すれば開示できる情報」「③NDAを締結しても開示してはならない情報」の3種類があり，自社内で情報の区分をしておく必要があるということになります。

7　MTA（Material Transfer Agreement）

7-1　MTAとは

　NDA以外に，情報交換フェーズにおいて締結される契約としてMTA（Material Transfer Agreement）という契約があります。「有体物提供契約」「サンプル提供

契約」などとも呼ばれます。

　素材製造や医薬・バイオの領域では，NDAを締結して資料のレビューを行い，次のステップに進めそうだと判断すれば，有体物（素材や細胞等）を受領して技術評価を行い，さらなる次のステップに進むかどうかの検討を行うことがあります。その際に締結されるのがMTAです。

　MTAは，いわば「有体物版NDA」なので，NDAについて述べたことがほぼそのまま当てはまりますが，有体物を渡す・あるいは受領するということは，NDAと比較して，新たな知的財産の発生，情報漏洩，当該技術・サンプルに起因する事故の発生，第三者への拡散，当該技術のサンプルの商品としての可能性の低減・消滅など，単なる資料（情報）の授受とは全く異なるリスクがあるため，それに対応した条項が必要となります。

　MTAについても，NDA同様，有体物の提供者側か受領者側かで契約内容が異なるのですが，DTSUの場合，有体物を提供する側となることが多いと思われますので，有体物の提供側が利用するMTAについて，MTA特有の条項について説明します。

　なお，提供側のMTAに関するモデル契約としては，東京大学が公表している「成果有体物提供契約書[1]」（以下「東京大学MTAモデル契約」という）などがあります。

7-2　提供有体物の使用条件

　NDAにないMTA特有の条項の1つとして，提供有体物の「使用条件」があります。この「使用条件」は提供有体物の「使用目的」とは別に合意する必要があります。

　東京大学MTAモデル契約では，「使用条件」について契約書冒頭の「契約項目表」に記載する形式になっていますが，この「使用条件」を定めるにあたっては，まず提供先から有体物の評価方法・試験計画を提出してもらうことが一般的です。

　そのうえで，当該評価方法等を「評価方法・評価データが再現可能か」「提供者側と異なる観点での試験が受領者側で行われる場合に，ネガティブな結果が出たり知的財産権が発生するリスクはないか」という観点からチェックします。

　当該チェックの結果，問題ないと判断すれば，それらの評価方法・試験計画をMTAの別紙として添付し，「使用条件」の項目には「別紙評価方法・試験計画

1　http://www.ducr.u-tokyo.ac.jp/rules_and_forms/index.html#seika
　巻末のリンク集（323頁）もご活用ください。

のとおり」と記載します。

7-3　使用目的・使用条件外利用禁止

　東京大学MTAモデル契約では，使用目的・使用条件外利用禁止について，3条および8条で以下のように定めています。

■　**東京大学MTAモデル契約**

（使用目的・使用範囲）
第3条　乙は，項目表4.の使用目的，項目表5.の使用条件を超えた本成果物の使用を行ってはならない。

（改変）
第8条　乙による本成果物の改変については，項目表8.に従い，下記のとおりとする。

〈禁止〉の場合　　　：乙は，本成果物の改変を一切行ってはならない。

〈個別許諾〉の場合：乙は，本成果物の改変を行おうとする時は，事前に，甲の書面による承諾を得るものとする。

〈許諾〉の場合　　　：甲は，乙による本成果物の改変を，予め承諾するものとする。

　内容的には，NDAにおける目的外利用禁止条項と同じですが，MTAの場合，対象技術の導入検討目的ではなく，自社技術との比較，競合技術のプロファイル検討を通じて自社技術の参考にするなどの使用条件違反行為が行われるリスクがあります。

　そこで，そのような使用条件違反行為を防止するため，使用条件外利用禁止規定を定めるだけでなく，受領者側におけるサンプル評価結果の報告書・使用記録を提供者に提出する義務を課すこともあります。

7-4　知的財産権の取扱い

　NDAにおいては，知的財産権に関する条項を定める必要性に乏しいので，速やかな交渉という観点からは，同条項をできるだけ盛り込まないほうがベターであるということは先ほど説明しました。

　一方，同じ情報交換フェーズで締結される契約であるMTAについては，知的財産権に関する条項が盛り込まれるのが通常です。これは，単なる資料（情報）提供のみではなく，有体物の提供・評価に伴って新たな知的財産（権）が発生する可能性が高くなるためです。

MTAにおける知的財産権に関する条項例はさまざまですが，東京大学MTAモデル契約では9条でその点について以下のように定めています。

■　東京大学MTAモデル契約

（新成果創出の取扱）
第9条　乙は，本成果物に直接関連する新たな研究開発成果が生じたときは，直ちにその内容の詳細を甲に連絡するものとする。
2　前項の新たな研究開発成果にかかる知的財産権の帰属及び取扱いについては甲乙協議の上決定するものとする。
3　乙は，第1項の新たな研究開発成果を，営利を目的に利用しようとするときは，直ちにその内容の詳細を甲に連絡し，その利用に関する対価等の取扱いについて協議するものとする。
4　第1項及び第2項の規定は，本契約締結の日から項目表13.の期間，有効に存続するものとする。

7-5　試験結果の公表

また，受領者におけるサンプルの試験・分析結果について，提供者に無断で公表（論文出版等）が行われると，特許出願ができなくなったり，ネガティブな分析結果の場合に提供者の事業戦略に悪影響を及ぼしたりすることがあります。そのため，通常MTAにおいては，受領者がサンプルの試験・分析結果を公表する際にはその都度，提供者の事前承諾を要する旨の条項が設けられます。

東京大学MTAモデル契約では10条でその点について以下のように定めています。

■　東京大学MTAモデル契約

（本成果物を使用して得られた成果の公表）
第10条　乙による本成果物を使用して得られた成果の論文等の公表については，項目表9.に従い，下記のとおりとする。
〈個別協議〉の場合：乙は，本成果物を使用して得られた成果を論文等として公表するときは，事前に，甲と協議するものとする。
〈出所明示による許諾〉の場合：乙は，本成果物を使用して得られた成果を論文等として公表するときは，甲の担当者から提供を受けたものであることを明記するものとする。

〈許諾〉の場合：甲は，乙による本成果物を使用して得られた成果の論文等の公表を，予め承諾するものとする。

7-6　試験結果データの帰属・利用条件

　また，MTAにおいては，知的財産権の帰属とは別に，サンプル受領者における試験結果データの帰属や利用条件も重要なポイントです。

　それらのデータはサンプル受領者による分析・試験の結果生じるものではありますが，サンプル提供者にとっても大きな価値を持つものであることが多く，当該データをサンプル受領者がサンプル提供者に開示・提供する義務があるか，開示・提供されたデータをサンプル提供者がどの範囲で利用できるかについてもMTAにおいて合意することを強くおすすめします。

_第7_章

技術検証フェーズ

情報交換フェーズ	技術検証フェーズ	共同研究フェーズ	ライセンスフェーズ
相互に秘密保持義務を負担しつつ必要な情報（有体物を含む）を開示し合い，共同研究あるいはライセンスの相手方としてふさわしいかを見極めるフェーズ	共同研究が成功する可能性があるか，相手が共同研究先としてふさわしい技術力を持っているかを検証するためのフェーズ	双方が研究開発に関するリソースを持ち寄って共同して研究開発を行うフェーズ	共同研究の結果生まれた新規知財（および当事者双方の既存知財）についての利用条件を合意するフェーズ

- PoC契約
- フィージビリティ・スタディ契約

1 技術検証とは

　技術検証フェーズとは，NDAを締結して情報交換をした後，共同研究が成功する可能性があるか，相手が共同研究先としてふさわしい技術力を持っているかを検証するフェーズです。

　もちろん，情報交換フェーズと共同研究フェーズの間に，必ずこのフェーズがなければならないというわけではありませんが，特に技術力が未知数であるDTSUの場合，相手企業から，共同研究に入る前に技術検証を行うことを要請されることが多いように思います。

技術検証の具体例は，以下のとおりです[1]。

1　X社（樹脂に添加することで放熱性能を金属並みに引き上げることができる新素材 a を開発した大学発スタートアップ）は，秘密保持契約を締結後，Y社（自動車部品メーカー）に対し，新素材 a の技術情報（非公開の物性値，表面処理に関する情報）について，関連資料を開示するとともに説明を行った。

2　Y社は，X社に対し，新素材 a を用いたヘッドライトカバーの開発を進めたい意向はあるものの，今期の予算が限られていること，来期の開発予算獲得のために社内の説明資料が必要であることから，まずは技術検証（以下「PoC」という。）を行いたいと伝えた。

3　X社とY社は，協議の結果，以下のとおりPoCを進めることに合意した。

①　Y社は，X社に対し，ヘッドライトカバーの使用環境に関するデータを開示する。

②　X社は，外部の第三者を用いて，ヘッドライトカバーの材料であるポリカーボネート樹脂に新素材 a を添加して成形することにより試験片（サンプル）を作成し，試験片の性能および耐久性に関する簡易検査（ヘッドライトカバーの使用環境を模した環境での性能および耐久性試験）を行い，当該検査結果を契約締結から 3 週間以内に報告書にまとめる。なお，X社は，Y社に対して，新素材 a を開示（サンプルを提供）しない。

③　Y社は，X社に対し，上記作業の対価として●万円を支払う。

④　Y社は，上記報告書の受領後，2 ヶ月以内にX社との共同研究開発に移行するかを決定する。

技術検証フェーズで締結される契約はPoC（Proof of Concept）契約やフィージビリティ・スタディ（Feasibility Study）契約ですが，両者の内容はほぼ同一ですので，本書ではPoC契約を対象に解説します。

2　PoC契約でよく問題となるポイント

DTSUを含むスタートアップと，事業会社とで行われる技術検証においてトラブルとなる典型的な事例は，以下のようなものです。これらは，2022年 3 月31日に公正取引委員会・経済産業省の連名で公表された『スタートアップとの事業連

携及びスタートアップへの出資に関する指針』[2]12頁において紹介されている事例の一部ですが，筆者の経験上，同じような事例は多数あります。

> （事例9）
> 　I社は，連携事業者と試験的なAIシステムを開発するPoC契約を結んだ際に，連携事業者から「I社の製品を検証するためには，試験後の正式なシステムで動作確認を行う必要がある」と言われ，正式なシステムの開発作業を無償でさせられた。
> （事例10）
> 　J社は，AIシステムを開発するPoCを行った際に，連携事業者の要望どおりに作業を行ったにもかかわらず，PoCの実施後に，連携事業者から追加の作業を無償で求められ，PoCの結果次第で，連携事業者との今後の共同研究契約や取引につながる可能性があったため，行わざるを得なかった。
> （事例11）
> 　K社は，連携事業者から，問題点が明らかにされないまま，実施したPoCについて繰り返し修正を求められ，結局，相当なコストをかけたにもかかわらず，そのコストの5分の1程度の報酬しか支払われなかった。

　いずれも，場合によってはDTSUにとって，資金の枯渇等致命的な事態につながりかねませんが，このような問題が生じる原因は以下の3点に整理できます。

> ①　PoCの「内容」が不明確
> 　PoCのスコープが「スタートアップが持っている技術の検証」であるにも関わらず，具体的な成果物の開発・納品まで求められる。
> ②　PoCに「結果保証」を求められる
> 　特定の精度・結果が出るまで延々PoCを行うように要請される。
> ②　PoCの「終了要件」が不明確
> 　PoCは，将来的な共同研究開発契約の締結を目指した技術検証であるにもかかわらず，PoCの終了要件が不明確であるため，無償ないし低い金額での検証を延々実施させられ，共同研究開発に長期間移行できない。

　そのため，DTSUがPoC契約締結交渉を行う際には，上記3点に特に留意しながら交渉を行う必要があります。

　特に，DTSUが相手方から提案されるPoC契約書案は，一般的な業務委託契約書や請負契約書であることが多いため，上記3点を考慮した内容になっていない

2　公正取引委員会・経済産業省『スタートアップとの事業連携及びスタートアップへの出資に関する指針』（2022年3月31日）
　https://www.meti.go.jp/press/2021/03/20220331010/20220331010-1.pdf

ことがほとんどであり，そのまま締結しないよう注意が必要です。

3 PoCの内容の明確化

3-1 条項の内容

　DTSUと事業者の間で行われるPoCの目的は，通常「共同研究への移行可否についての判断を行うこと」ですから，PoCの内容は「何かの成果物を開発すること」ではなく「DTSUが有する技術の開発可能性を検証すること」です。その点については，契約書上明らかにしておく必要があります。

　そのような観点の下，「OIモデル契約書ver2.1（新素材編）」PoC契約書では前文および1条において，以下のとおり定めています（ここでは，甲がスタートアップ，乙が事業会社です）。

■ OIモデル契約書ver2.1（新素材編）PoC契約書

（前文）

　X社（以下「甲」という。）とY社（以下「乙」という。）は，甲乙による開発対象となるヘッドライトカバーに対して，甲の開発した放熱特性を有する新素材 a を導入・適用することの可否についての技術検証に関して，本契約を締結する。

第1条（目的）

　本契約は，以下に定める対象技術を対象製品に対して導入・適用するための共同研究開発を甲乙が行うことの可否を判断するために行う技術検証（以下「本検証」という。）における，甲と乙の権利・義務関係を定めることを目的とするものである。

　　対象技術：甲が開発した放熱特性を有する新素材 a

　　対象製品：自動車用ヘッドライトカバー

第2条（定義）

　本契約において使用される次に掲げる用語は，各々次に定義する意味を有する。

　① 本検証

　　第1条に定める甲の技術の導入・適用に関する検証をいい，具体的な内容は別紙●●に定める。

　② 本報告書

甲が乙に提供する，本検証に関する報告書をいい，具体的な内容は別紙●●に
定める。
　③　略

■　（別紙●●）
本検証（第2条1項）

　本検証のプロセスは概ね以下のとおりとする。なお，本別紙と本モデル契約本文
が矛盾抵触する場合，本別紙が優先する。

1　乙は，甲に対して，本検証の対象となる製品（ヘッドライトカバー）に関する図
　面，仕様に関する情報，本検証において期待される放熱性能を含めた目標スペッ
　ク，その他本検証を甲が進めるにあたり必要となる情報を提供する。

2　甲は，乙から提供された情報を基に，本検証にかかる詳細計画を提示する。詳
　細計画は以下を含む。
　・新素材 α を添加したヘッドライトカバーの材料を成形して製造される試験片の
　　形状・寸法などの詳細
　・試験片に対して行われる試験項目（放熱特性の他，機械的強度や疲労特性などを含
　　む。）
　・その他，乙により特に要望された事項が存する場合，当該事項

3　甲は，詳細計画に沿って本検証を行い，乙に対して本報告書を納品する。乙は
　本報告書を速やかに確認し，その後，以下の事項を含む通知を相当な期間内に行
　う。
　(a)　共同研究開発を締結するか否かの結論
　　　（評価結果が当初想定されたレベルの場合，原則として共同研究開発フェーズへと移
　　行する。）
　(b)　共同研究開発に移行しない場合はその理由
　　　（改善すべき特性の指摘など，具体的な事柄を明記すること。）
　(c)　放熱特性を含む以下の項目に関する生データを含めた乙の評価結果
　　　……

　ポイントは，①「成果物の開発」ではなく「技術検証」であることを明確化し
ていることと，②当該技術検証の具体的な内容について別紙において明記してい

る点です。

この点が不明確だと，先ほどの問題事例のようなことが容易に起きます。

3-2　何らかの開発結果の提供を要請された場合の対応

先ほど説明したとおり，PoC契約の目的は通常「技術検証」を行うことであり「成果物の開発」ではありません。もっとも，検証を実行するためにDTSU内部で何らかの開発行為（例：新素材 a のヘッドライトカバー材料への添加，学習済みモデルのプロトタイプの開発等）が行われることがあります。

その場合，当該開発結果（試験片や学習済みモデル）について「検証結果の確認のために引き渡して欲しい」という要請が大企業からDTSUに対して行われることが多いのも実情です。

その場合，どのように対応すべきでしょうか。

基本的には，当該開発結果の引渡によるリスク（大企業から第三者への漏洩，他目的利用，大企業と別会社との共同研究等に利用される）を考えると提供すべきではありません。

また，理屈としても，当該開発行為はあくまで検証（新素材 a のヘッドライトカバー材料への添加した試験片の性能の評価や，データ処理方法・学習方法として何が適しているかの評価等）を行うためのDTSUにおける内部的な準備行為であり，PoC契約の直接の対象ではありません。

したがって，基本的には開発結果の提供を求められても断るべきなのですが，力関係から，どうしても開発結果を提供せざるを得ない場合もあると思います。

その場合は，PoC契約において（すでにPoC契約を締結済みの場合には，別途覚書などにおいて）以下の点を明確に定めるようにしてください。

- ・　当該開発結果の大企業における利用目的を「検証結果の確認のため」と限定する。
- ・　一定期間内に共同研究フェーズに移行しない場合，およびDTSUが要請した場合には当該開発結果の廃棄義務および廃棄証明義務を大企業に課す。
- ・　開発結果を用いて大企業が開発した知的財産に関する知的財産権はDTSUに帰属する（悪くとも共有）。
- ・　当該開発結果の利用についてDTSUは一切保証せず，当該利用より生じた損害については一切責任を負わない。

最悪なのは，PoC契約や覚書等で，開発結果の提供に関する上記のような条項を定めず，大企業に要請されるまま，事実上の扱いとして開発結果を提供してしまうことです。

その場合，当該開発結果の扱い（利用目的や利用期間，知財の帰属等）が明確になっておらず，場合によっては自由に開発結果を大企業が利用できることになってしまいます。

筆者が，DTSUを共同研究契約締結の交渉段階からサポートする場合，実はそれに先立つPoCの段階で，事実上開発結果を提供してしまっているケースが結構な頻度であります。

その場合，上記のような情報漏洩等のリスクに加えて，大企業が共同研究開発に移行するインセンティブをそれほど持っていないこともあり（提供された開発結果を用いて単独開発，あるいは他者との共同開発ができるため）苦労します。

4 精度・結果の非保証

PoCを行う目的は，あくまで技術検証ですから，そもそも何らかの結果を保証するものではありません。

仮に，ある条件の下で技術検証を行った結果，想定していた精度や結果を達成できなかった場合であっても，その「当該条件の下では目標精度等を達成できなかった」こと自体が重要な検証結果となります。

したがって，そもそも，精度・結果を保証すること自体が技術検証の目的から外れているといえるのですが，その点を契約書に明記しておかないと，先述（220頁）の（事例10）や（事例11）のように「事業会社の要請により，想定した精度・結果が出るまで繰り返し検証を行う」ことを求められかねません。

そのため，OIモデル契約書ver2.1（新素材編）PoC契約では，5条2項において，以下のように精度・結果の非保証を明確に定めています。

■ OIモデル契約書ver2.1（新素材編）PoC契約書

> **（甲の義務）**
> **第5条** 甲は，善良なる管理者の注意をもって本検証を遂行する義務を負う。
> ただし，前条の委託料の支払を受けるまでは，甲は本検証に着手する義務およびこれによる責めを負わない。
> 2 甲は，本検証に基づく何らかの成果の達成や特定の結果等を保証するものではない。

5 PoCの終了要件の明確化

また，PoC契約においてPoCの終了要件を明確化しておくことも，先ほど説明した「精度・結果の非保証」と同じように重要です。

OIモデル契約書ver2.1（新素材編）PoC契約3条では以下のとおり定めています。

■ OIモデル契約書ver2.1（新素材編）PoC契約書

> **（本検証）**
> **第3条** 乙は，甲に対し，本検証の実施を依頼し，甲はこれを引き受ける。
> 2　甲は，本契約締結後3週間以内に，乙に本報告書を提供する。
> 3　本報告書提供後，乙が甲に対して本報告書を確認した旨を通知した時または乙が甲に対してから書面で具体的な理由を明示した上で異議を述べることなく1週間が経過した時に，乙による本報告書の確認が完了する。本報告書の確認の完了をもって，甲による本検証にかかる義務の履行は完了する。
> 4　乙は，甲に対し，本報告書提出後1週間以内に前項の異議を述べた場合に限り，本報告書の修正を求めることができる。
> 5　前項に基づき，乙が本報告書の修正を請求した場合，甲は，速やかに本報告書を修正して再提出し，乙は，再提出された本報告書につき再度確認を行う。再度の確認については，本条第3項および第4項を準用する。

ポイントは，3条3項において「本報告書の確認の完了をもって，甲による本検証にかかる義務の履行は完了する。」とPoCの終了要件を明確化している点です。

このような条項がないと，最初の委託料支払いのみで，DTSUが延々PoCをせざるを得ないという事態が生じかねません。

6 知的財産権の帰属

また，PoC契約締結交渉において問題となることが多い論点として，「知的財産権の帰属」の論点がありますが，この論点については契約書内で明確に規定しておくことが必要です。

問題となる知的財産権は，①成果物である報告書に関する知的財産権と，②検

証の遂行過程で生じた知的財産権の2つです。

このうち「①成果物である報告書に関する知的財産権」は，具体的には，著作物である報告書に関する著作権を意味しており，報告書の内容（技術的なアイデア）に関する特許を受ける権利を意味しているわけではありません。

一方「②検証の遂行過程で生じた知的財産権」は，発明，考案等技術的なアイデアに関する知的財産権を意味し，その帰属に関しては，①よりシビアな交渉となります。

この論点に関する基本的な考え方は，知的財産権の帰属に関する原則である発明者主義（特許法29条1項等）をベースにすべきでしょう。

したがって，検証作業を当事者のどちらかのみが行った場合には，当該当事者に知的財産権が単独帰属し，検証作業を当事者双方が協力して[3]行った場合には，知的財産権は共有となるというのが原則と考えます。

そのような観点から，OIモデル契約書（新素材編）PoC契約においては，検証作業をもっぱらDTSUが行っていることから，①②いずれの知的財産権もDTSUに単独帰属することとしています。

■ OIモデル契約書ver2.1（新素材編）PoC契約書

> **（本報告書等の知的財産権）**
> **第9条** 本報告書および本検証の遂行に伴い生じた知的財産権は，乙または第三者が従前から保有しているものを除き，甲に帰属する。
> **2** 甲は，乙に対し，乙が本検証の遂行のために必要な範囲に限って，乙自身が本報告書を使用，複製および改変することを許諾するものとし，著作者人格権を行使しない。

なお，PoC契約において，「②検証の遂行過程で生じた知的財産権」について共有とする場合には第8章1-4「知的財産権の帰属を「共有」とすることのリスク」に記載したように大きなリスクがありますので，最大限注意してください。

 Column　検証作業の対価支払いと知的財産権の帰属

　PoC契約に限りませんが，事業会社が何かの業務をDTSU等に委託する準委任型の契約の場合，当該業務委託の成果物に関する知的財産権や，業務遂行の過程

で生じた知的財産権について，当然のように「委託料を支払っている以上，それらの知的財産権はすべて事業会社に帰属する，あるいは最大限譲歩しても共有である」という要請をしてくる事業会社が一定程度存在します。

もちろん，業務委託系の契約において，知的財産権の帰属をどのように合意するかは契約交渉次第ですが，そもそも，機械的に「お金を支払ったから成果を総取りする」ということになるわけではありません。

PoC契約を含む準委任型の業務委託契約における対価は，あくまで委託した業務の遂行に対する対価であって，業務遂行の成果や過程に関して生じた知的財産権の譲渡対価を当然に含むものではないからです。

また，特にPoCに限って言えば，PoC段階で最も重要なのは，技術検証の結果，共同研究開発の実現が可能なのか，あるいは条件付きで可能かなのかの判断そのものであり，その判断は報告書内に記載されているはずです。PoCによって生じた知的財産権を事業会社が取得しないと，当該判断ができないというものでもありません。

そのため，DTSUとしては「委託料を支払っている以上，それらの知的財産権はすべて事業会社に帰属する，あるいは最大限譲歩しても共有である」と言われても，そんなものなのかと機械的に応じるべきではありません。

PoCなどの委託業務を遂行した結果，あるいは遂行する過程においてどのような知的財産（権）が発生する可能性があるかを見極め，それが自社の知財戦略の中でどのような意味を持つかを事前によく検討する必要があります。

その検討の結果，知的財産権の帰属について譲歩可能であれば譲歩することもあるでしょうし，どうしても譲れないということであればPoCを含めた当該事業会社との協業自体を断念するという判断もあり得るかもしれません。

ここまで述べてきたことから判るように，契約交渉，特に知的財産権の帰属や利用条件を巡る交渉は時に激烈なものとなりますが，契約交渉とは，単なる「契約文言の調整作業」ではありません。契約交渉に先立ち，本書で詳細に述べているような観点から，DTSUの中できちんと知財戦略を検討・立案し，それに沿った契約交渉を行うことこそが最も重要なポイントとなります。

7　次のフェーズへの移行に関する条項

また，事業会社からDTSUが依頼されて行うPoCは，あくまで共同研究に移行するかどうかを判断するためのものですから，NDAと同様，「次フェーズ（共同研究開発フェーズ）への移行に関する条項」を入れるべきでしょう。

そこで，OIモデル契約書ver2.1（新素材編）PoC契約 6 条では以下のように定めています。

■　**OIモデル契約書ver2.1（新素材編）PoC契約書**

> **第 6 条（共同研究開発契約の締結）**
> 　甲および乙は，本検証から共同研究開発段階への移行および共同研究開発契約の締結に向けて最大限努力し，乙は，本契約第 3 条第 3 項に定める本報告書の確認が完了した日から 2 ヶ月以内に，甲に対して共同研究開発契約を締結するか否かを通知する。

　さらに次フェーズ（共同研究開発フェーズ）への移行を加速させる方法の 1 つとして「共同研究開発フェーズに移行することによる事業会社側の経済的なメリット」を設定する方法があり得ます。

　そのような観点から，OIモデル契約書ver2.1（新素材編）PoC契約では，以下の変更オプション条項（共同研究開発契約を締結しない場合の追加委託料）を設けています。

■　**OIモデル契約書ver2.1（新素材編）PoC契約書**

> 　甲および乙が，本契約第 3 条第 3 項に定める本報告書の確認が完了した日から 4 ヶ月以内に，共同研究開発契約を締結しなかった場合は，乙は，甲に対し，本検証の追加の委託料として，本報告書確認完了から 5 ヶ月以内に●万円（税別）支払う。

第 8 章

共同研究開発フェーズ

情報交換フェーズ	技術検証フェーズ	共同研究フェーズ	ライセンスフェーズ
相互に秘密保持義務を負担しつつ必要な情報（有体物を含む）を開示し合い，共同研究あるいはライセンスの相手方としてふさわしいかを見極めるフェーズ	共同研究が成功する可能性があるか，相手が共同研究先としてふさわしい技術力を持っているかを検証するためのフェーズ	双方が研究開発に関するリソースを持ち寄って共同して研究開発を行うフェーズ	共同研究の結果生まれた新規知財（および当事者双方の既存知財）についての利用条件を合意するフェーズ

・委託研究開発契約
・共同研究開発契約

　PoCにおける検証の結果，双方にとって共同研究を行うことにメリットがあると双方が判断した場合は共同研究開発フェーズに移行することになります。

　第2部第5章「2　フェーズと契約の関係」において説明したように，共同研究開発契約のスコープはケースバイケースですが，①共同研究開発における双方の役割や費用分担，②共同開発した知的財産権の帰属，③知的財産権の利用条件などを定める重要な契約です[1]。

1　本章の執筆にあたり，下記の文献を参考にしました。
　重冨貴光・酒匂景範・古庄俊哉『共同研究開発契約の法務〈第2版〉』（中央経済社，2022年）

📎 Column　委託研究契約（受託研究契約）と共同研究契約

　DTSUは，アライアンス先である大学や企業から「共同研究契約ではなく委託研究契約にして欲しい」あるいは「委託研究契約ではなく共同研究契約にして欲しい」と言われることがあります。

　この2種類の研究の違いは，以下の図のように，当事者双方が研究に対するリソース（人員・ノウハウ等）を提供するものが共同研究，当事者の一方が研究資金のみ拠出し，もう一方が研究活動を行うものが委託研究ということです。

① 共同研究
　双方が研究活動を分担する研究

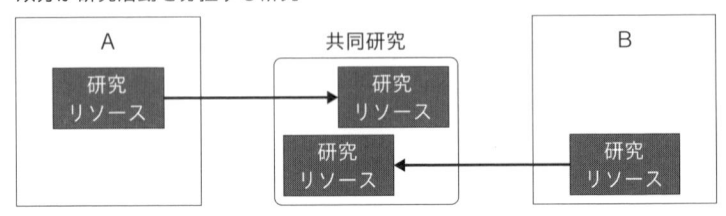

② 委託研究（受託研究）
　一方は研究資金のみ拠出し，もう一方が研究活動を行う研究

　大学とDTSUとの研究の場合，上記のような区別に応じて契約を締結することが多いのですが，民間企業がDTSUに対して企業が委託者，DTSUが受託者の「委託研究（受託研究）契約」にして欲しい，と言ってきた場合，「委託料を支払うのだから成果物に関する知的財産権を全て渡して欲しい」と主張したいがためということがあります。

　ただ，本来的には「契約の形式（名称）が委託研究契約か共同研究契約か」によって成果物の知的財産権の帰属が自動的に決まるわけではありません。

　成果物の知的財産権の帰属については，後述のように成果物創出への貢献度やビジネスにおける必要性等を踏まえて交渉すればよいと思われます。

1　知的財産権の帰属および利用条件

　共同研究開発契約における最も重要な交渉ポイントは，知的財産権の帰属および利用条件です。そのため，本章ではこのポイントについて多くの頁を割いて説明をします。

1-1　基礎知識：「研究成果」「知的財産権」「発明等」の関係

　共同研究契約書の中には「研究成果」「知的財産権」「発明等」などが書き分けられている契約書がありますが，まずそれらの概念の関係性を知る必要があります。

　ここでは，東京大学の共同研究契約書[2]をベースに，その関係性について解説します。

　同契約書は「研究成果」「知的財産権」「発明等」について1条で，以下のように定義しています。

■　東京大学　共同研究契約書

> **（定義）**
> **第1条**　本契約において，次に掲げる用語は次の定義によるものとする。
> 一　「研究成果」とは，本共同研究に基づき得られたもので，第6条に従って作成される実績報告書において成果として確定された本共同研究の目的に関係する発明，考案，意匠，著作物，ノウハウ等の技術的成果をいう。
> 二　「知的財産権」とは，次に掲げるものをいう。
> 　イ　特許法（昭和34年法律第121号）に規定する特許権，実用新案法（昭和34年法律第123号）に規定する実用新案権，意匠法（昭和34年法律第125号）に規定する意匠権，商標法（昭和34年法律第127号）に規定する商標権，半導体集積回路の回路配置に関する法律（昭和60年法律第43号）に規定する回路配置利用権，種苗法（平成10年法律第83号）に規定する育成者権及び外国における上記各権利に相当する権利
> 　ロ　特許法に規定する特許を受ける権利，実用新案法に規定する実用新案登録

2　https://www.ducr.u-tokyo.ac.jp/rules_and_forms/index.html#kyodo
　　巻末のリンク集（323頁）もご活用ください。

を受ける権利，意匠法に規定する意匠登録を受ける権利，商標法に規定する
商標登録出願により生じた権利，回路配置利用権の設定の登録を受ける権利，
品種登録を受ける権利及び外国における上記各権利に相当する権利

ハ　著作権法（昭和45年法律第48号）に規定するプログラムの著作物及びデータ
ベースの著作物（以下「プログラム等」という。）に係る著作権並びに外国にお
ける上記権利に相当する権利

ニ　秘匿することが可能な技術情報であって，かつ，財産的価値のあるものの
中から，第25条の規定に基づき特定するもの（以下「ノウハウ」という。）

三　「発明等」とは，特許権の対象となるものについては発明，実用新案権の対
象となるものについては考案，意匠権及び回路配置利用権の対象となるものに
ついては創作，商標権の対象となるものについては商標並びに育成者権の対象
となるものについては育成をいう。

四　以下略

「研究成果」とは，要するに共同研究によって得られた成果すべてを指す概念
ですが，これらの「研究成果」については，①「知的財産権」が発生する「研究
成果」と，②発生しない「研究成果」があります。

東京大学共同研究契約書において，ある「研究成果」について「知的財産権」
が発生するのは，以下の３つのケースです。

① 当該「研究成果」が上記契約書の定義規定における「発明等」（「発明」（特許法2
条1項）「考案」（実用新案法2条1項）「意匠」（意匠法2条1項）「回路配置」（半導体集
積回路の回路配置に関する法律2条2項）植物の品種（種苗法2条2項））に該当する場
合
　　特許を受ける権利や実用新案等を受ける権利等が発生します。

② 当該「研究成果」が上記定義規定の「プログラム等」に該当する場合
　　著作権が発生します。なお，上記契約においては，すべての著作物に関する著作
権ではなく，「著作権法に規定するプログラムの著作物及びデータベースの著作物」
に関する著作権のみが「知的財産権」として定義されています。

③ 当該「研究成果」が上記定義規定の「ノウハウ」に該当する場合
　　当該ノウハウは通常「営業秘密」（不正競争防止法2条6項）に該当すると思われ
ますので，不正競争防止法上の営業秘密に関する規律（不正開示行為等に対する差止
請求や損害賠償請求）が適用されます。

図表8-2　東京大学共同研究契約書における研究成果・知的財産権・発明等の関係

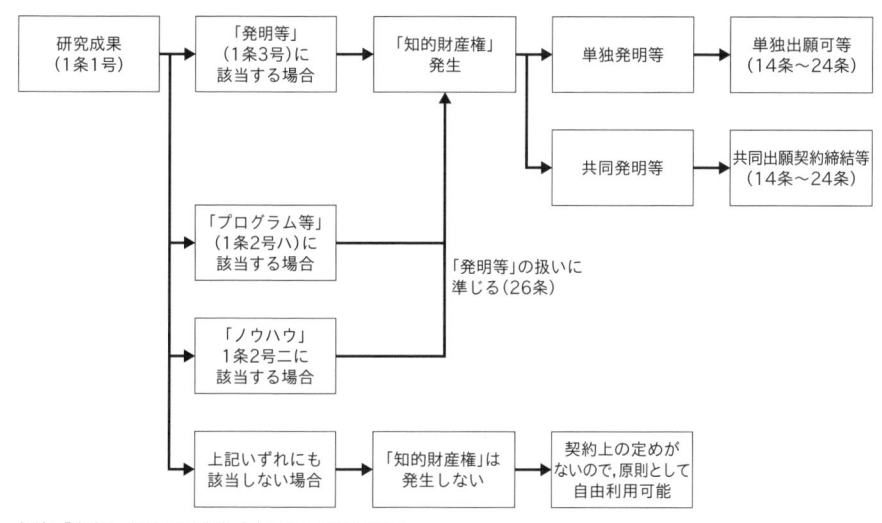

出所：「東京大学共同研究契約書」をもとに筆者作成

　逆に言うと，ある「研究成果」が上記3つのいずれにも当てはまらない場合（例：「ノウハウ」として特定されていない研究データ等）は，当該「研究成果」については知的財産権が発生しないことになります。

　上記を踏まえると，東京大学共同研究契約書の「研究成果」「知的財産権」「発明等」に関する条文の構造は**図表8-2**のとおりになると思われます。

　また，「研究成果」のほうが「知的財産権」より広い概念であることから，「研究成果」については適用があるが「知的財産権」については適用がない条文もあります。

　たとえば，大学による教育研究活動のための実施（19条）や，公表（30条）規定は，「知的財産権」ではなく「研究成果」が対象となっています。これらの規定において「知的財産権」より広い「研究成果」が対象となっている趣旨は，大学の社会的使命に由来するものと思われます。

　他のタイプの共同研究契約においては，特に民間企業同士の共同研究契約の場合「研究成果」「知的財産権」「発明等」の定義や扱いについて，ここまで精緻に分類していないものも多いのですが，基本的な考え方は以下のとおり同一です。

・「研究成果」を定義する。
・「研究成果」のうち知的財産権が発生するものについては，当該知的財産権の帰属

や利用条件について定める
・「研究成果」のうち知的財産権が発生しないものについては，その取扱いについて
条文上の規定がある契約も，ない契約もある。

1-2 共同研究開発契約における発明の種類

共同研究開発において発生した研究成果（知的財産）に関する知的財産権（フォアグラウンドIP）に関する条項は，「共同研究によって生じた発明の分類・定義」→「それぞれの発明に関する知的財産権の帰属」という順番で定義されます。

1-2-1 共同研究によって生じた発明の分類・定義

共同研究開発契約においては，共同研究によって生じた発明について，通常「単独発明」と「共同発明」に分類し，それぞれについて，たとえば以下のように定義されます。

▼ 単独発明

「甲又は乙の本研究担当者等が単独で当該発明[3]を行った場合」（京都大学共同研究契約雛形第7条1項1号）

「特許またはその他の知的財産権の取得が可能であるか否かを問わず，本研究の実施の過程で各当事者が，相手方から提供された情報に依拠せずに独自に創作した発明，発見，改良，考案その他の技術的成果」（OIモデル契約書（新素材編）共同研究契約第2条3号）

▼ 共同発明

「甲及び乙の本研究担当者等が共同で当該発明を行った場合」（京都大学共同研究契約雛形第7条1項2号）

「特許またはその他の知的財産権の取得が可能であるか否かを問わず，本研究の実施の過程で開発または取得した発明，発見，改良，考案その他の技術的成果であって，前号に定める本単独発明に該当しないもの」（OIモデル契約書（新素材編）共同研究契約第2条4号）

要するに，共同研究の遂行過程において，①当事者のどちらかが単独で行った発明は「単独発明」であり，②共同して行った発明は「共同発明」と定義されます。

---

3 「当該発明」とは「本研究成果として発明が生じたとき」（第7条1項柱書）をいい，「本研究成果」とは「本共同研究において得られた，①発明，考案，意匠，回路配置，植物の品種，プログラム等（略），②技術情報（データを含む。以下同じ。），③研究成果有体物（略）等の技術的成果」と定義されています（京都大学共同研究契約雛形第4条2項）。

1-2-2 それぞれの発明に関する知的財産権の帰属

まず「単独発明」に関する知的財産権については，当該発明を行った当事者に単独帰属するのが通常であり，この点について交渉が発生することはありません。

交渉において大きな問題となるのは「共同発明」に関する知的財産権の帰属ですが，「共同発明」に関する最終的な条項のパターンは「DTSU単独帰属」「相手方（大企業や大学）単独帰属」「共有」のいずれかになります。

以上をまとめると，**図表8-3**のような構造になります。

図表8-3 単独発明を共同発明

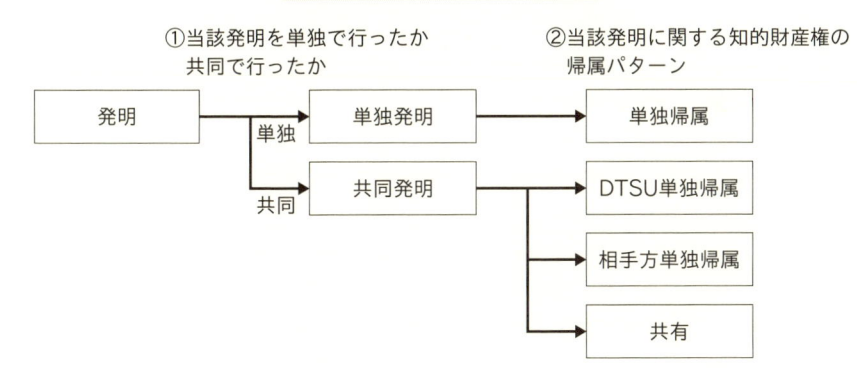

1-3 「単独発明」か「共同発明」か

このように，共同研究契約上は，共同研究の遂行過程で生じた発明を「単独発明」か「共同発明」に分類して定義し，それぞれに関する知的財産権について合意しますが，契約を締結して共同研究を進め，実際に発明が生じた場合，そもそもそれが「単独発明」か「共同発明」のいずれなのかが問題になることがあります。

この問題は，契約交渉の問題ではなく，そもそも当該発明の「発明者」が誰なのかという事実認定の問題です。

たとえば，一方当事者が「この発明は当方所属の者（従業員・教員・学生）が単独で成し遂げたものであり単独発明に該当するので単独で特許出願する」と主張したのに対して，他方当事者が「いやいや，当該発明は双方所属の者により共同でなされたものであり共同発明に該当する。したがって，当方の同意なく出願はできない」というような状況です。

この問題はこじれると訴訟にまで発展することがあります[4]。

開発に関与した者が「発明者」に該当するか否かが争われた裁判例はいくつかありますが，裁判所は，概ね以下のような基準で「発明者」該当性を判断しています（知財高判平成20年5月29日（判時2018号146頁），知財高判平成20年9月30日（裁判所ウェブサイト）等。下線部筆者）。

> ・発明とは，自然法則を利用した技術的思想の創作のうち高度なものをいうと規定され（特許法2条1項），産業上利用することができる発明をした者は，……その発明について特許を受けることができると規定され（同法29条1項柱書き）ている。
> ・発明は，その技術内容が，当該の技術分野における通常の知識を有する者が反復実施して目的とする技術効果を挙げることができる程度にまで具体的・客観的なものとして構成されたときに，完成したと解すべきであるとされている（最（第一小）判昭和52年10月13日民集31巻6号805頁参照）。
> ・したがって，発明者とは，自然法則を利用した高度な技術的思想の創作に関与した者，すなわち，<u>当該技術的思想を当業者が実施できる程度にまで具体的・客観的なものとして構成する創作活動に関与した者</u>を指すというべきである。
> ・当該発明について，たとえば，管理者として，部下の研究者に対して一般的管理をした者や，一般的な助言・指導を与えた者や，補助者として，研究者の指示に従い，単にデータをとりまとめた者または実験を行った者や，発明者に資金を提供したり，設備利用の便宜を与えることにより，発明の完成を援助した者または委託した者等は，発明者には当たらない。
> ・複数の者が共同発明者となるためには，課題を解決するための着想およびその具体化の過程において，<u>発明の特徴的部分の完成に創作的に寄与したこと</u>を要する。そして，発明の特徴的部分とは，特許請求の範囲に記載された発明の構成のうち，従来技術には見られない部分，すなわち，当該発明特有の課題解決手段を基礎付ける部分を指すものと解すべきである。

共同研究の遂行過程で生じた発明が「単独発明」と「共同発明」のいずれに該当するかは双方の当事者において発明に関与した者について，この「発明者」該当性判断基準を当てはめて判断することになります。

そして，「当該技術的思想を当業者が実施できる程度にまで具体的・客観的なものとして構成する創作活動に関与した者」かどうかは，共同研究中のラボノー

---

4 この論点は，契約交渉上，共同発明に関する知財帰属についてどこまで譲歩するかを判断するのに重要なポイントとなります。つまり，共同研究において，実際に生じる可能性が高い発明が自社の「単独発明」に該当することを立証できることが確実なのであれば，そもそも「共同発明」が生じないのですから「共同発明」に関する知財帰属について「単独帰属」ではなく「共有」まで譲歩することができる，ということになります。

トや双方の議事録，開発に関する双方のやりとりから判断することになりますので，それらの基礎資料をきちんと作成しておくことがこの点に関する紛争予防のために重要となります。

1-4　知的財産権の帰属を「共有」とすることのリスク

先ほど説明したように　共同研究契約締結交渉において大きな問題となるのは「共同発明」に関する知的財産権の帰属ですが，その点に関する最終的な条項のパターンは「DTSU単独帰属」「相手方（大企業や大学）単独帰属」「共有」のいずれかになります。

筆者がよく受ける質問として「契約条項において知財をどちらかの単独帰属とすることを目的とした交渉は大変なので，契約上はとりあえず「共同発明に関する知的財産権は共有とし，それ以外の条件は双方で協議する」だけ定めておけばスムーズに契約が締結できそうです。「共有」だからお互い自由に使えるんですよね？」というものがあります。

これは完全に誤解です。

つまり，契約交渉に時間がかかることを避けるため安易に「共有」が選択されがちなのですが，知的財産権を共有とするリスクを正確に知らなければなりません。

日本の法制度の下では，共有である知的財産権については，契約などでこれと異なる合意をしなければ以下の扱いとなります。このデフォルトルールを知っておくことは非常に重要です。

図表8-4　知的財産権の帰属を「共有」とした場合のデフォルトルール

	特許権（特許を受ける権利）		著作権	
	単独	共有	単独	共有
出願	制限なし	共同でないと出願不可（特38）	―	―
自己実施・使用	制限なし	制限なし（特73②）	制限なし	共有者の同意が必要（著65②）
第三者へのライセンス	制限なし	共有者の同意が必要（特73③，同33④）	制限なし	共有者の同意が必要（著65②）
持分譲渡	―	共有者の同意が必要（特73①，同33③）	―	共有者の同意が必要（著65①）

注：「特」は特許法，「著」は著作権法を示す。

DTSUが行う共同研究において発生する可能性がある知的財産権は，技術的なアイデア（「発明」）に関する特許権（および特許を受ける権利）と，プログラムやデータベース著作物など（「著作物」）に関する著作権の2種類ですが，ここでは特許権（および特許を受ける権利）について説明をします。

共有特許か単独特許か問わず，特許権を使ってビジネスをする（お金を儲ける）方法は平たく言うと，以下の3つしかありません。

① 当該特許権を自ら「実施」（物の発明については，物の生産や使用，譲渡等）して物の生産・譲渡等を行って儲ける（自己実施・使用）
② 当該特許権の「実施」を第三者に許諾（ライセンス）してロイヤリティを支払ってもらう（第三者へのライセンス）
③ 当該特許権を譲渡してその対価を支払ってもらう（譲渡）

しかし，共有となった特許を受ける権利に関しては，**図表8-4**のように共同でなければ出願できないですし，特許化された後も②の第三者へのライセンス，および③の持分譲渡をすることについて他の共有者の同意が必要とされています。

つまり，他の共有者から同意を拒まれると，共有特許権について単独で行えるのは，①の自己実施・使用に限定されます。しかも，共有者の同意に，著作権法のような「正当な理由ない限り同意を拒むことができない」（著作権法65条3項）のような制限もかかっていませんので，他の共有者が何の合理的な理由もなく②③に関する同意を拒むこともできてしまいます。

また，共有となった特許権については，確かに自己実施については各当事者がそれぞれ相手方の同意なく行うことができますが，これは，各当事者のいずれも当該特許を独占的に実施することができない，ということを意味しますから，共同成果を独占的に実施したいDTSUにとっては致命的なポイントとなります。

つまり，共有特許権については，単独知財権と比較すると**「共有者の同意がなければ特許発明をライセンスすることができない」**かつ**「特許発明を独占的に実施することができない」**という大きな制限を有していることになります。

このような共有特許権のリスクは，特許発明を自己実施することが困難であり，第三者にライセンスすることを主要なビジネスとすることが多いDTSUにとって特に大きな問題となります。

すなわち，DTSUと大企業が特許権を共有とした場合，双方ともに自己実施ができますが，自己実施するリソースがある大企業に対し，DTSUの場合自己実施をするリソースがない場合が多いことから，DTSUは実際には当該共有特許権を単独でマネタイズする方法がないのです。

DTSUとしては，当該共有特許権を第三者にライセンスすることでビジネスを行うことが通常ですが，共有者である大企業が同意をしないと当該ビジネスができません。

大企業が，自らの競合他社に対してDTSUがライセンスをすることを拒否するのであればまだ合理性はあると思われますが，実際にはそのような限定もなくライセンスすることについて同意を拒否されることがあります。

また，DTSUが自己実施するにしても，独占的に実施することができず，よりリソースが豊富な共有者である大企業がライバルとして競合することになります。

つまりDTSUとしては「ライセンスができない」「自己実施するにしてもリソースがない」「なんとか自己実施にたどり着いたとしても共有者である大企業がライバルとなる」という状態ですから，完全に「詰む」ことになります。

以上のことから，共同研究結果についての特許権を安易に共有とすることは，実際には，「自らの意思だけでは当該特許権を使ったビジネスを行えない」ことを意味することになりますので，特に自社にとってコアな特許権を共有するに際しては極めて慎重に検討をする必要があります。

具体的には，①特許権の「帰属」に関して極力共有となることを避け単独帰属とする，②仮に特許権を共有とせざるを得ないのであれば，特許権の「利用」の部分で，共有のリスクを可能な限り排除する条項とする，という交渉努力が必要となります（詳細は後述します）。

1-5 共同成果の知的財産権の帰属に関する契約条項の種類

以上，まず共同成果の知的財産権（特に特許権）を共有とすることのリスクについて説明をしてきました。

次に，共同成果の知的財産権の帰属に関する契約条項の具体例について説明をします。

選択肢としては以下の4つに大別できます。

---

① どちらが発明者かや，貢献度，技術分野に関わらず，知的財産権についてどちらかの単独帰属とするタイプ

② 共同成果がどのような技術分野に属するかで，知的財産権についてどちらかの単独帰属or共有とするタイプ

③ 共同成果に関するすべての知的財産権について共有とするタイプ

④ 当事者間で都度協議するタイプ

「④当事者間で都度協議するタイプ」は何も合意していないのと一緒ですから，①から③の3種類について，モデル契約条項とともに説明していきます。

① どちらが発明者かや，貢献度，技術分野に関わらず，知的財産権についてどちらの単独帰属とするタイプ

このタイプの条項は，共同研究契約締結の時点で，後に生じる共同成果・知財がどちらの単独帰属かがfixされるため，後に共有知財の帰属に関する紛争は起こりません。その意味で最も安定した条項と評価できます。

具体的には，以下のような条項です。

■ OIモデル契約書ver2.1（新素材編）共同研究開発契約書（＊甲：DTSU，乙：大企業）[5]

> **（知的財産権の帰属および成果物の利用）**
> **第7条** 本単独発明（筆者注：各当事者の独自発明）にかかる知的財産権は，その発明等をなした当事者に帰属する。
> 2 略
> 3 甲は，乙に対し，下記の条件で，本研究の開始以前から甲が保有する別紙●●に定める特許権に係る発明を実施することを許諾する。
> （略）
> 4 略
> 7 本発明（筆者注：本単独発明以外の発明）にかかる知的財産権は，甲に帰属する。
> 8 略

このOIモデル契約書の条項では，できるだけ知的財産権の共有は避けるべきという発想から，共同成果についての知的財産権は甲（DTSU）に単独帰属する旨を定めています（7条7項）。

もっとも，同モデル契約では，それと引き換えに，当該特許権について大企業に対して以下のとおり一定の有利な利用条件の設定をしています[6]。

---

5 また，文部科学省が「さくらツール」というモデル契約を策定・提供しています（https://www.mext.go.jp/a_menu/shinkou/sangaku/1403194.htm）。この「さくらツール」は大学と企業との間の個別共同研究やコンソーシアム型共同研究について，各種モデル契約を提供するものです。さくらツール（個別型）は11種類ありますが，そのうち類型0〜類型6のモデル契約は，共有知財の知的財産権について単独帰属（大学or企業）としています。巻末のリンク集（323頁）もご活用ください。

6 これ以外に考えられる条項としては，DTSUによる買取条項・優先交渉オプション，大企業による独占期間延長オプション等などがあります。

(i) 事業会社に対象および期間を限定（「本製品の設計・製造・販売」×一定期間独占）した無償利用権を設定（7条9項）

(ii) 一定範囲（本製品と同一または類似の製品（本樹脂組成物からなる自動車用のライトカバーを含む。）についてのDTSUの開発禁止（14条）

(iii) DTSU破綻の場合の知的財産権の引継ぎ条項（7条8項）

　DTSUとしては，このような利用条件の提示をしつつ，コアとなる知的財産権についてはできるだけ自社の単独帰属となるように交渉をしていくことになります。

② 共同成果がどのような技術分野に属するかで，どちらかの単独帰属or共有とするタイプ

　共同成果について，どちらが発明者かや貢献度に関わらず，当該発明が属する技術分野を基準にして，どちらかの単独帰属とするタイプの条項です。

　DTSUと企業（大学）の事業領域やビジネスモデルが異なる場合には，このような条項で合意できることもあります。たとえば，AIスタートアップと事業会社の共同研究において，AIスタートアップはAI一般のアルゴリズムに関する権利化を希望し，事業会社は当該会社の特定の事業ドメインにおけるノウハウを権利化したい場合などに好適です。

　このタイプの条項は，一律に「共同成果を共有」とするよりもDTSUにとって有利です。特に自社の主戦場とする技術分野が確定しており，かつ相手と重複していなければこのパターンが適していると言えます。

　具体的には，以下のような条項です。

■ さくらツール契約モデル集（その2・個別型）類型9

第13条（知的財産権の帰属）

1　本共同研究に伴い得られた発明等（以下「本発明等」という。）に関する知的財産権（以下「本知的財産権」という。）は，［技術分野A］に属するものは甲の帰属とし，［技術分野B］に属するものは乙の帰属とする。（略）

2　いずれの技術分野にも属さない場合，当該発明等に関する知的財産権は共有（以下「共有知的財産権」という。）とする。

3　略

③　共同成果に関するすべての知的財産権について共有とするタイプ

具体的には以下のような条項です。

■　京都大学共同研究標準契約書

> **第7条（特許権等の帰属）**
>
> 1　甲及び乙は，本研究成果として発明が生じたときは，速やかに，相手方に対し，その内容を付して通知しなければならない。当該発明に係る特許権及び特許を受ける権利（以下「本特許権等」という。）の取扱いは，次の各号のとおりとする。
>
> ①　甲又は乙の本研究担当者等が単独で当該発明を行った場合には，本特許権等は，当該甲又は乙の単独所有とする（以下「本単独特許権等」という。）。
>
> ②　甲及び乙の本研究担当者等が共同で当該発明を行った場合には，本特許権等は，甲及び乙の共有とする（以下「本共有特許権等」という。）。（以下略）

■　OIモデル契約書ver2.1（大学編：大学・大学発ベンチャー）共同研究開発契約書

> **（知的財産権等の帰属および成果物の利用）**
>
> **第7条**　本単独発明にかかる知的財産権は，その発明等をなした当事者に帰属するものとする。甲は乙に対し，甲の単独発明の実施をすることを，また，乙は甲に対し，乙の単独発明を実施することをそれぞれ許諾する。許諾の条件は別途協議の上定める。
>
> 2　本発明にかかる知的財産権は，甲乙の共有とする。共有持分の割合は，本発明の創出にあたっての寄与度に応じて決定するものとする。ただし，甲は，乙に対し，甲の新株予約権●個（新株予約権1個の目的である株式の数は1株とする）を対価として，乙の共有持分の全部を買い取ることができるものとする。

　DTSUとしては，特にコア知財についてはできる限りこのタイプの条項は避けるべきであることはこれまで詳細に述べてきたとおりです。

　もっとも，特に大学との間の共同研究契約書ではこのタイプの条項が最も多く（ほぼすべてがそうと言ってもよいかもしれません），交渉によって変更することが難しいことも少なくありません。

　また，事業会社との間の共同研究契約の場合でも，知的財産権の帰属を共有でないタイプの条項にするのにはかなりハードルが高いのが実情です。

　したがって，理想的には「共有成果の知的財産権の共有は避けるべき」であることは間違いないのですが，実際には次項で述べるように「知的財産権の帰属を

共有としつつ，できる限り当該「共有」状態から生じるリスクを減らす」という戦略が有効となります。

1-6 知的財産権を共有とする場合の共同研究契約上のリスク回避手段

知的財産権の共有にはDTSUにとって大きなリスクがあることから極力避けるべき，とお伝えしましたが，実はこの共有リスクは契約で回避することもできます。

具体的には**図表8-5**のとおりです。

2種類のモデル契約を基に，これらの条項の具体例を見てみましょう。両者ともに同じような内容の条項が存在していますが，実際にはかなり内容が異なります。その違いに注目していただくとよいでしょう。

図表8-5　知財共有リスクを回避するための契約条項

	知的財産権の共有によるリスク	契約上のリスク回避条項
1	全般	共有関係を一方的に解消する手段（持分買取請求権，オプション権等）を定めた条項
2	出願が共同でなければならない（特38）	いずれかの当事者が出願を望まない場合，他方当事者が自らの名前と費用で単独出願できる旨の条項
3	DTSUが第三者に対してライセンスをするに際して共有者の同意が必要（特73③，同33③）	DTSUによる第三者へのライセンスについて，一定の条件の下あらかじめ共有者が同意する旨の条項
4	共有者自身による自己実施が可能（＝DTSUによる独占的実施が確保できない）（特73②）	共有者の自己実施を禁止し，DTSUのみが独占的実施可能とする条項

■ 京都大学共同研究標準契約書

第9条（共有特許権等の取扱い）

1　乙は，本共有特許権等の取扱いについて，その出願前に，甲に対する通知により次の各号のうちいずれか一つを選択する。なお，乙は，当該選択後，甲の同意を得た上で，他の選択へ変更することができる。甲は，正当な理由なく当該同意を留保しない。

① 有償譲受：甲及び乙が合意をしたときは，乙又は乙が指定する第三者は，有償で甲の持分の全部を譲り受け，以後，乙の本単独特許権等として取り扱う。

【筆者コメント】

　共有関係を一方的に解消するための，DTSUによる共有持分の買取について定めた条項です。もっとも，「甲及び乙が合意をしたとき」とありますので，譲渡対価及び支払い方法についての合意ができなければ持分の買取を行うことはできません。したがって一方的に（DTSUの意思表示だけで）持分を買い取ることができる「持分買取請求権」について定めた条項ではなく，一定の限界があります。

② 独占的実施：乙は，本共有特許権等を，甲乙が別途合意する対価にて，独占的に実施することができ，甲は第三者に実施許諾を行わない。

【筆者コメント】

　DTSUのみが独占的実施可能とする条項です。もっとも，先ほどの持分買取条項と同様「甲乙が別途合意する対価にて」とありますので，結局，当該対価について両者の合意ができなければ独占的実施を行うことができません。つまり，一方的に（DTSUの意思表示だけで）持独占的実施を可能とすることについて定めた条項ではなく，一定の限界があります。

③ 非独占的実施：乙は，本共有特許権等を，無償にて非独占的に実施することができ，甲は，事前に乙の意見を聴取し斟酌した上で，乙の同意なく，第三者に対し，非独占的な実施の許諾を行うことができる。当該実施許諾の対価は，当該本共有特許権等の持分に応じて甲及び乙に配分される。

2　乙が，前項第2号の独占的実施又は前項第3号の非独占的実施を選択した場合，次の条件が適用される。

① 甲及び乙は，本共有特許権等を共同で出願し，出願等の費用（特許庁，裁判所等の機関又は外部の弁理士等の外部専門家に対し支払われる，本特許権等の出願等に要する費用）は乙が負担する。

② 乙は，甲の同意なく，第三者に対し，非独占的な実施の許諾を行うことができる。当該実施許諾の対価は，当該本共有特許権等の持分に応じて甲及び乙に配分される。なお，乙は，甲の同意を得た場合，金銭以外の対価であっても当該許諾をすることができる。

【筆者コメント】

　DTSUが第三者に対してサブライセンスをするに際して共有者である大学の同意を不要とする条項です。もっとも，注意しなければならないのは，大学の同意なくサブライセンスすることができるのはあくまで「非独占的な」サブライセンスに限られるということです。たとえば創薬領域のDTSUであれば，対

象疾病ごとに製薬会社に独占的ライセンスをすることがよく行われますが，そのような独占的なサブライセンスを行う場合には，大学の同意が必要となりますので，この条項にも限界があることになります。

③　乙の子会社による実施，及び乙又は乙の子会社の事業のための第三者による製造（乙又は乙の子会社が納入（部材購入による場合を含む。）を受ける範囲での製造に限る。）は，乙の実施として取り扱われる。

【筆者コメント】

　一定の場合は，サブライセンスとはみなさずDTSU自身による実施とみなされる（その結果，サブライセンスの対価を大学に支払う必要がない）とする条項です。詳細は268頁コラム「下請の実施とサブライセンス権」をご参照ください。

3　第1項第2号の独占的実施の場合，本共有特許権等の出願日から5年（第1項柱書なお書により独占的実施に変更されたときは，その変更の日から3年）経過後も乙による実施がなされず，甲が事前に乙の意見を聴取し斟酌した上で当該不実施に正当な理由がないと判断したときは，甲は，乙に対し，その旨を通知の上，以後，第1項第3号の非独占的実施が選択されたものとして，第三者に対し実施の許諾を行うことができる。

【筆者コメント】

　共有知財のリスク回避とは少し外れますが，大学と企業との間のライセンス契約においては知財の社会実装促進の観点から，よく設けられる条項です。すなわち，大学がDTSUに独占的実施許諾をしたとしても，DTSUが一定期間，合理的理由なく当該特許発明を実施しない場合には，実施許諾の独占性が外れ，非独占的実施許諾に切り替わるというものです。

■　OIモデル契約書（大学編：大学・大学発ベンチャー）共同研究開発契約書

第7条　本単独発明にかかる知的財産権は，その発明等をなした当事者に帰属するものとする。甲は乙に対し，甲の単独発明の実施をすることを，また，乙は甲に対し，乙の単独発明を実施することをそれぞれ許諾する。許諾の条件は別途協議の上定める。

2　本発明にかかる知的財産権は，甲乙の共有とする。共有持分の割合は，本発明の創出にあたっての寄与度に応じて決定するものとする。ただし，甲は，乙に対し，甲の新株予約権●個（新株予約権1個の目的である株式の数は1株とする）を対価として，乙の共有持分の全部を買い取ることができるものとする。

【筆者コメント】

　　DTSU（甲）による大学（乙）の共有持分の買取請求権を定めた条項です。先ほどの京大標準契約9条1項1号でも同趣旨の定めがありましたが、こちらのモデル契約では共有持分の買取対価を「甲の新株予約権●個」と合意しているので、DTSUとしては当該個数の新株予約権を提供しさえすれば、大学の共有持分を買い取ることが可能です。したがって、この規定はまさに「共有持分の買取請求権」を定めた規定であり、先ほどの京都大学共同研究標準契約書よりもDTSUに強い権限を付与しています。なお、その新株予約権を対価として、大学の共有持分を買い取ることができるとの枠組みを採用する場合、新株予約権の内容を定める必要がありますが、その点については第10章「5　新株予約権による実施料（ロイヤルティ）支払い」で説明します。

3　甲が単独または乙と共同して本発明にかかる知的財産権を取得するべく、出願等（知的財産権の取得、維持および保全をいう。）を行うときは、当該出願等の費用は甲が負担するものとする。

4　本契約の有効期間中、乙は、本発明にかかる特許権の権利存続期間満了までの間、本発明を自ら実施せず、また、甲以外の第三者に対し、本発明の実施許諾を行わないものとする。ただし、甲が正当な理由なく●年間本発明を実施しなかった場合にはこの限りではない。

【筆者コメント】

　　DTSUのみが独占的実施可能とする条項です[7]。京都大学共同研究標準契約書9条1項2号では、対価について両者の合意ができなければ独占的実施を行うことができないとされていましたが、本モデル契約では、そのような対価交渉・対価支払なく独占的実施可能としています。ただし、京都大学共同研究標準契約書9条3項と同様、DTSUが一定期間、合理的理由なく当該特許発明を実施しない場合には、独占的実施許諾権を喪失すると定められています。

5　本契約の有効期間中、甲は、乙の事前の承諾を得ることなく、第三者へ本発明の実施許諾を行うことができるものとする。

【筆者コメント】

　　DTSUが第三者に対してサブライセンスをするに際して共有者である大学の同意を不要とする条項です。京都大学共同研究標準契約書9条2項2号と異なり「非独占的サブライセンス」だけでなく「独占的サブライセンス」を行うことも可能とされています。

6　前項の場合、甲は、乙に対し、当該第三者への許諾により得られたライセンス料の●％（以下「乙ライセンス報酬」という。）を支払うものとする。ただし、本条

7　なお、このようにDTSUのみに独占的実施を認める場合にDTSUが大学に対価（いわゆる不実施補償）を支払うべきかについては第10章4「不実施補償」（293頁）を参照。

1-7　ま と め

　以上をまとめると，共同研究契約における共同成果に関する知的財産権の帰属についてDTSUは以下の優先順位で交渉すべきということになります。

図表 8-6　共同成果に関する知的財産権の帰属交渉の優先順位

優先順位	内容	解説
1	どちらが発明者かや，貢献度，技術分野に関わらず，DTSUに単独帰属	・DTSUにとって最も安定・確実な内容。ただし，通常は何らかのバーター条件（相手への一定期間のライセンス・研究経費・出願費用の負担等）が必要。 ・モデル契約（新素材編）Ver2.0はこのタイプ（大企業に対して一定期間の無償独占ライセンス付与）。
2	「共同成果を技術分野で切り分ける」＋「DTSUが主戦場とする技術分野はDTSU単独帰属」	「共同成果のすべてを共有」とするよりもDTSUにとって有利。自社の主戦場とする技術分野が確定しており，かつ相手と重複していなければこのパターンが適している。
3	共有	知的財産権について共有とする場合には，以下のリスクヘッジ条項を同時に定める。 ①　共有関係を解消する手段（持分買取権等） ②　いずれかの当事者が出願を望まない場合，他方当事者が自らの名前と費用で単独出願できる旨の条項 ③　相手の自己実施を禁止し，DTSUのみが独占実施可能とする条項 ④　DTSUによる第三者へのライセンスについて一定の条件の下あらかじめ同意を得る条項
4	相手方単独帰属	①　相手単独知財の買取条項 ②　ライセンス条項（少なくとも特定の分野における独占実施権） ③　オプション条項（＊後ほど説明） のいずれかまたは複数を定めることが必須。

Column　「研究成果の共有」とは

　共同研究契約の中には，「研究成果を共有とする」という内容の条項がある場合があります。

　本章1-1「基礎知識」（231頁）で説明したように，「研究成果」には知的財産権が発生するものと発生しないものがあって，知的財産権が発生する研究成果について「共有」と定めることは，法律のデフォルトルールが適用されることを意

味しているため,「研究成果を共有とする」という内容の条項の意味は明確です。

一方,知的財産権が発生しない研究成果については,契約で「共有」と定めた場合,その「共有」の具体的意味は明確でありません。その場合,「共有」となった研究成果を双方が自由に利用できるのか,利用について何か制約があるのかについて当事者間で紛争になることもあり得ます。

そのため,「研究成果を共有とする」という条項を設ける場合は,その具体的内容をできるだけ明確にすることが望ましいでしょう。

2 共同研究の対象の特定

共同研究契約においては,共同研究の対象を特定する必要があります。

具体的には,以下のように「テーマ」「研究題目」「目的」等で特定・限定することが多いです。

■ OIモデル契約書（新素材編）共同研究開発契約書

第1条（目的）

甲および乙は,共同して,下記テーマおよび目的の研究開発（以下「本研究」という。）を行う。

記

① テーマ：本素材（第2条1号で定義する。）に関する技術を適用した,高熱伝導性を有するポリカーボネート樹脂組成物（以下「本樹脂組成物」という。）を成形してなるヘッドライトカバー（以下「本製品」という。）の開発

② 目的：本製品の開発および製品化

契約書の冒頭で定めることも多く,見落とされがちな条項ですが,以下で説明するように①秘密情報の利用可能範囲,②知的財産権の帰属が問題となる「発明等」の範囲,③同一・類似研究の制限範囲の3点から重要な意味があります。

2-1 秘密情報の利用可能範囲

OIモデル契約書ver2.1（新素材編）共同研究開発契約書では,以下のように定め,双方で授受された秘密情報の利用範囲を「本目的」（筆者注「本研究の遂行」目的のこと）に限定しています。NDA等においても秘密情報の目的外利用の禁止規定があることはすでに説明したとおりですが,共同研究開発契約における秘密保

持条項においては「共同研究開発目的」が「秘密情報を利用できる目的」を意味することになります。

■OIモデル契約書ver2.1（新素材編）共同研究開発契約書

第11条（秘密情報の取扱い）
3 受領者は，秘密情報について，事前に開示者から書面等による承諾を得ずに，本目的（筆者注「本研究の遂行」目的のこと）以外の目的で使用，複製および改変してはならず，本目的のために合理的に必要となる範囲でのみ，使用，複製および改変できるものとする。

2-2 知的財産権の帰属が問題となる「発明等」の範囲

OIモデル契約書ver2.1（新素材編）共同研究開発契約書では，その帰属が問題となる「単独発明」「共同発明（本発明）」について以下のように定義をしています。

■OIモデル契約書ver2.1（新素材編）共同研究開発契約書

第2条（定義）
③ 本単独発明
　特許またはその他の知的財産権の取得が可能であるか否かを問わず，本研究の実施の過程で各当事者が，相手方から提供された情報に依拠せずに独自に創作した発明，発見，改良，考案その他の技術的成果をいう。
④ 本発明
　特許またはその他の知的財産権の取得が可能であるか否かを問わず，本研究の実施の過程で開発または取得した発明，発見，改良，考案その他の技術的成果であって，前号に定める本単独発明に該当しないものいう。

なお，当然のことではありますが，共同研究「外」で発生した成果や知的財産権は，共同研究契約のスコープ外でありその帰属が問題になることはありません（「単独発明」にすら該当しないということです）。

しかし，共同研究契約書において明確に「共同研究の対象の特定」をしておかないと，本来共同研究「外」で発生した成果や知的財産権として自由に単独出願やライセンスができたはずのものが，共同研究過程で発生したものとして，共同研究契約の拘束を受けることにもなりかねません。

209頁のコラムにおいて「相手から受領した秘密情報と自社既存情報のコンタ

ミネーション」の問題を指摘しましたが，このように「共同研究対象と独自研究対象」が混ざってしまうこともコンタミネーションの一種です。

それを防止するためには，共同研究契約において明確に「共同研究の対象の特定」をすることと，研究内容や成果について記録化を行うことの両方が重要です。

2-3　同一・類似研究の制限範囲

「OIモデル契約書ver2.1（新素材編）共同研究開発契約書では，「第14条（第三者との競合開発の禁止）」として，以下のように定めています。

■OIモデル契約書ver2.1（新素材編）共同研究開発契約書

第14条（第三者との競合開発の禁止）

甲および乙は，本契約の期間中，相手方の書面等による事前の同意を得ることなく，本製品と同一または類似の製品（本樹脂組成物からなる自動車用のライトカバーを含む。）について，本研究以外に独自に研究開発をしてはならず，かつ，第三者と共同開発をし，または第三者に開発を委託し，もしくは第三者から開発を受託してはならない。

この条文では「本製品と同一または類似の製品」に関する独自研究・共同研究等を行ってはならないと定められていますが，同趣旨の条項として**本共同研究と同一または類似のテーマ**」についての独自研究や共同研究を禁止する条項が設けられることも多々あります（このような競合研究禁止条項の独禁法上の問題点については後述します）。

このように「**本共同研究と同一または類似のテーマ**」についての独自研究や共同研究を禁止する条項が設けられた場合，共同研究契約書において明確に「共同研究の対象の特定」をしておかないと，他の研究を行うことが広く制限されかねないので注意が必要です。

3　研究経費

共同研究契約における研究経費は，原則は各自負担（相手当事者に研究経費を請求しない）です。その場合は，以下のような条項を設けます。

■OIモデル契約書ver2.1（大学編：大学・大学発ベンチャー）共同研究開発契約書

第5条　（変更オプション条項）
　　甲および乙は，本研究を行うにあたって自己に生じた経費を，書面によって別途合意しない限り，甲乙各自が負担しなければならない。

　一方，大企業とDTSUとの間の共同研究においては，大企業が研究経費をDTSUに支払うタイプも多く見られます。その場合は以下のような条項となります。

■　OIモデル契約書ver2.1（新素材編）共同研究開発契約書（甲：DTSU，乙：大企業）

第5条　乙は，本研究を行うにあたって生じた経費（甲が費消した研究開発にかかる実費および人件費を含む。）を，書面によって別途合意されない限り，全て負担しなければならない。

　なお，大学との間の共同研究に関する研究経費については特有の問題がありますので，第10章3「共同研究費用」（292頁）で説明します。

4　研究成果に対する対価

　また，共同研究契約によっては，研究経費とは別に，一方当事者が他方当事者に「研究成果に対する対価」を支払う内容にすることがあります。たとえば，大企業とDTSUとの間の共同研究契約における以下のような条項です。

■　OIモデル契約書ver2.1（新素材編）共同研究開発契約書

第10条（研究成果に対する対価）
　　本研究が所期の目的を達成した場合，乙は，甲に対し，下記の定めに従って，研究成果に対する対価を支払う。なお，消費税は外税とし，遅延損害金は年14.6%とする。

記

①　本製品が別紙●●所定の性能を達成した時：●円
②　本製品を用いたヘッドライトの試作品が完成した時点：

> 甲乙別途協議した金額（ただし，●円を下回らない。）
> ③　本研究の成果を利用した商品の販売が開始した時点：
> 甲乙別途協議した金額（ただし，●円を下回らない。）

　これはいわゆるマイルストーン方式と言われる条項であり，研究上の一定のマイルストーンを設定し，当該マイルストーンをクリアすると対価が支払われるというものです。

　創薬の分野では比較的多く見られる条項ですが，これは創薬領域の場合，マイルストーンとして治験の進行度や，各国の行政機関による薬事承認の有無などの客観的な指標があるためではないかと思われます。

　一方，それ以外の事業領域では，マイルストーン方式にする対価支払条項はあまり見られません。

　しかし，このようなマイルストーン方式の支払条項は，DTSUの成果達成へのインセンティブおよび大企業側のリスクヘッジという観点から合理性を持つものであり，創薬以外の領域にも，もっと積極的に導入されてもよいと思われます。

　上記の条項例は，大企業とDTSUとの間の共同研究契約において，大企業がDTSUに対して研究成果に対する対価を支払う内容の条項ですが，大学とDTSU（事業会社）との間の共同研究契約において，このような条項が定められる例はあまりありません。

　もっとも，『産学官連携による共同研究強化のためのガイドライン【追補版】』[8]19頁では，大学との共同研究成果として創出された「知」への価値付けという観点から，事業会社が大学にマイルストーン方式で対価を支払うことが提案されており，今後に要注目です。

5　解除事由としてのチェンジオブコントロール（COC）条項

　DTSUが特に注意しなければならない条項として，解除事由としてのチェンジオブコントロール（COC）条項があります。

　COC条項とは，共同研究契約やライセンス契約の解除事由として，「合併，株式交換，株式移転，会社分割，事業譲渡または株主が全議決権の●分の1を超えて変動した場合など，支配権に実質的な変動があった場合」のようなチェンジオ

8　文部科学省・経済産業省『産学官連携による共同研究強化のためのガイドライン【追補版】』（2020年6月30日）

ブコントロール（COC）があった場合に解除できる旨が定められている条項を指します。

　共同研究契約やライセンス契約において，このような解除事由としてのCOC条項が定められている場合，DTSUのM＆Aが解除事由となりかねず，上場審査やデューディリジェンスにおいてリスクと評価される可能性があります。そのため，DTSUとしては解除事由にCOC条項が含まれている場合，それによる支障を説明し，削除を求めるべきと言えます。

　一方，大学とのライセンス契約の場合，解除事由としてのCOC条項の削除が難しい場合もあります。

　これは，仮に解除事由にCOCが含まれていない場合，外国の企業がライセンシーの支配株主になる可能性もありますが，（部分的・間接的にせよ）税金が投入されて得られた研究成果・技術が，国外において日本の国益を害する態様で利用されることは避けるべきという懸念があるためです。

　その調整のための方法はいくつか提案されていますが，たとえば，OIモデル契約書ver2.1（大学編：大学・大学発ベンチャー）ライセンス契約書10条においては「外国為替及び外国貿易法」（以下「外為法」という）による規制を基準にすること」が提案されています。

　これは，単に支配権移転が生じただけで解除事由とするのではなく「本発明の移転について外国為替及び外国貿易法における規制に違反した場合」を解除事由とするというものです。

　また，2023年5月29日に内閣府等が公表した『大学知財ガバナンスガイドライン』（以下「大学知財GGL」）では，大学が共同研究先と共有する大学知財について，大学がスタートアップに実施権限を許諾する場合，大学と権利を共有する共同研究先に対し，当該スタートアップのCOCが生じる場合について，優先交渉権（競合企業を含む第三者が提示した条件と同条件で共同研究先が優先的に買収することができる権利）を与えておく方法が提案されています（同GGL35頁）。

6　競合する研究開発の禁止

　大企業とDTSUとの間の共同研究契約の中には，当該共同研究と競合する研究開発について一定の制限を課す条項が設けられているものがあります。

　たとえば，OIモデル契約書ver2.1（新素材編）共同研究開発契約書14条（第三者との競合開発の禁止）では，以下のように定められています。

■ OIモデル契約書ver2.1（新素材編）共同研究開発契約書

> **第14条（第三者との競合開発の禁止）**
>
> 　甲および乙は，本契約の期間中，相手方の書面等による事前の同意を得ることなく，本製品と同一または類似の製品（本樹脂組成物からなる自動車用のライトカバーを含む。）について，本研究以外に独自に研究開発をしてはならず，かつ，第三者と共同開発をしまたは第三者に開発を委託し，もしくは第三者から開発を受託してはならない。

　このような競合開発禁止条項は，DTSUの研究開発活動の制約になりますので，慎重な交渉が必要です。ポイントは以下の3点です。

> **①　競合開発禁止の期間**
>
> 　共同研究契約の有効期間中に限られるか，有効期間終了後も制約がかかるのか。
>
> **②　制限対象**
>
> 　「本研究と同一」の研究開発のみが禁止されているのか「本研究と同一または類似」の研究開発も禁止されているのか。
>
> **③　禁止対象行為**
>
> 　第三者との研究開発のみが禁じられているのか，単独開発も禁じられているのか

　大企業からあまりに厳しい内容の禁止規定を設けるよう要請された場合，DTSUとしては公正取引委員会が公表している「共同研究開発に関する独占禁止

図表8-7　競合する研究開発の禁止と独禁法違反

禁止期間	制限対象	対象行為	
		単独研究開発	第三者との共同研究開発
共同研究契約の有効期間中	同一	原則として独禁法違反の問題なし（GL第2の2(1)ア【7】	原則として独禁法違反の問題なし（GL第2の2(1)ア【7】
	極めて密接	独禁法違反（不公正な取引方法）に該当するおそれが強い（GL第2の2(1)ウ【1】	正当な目的等があれば問題なし（（GL第2の2(1)ア【8】
	それ以外		独禁法違反（不公正な取引方法）に該当するおそれが強い（GL第2の2(1)ウ【1】
共同研究契約終了後	同一	独禁法違反（不公正な取引方法）に該当するおそれが強い（GL第2の2(1)ウ【1】	独禁法違反（不公正な取引方法）に該当するおそれが強い（GL第2の2(1)ウ【2】。ただし，例外的に合理的期間に限って適法となる場合あり（同ア【9】
	極めて密接		
	それ以外		独禁法違反（不公正な取引方法）に該当するおそれが強い（GL第2の2(1)ウ【1】

GL：共同研究開発ガイドライン

法上の指針」（共同研究開発ガイドライン）を示して交渉するという方法もあります。

このガイドラインは，研究開発の共同化や，共同研究開発の実施に伴う取決めが，共同研究契約参加者の事業活動を不当に拘束し，公正な競争を阻害するおそれのある場合もあることから，公正取引委員会が公表しているものです。

このガイドラインのうち，競合開発禁止に関する規定を抜粋して整理したのが**図表8-7**です。

7 オプション権と優先交渉権(Right of First Refusal)

7-1 どのような場面で設定されるか

共同研究契約においては，「共同研究契約において相手単独知財や共有知財となった場合に，ライセンス契約を締結するかの判断（技術内容や市場性等の判断）をするまでの間，一定期間「ライセンスを受けられる立場」をキープしておきたい」というニーズがあることがあります。

その場合に共同研究契約で（あるいは別契約内で）設定されるのが**オプション権や優先交渉権**（Right of First Refusal）です。

たとえば，大学とDTSUとの間では，「共同研究の成果について大学が単独知財あるいは共有知財を取得した場合，DTSUが当該知財についての独占的ライセンスを受けるかどうか，検討時間がほしい。その間は当該知財についてDTSU以外の第三者にライセンスをしないでほしい」という状況の場合に設定されます[9]。

7-2 具体的内容

共同研究契約において，A（知的財産権の権利者）とB（共同研究契約の相手方）との間で設定されるオプション権・優先交渉権（Right of First Refusal）は，いずれも，①一定期間（オプション権行使期間や優先交渉期間）を設定し，②その期間中，BはAとの間で独占的にライセンス契約の交渉が可能というものです。

オプション権と優先交渉権（Right of First Refusal）の相違点は，一般的にはオ

---

9 大学知財GGLでは，後述のように，大学と民間企業との間の共同研究契約において，研究成果の実施が予定されている事業分野「以外」の事業分野について，大学単独知財や共有知財についてオプション権またはRight of First Refusal（「RoFR」という）を設定することが提案されています。

プション権については，一定期間内にBがオプション権を行使すると自動的にライセンス契約が成立するのに対し，優先交渉権（Right of First Refusal）においては，改めてライセンス条件について交渉する必要があるという点です。

　たとえば，東京大学共同研究契約書17条では優先交渉権について以下の条項を設けています。

■　東京大学共同研究契約書

（優先交渉権）

第17条　前条にかかわらず，乙が，本件知的財産権に係る実施又は実施許諾の形態を検討するために，当該本件知的財産権に関する技術面や事業面等からの検証・評価に時間を要する場合，当該本件知的財産権の実施及び実施許諾に関する条件交渉を甲と独占的に行うことができる期間（以下「優先交渉期間」といい，当該優先交渉期間中に乙が獲得する権利を以下「優先交渉権」という。）を，甲と協議の上，設けることができるものとする。

2　優先交渉期間中に発生する本件知的財産権に係る出願及び権利保全等に要する費用（以下「出願等費用」という。）の一切は，乙が負担するものとする。

3　優先交渉期間は出願日から18ヶ月を上限として設けることができるものとし，共同出願契約又は優先交渉期間設定契約において定めるものとする。なお，発明等の内容等を踏まえ，甲乙協議の上，優先交渉期間をあらかじめ延ばすことができるものとする。

4　優先交渉期間中に，乙が優先交渉期間の延長を希望する場合，甲に延長の申し出を行い，甲の同意を得た上で，書面にて優先交渉期間を延長するものとする。

5　乙は，優先交渉期間終了3ヶ月前までに，第1項に定める検証・評価の結果を甲に通知するものとし，甲及び乙は，第18条から第23条までの規定に従い，優先交渉期間終了後の本件知的財産権の実施及び実施許諾に係る条件を決定するものとする。乙が優先交渉期間中に優先交渉権の放棄を希望する場合も同様とする。

6　前項により決定した条件に基づき，甲及び乙は，優先交渉期間終了後の取扱いを定めた甲知的財産権に関する実施契約（以下「独占的通常実施権許諾契約，非独占的通常実施権許諾契約又は専用実施権設定契約」をいう。），又は共有知的財産権に関する共有知的財産権取扱契約を，優先交渉期間内に締結するものとする。

7　優先交渉期間中に，乙が本件知的財産権を活用し収入を得ようとする場合，その取扱いにつき，あらかじめ甲乙協議し決定するものとする。

　東京大学においては，原則として大学単独知財および共有知財については出願までに当該知財についてのライセンス契約を締結することになっていますが（16

条1項），その例外として優先交渉権を設定できるとしています。

　本雛形では，優先交渉期間は18カ月とされており，合意により延長可能ですが，当該期間を大幅に延長する場合には，「当該期間中の大学の不実施に対する対価等を考慮いただくことをお願いすることもあります」ということです[10]。

10　東京大学『共同研究契約書条文解説（平成23年度版）』

第 9 章

ライセンスフェーズ

情報交換フェーズ	技術検証フェーズ	共同研究フェーズ	ライセンスフェーズ
相互に秘密保持義務を負担しつつ必要な情報（有体物を含む）を開示し合い，共同研究あるいはライセンスの相手方としてふさわしいかを見極めるフェーズ	共同研究が成功する可能性があるか，相手が共同研究先としてふさわしい技術力を持っているかを検証するためのフェーズ	双方が研究開発に関するリソースを持ち寄って共同して研究開発を行うフェーズ	共同研究の結果生まれた新規知財（および当事者双方の既存知財）についての利用条件を合意するフェーズ

・技術ライセンス契約
・ノウハウ供与契約
　（技術援助契約）
・データライセンス契約
・ソフトウエアライセンス
　契約

　ライセンスフェーズとは，共同研究の結果として生まれた新規知財（フォアグランドIP）や，当事者双方の既存の知財（バックグラウンドIP）に関する実施条件を定めるフェーズです。対象知財の権利者として実施許諾をする側の当事者を「ライセンサー（サー）」，実施許諾を受ける側の当事者を「ライセンシー（シー）」と呼ぶことが多いので以後その用例に従います。

　DTSUの場合，大学との間ではライセンシーになり，事業会社との間ではライセンサーになることが多いのではないかと思います。

　たとえば，①基本特許についてDTSUが大学から独占的ライセンスを受け，②当該基本特許を用いて応用研究をDTSUと大企業が共同研究の形式で行い，③当該共同研究で新たに生まれた知財（フォアグランドIP）がDTSUの単独帰属となり，そのうえで，④DTSUが大企業に対して，基本知財（バックグラウンドIP）の

（サブ）ライセンス）とフォアグランドIPをライセンスするという場合，**図表9-1**のような関係になります。

図表9-1　大学・DTSU・大企業の関係

　当然のことではありますが，ライセンス契約においては，ライセンサーとライセンシーとは立場が正反対ですから，サーにもシーにもなり得るDTSUとしては，サーとシー双方の交渉ポイントを知っておく必要があります。

　ライセンス契約として公表されているモデル契約としては，OIモデル契約書ver2.1ライセンス契約書（新素材編）はDTSUがライセンサー側，OIモデル契約書ver2.1ライセンス契約書（大学編：大学・大学発ベンチャー）はDTSUがライセンシー側の契約ですので，以下その2つのモデル契約を適宜紹介しながら見ていこうと思います。

1 事業の実施にあたって何が「コア」なのかの見極めが重要

　DTSUが，ライセンシーとしてライセンス契約を締結する場合に留意しなければならない事項は「そもそも，そのライセンス契約の内容だけで，市場における自社の独占的地位を確保するのに十分なのか」という点です。

　たとえば特許権についてのライセンス契約を締結することは，具体的には，①ライセンス契約の対象とした特許発明（技術情報）を当該ライセンス契約で認められた範囲でライセンシーが実施することについて，②ライセンサーがライセンシーに対して権利行使（差止請求・損害賠償請求）をしない（不作為）ことしか意味しません。

　逆に言うと，ある特許発明についてライセンス契約を締結したとしても，①契約で実施対象とした特許発明**以外**の知的財産（ノウハウやデータ等）については，独占性が確保されているわけではありませんし，②ライセンサーに何らかの積極的な行為（技術指導等）を行って欲しければ，その点について別途合意する必要があるのです。

ライセンシーが当該事業を行うために，ライセンス対象となっている特許発明を実施するだけでは十分ではなく，その特許発明を実施するためのコツ（ノウハウ）をライセンサーから提供してもらわなければならない，あるいはデータやソフトウェアを提供してもらわなければならない，技術指導を行ってもらわなければならないという状況はよくあります。

したがって，DTSUがライセンシーとして権利者とライセンス契約締結交渉をする際には「**自らの事業の実施に当たって何がコアなのか（どの部分について排他性・独占性を確保する必要があるのか）の見極めを行い，その部分をカバーできる契約を締結することが極めて重要**」ということになります。

DTSUが事業を実施するに際して，知的財産面から見て「コア」になる可能性があるのは，(1)技術，(2)データ，(3)ソフトウェアの３つです。

それらをもう少し細かく分類し，必要な契約を整理したのが**図表9-2**です。

図表9-2　コアとなる知的財産の種類と必要な契約

知的財産の種類	必要な契約
(1)　技術 ①　特許権 ②　出願中の発明 ③　ブラックボックス化された，あるいは属人的なノウハウ	・特許ライセンス契約（専用実施権，独占的通常実施権）等 ・仮専用実施権契約等 ・ノウハウライセンス契約，技術指導契約
(2)　データ 試験・実験データ，医療データ，治験データ等	データ提供契約，データライセンス契約
(3)　ソフトウェア AIモデル等	ソフトウェアライセンス契約

繰り返しになりますが，DTSUにとって「特許ライセンス契約を締結すれば一安心」ではなく，「そもそも，そのライセンス契約の内容だけで，市場における自社の独占的地位を確保するのに十分なのか」を検討し，必要な範囲の契約を締結するようにしてください。

2 ライセンス契約

2-1 当該特許権を誰が保有しているのかの確認

　特許ライセンス契約交渉のスタートは，誰が当該対象特許権を保有しているかの確認から始まります。

　特に大学とのライセンス契約交渉の場合，交渉の窓口になっている大学の先生が「これは自分個人の特許である」と主張しているケースでも，調べてみると当該先生は発明者にすぎず，特許権は大学に帰属しているということがほとんどです。

　大学の場合，各大学に職務発明規程が存在し，職務発明（「研究者等が本学の資金，施設，設備その他の資源を用いて行った発明等」などと定義されます）に該当する発明等については，大学が承継するかを決める権利を有しているためです。

　大学や企業が単独で保有している特許権であれば，当該大学や企業とライセンス交渉をすることになりますが，大学と民間企業の共有特許権，複数の大学の共有特許権，複数の民間企業の共有特許権の場合は，ライセンス契約締結に際しては，すべての共有特許権者の承諾を得る必要があります。もっとも，共同出願契約等で共有特許権者間におけるライセンスの窓口が決まっていることがあるので，その場合は当該窓口と交渉すればよいことになります。

2-2 譲渡かライセンスか

　次に検討しなければならないのは，対象特許権の譲渡を受けるのかライセンスを受けるのか，ライセンスを受けるとしてどのような内容のライセンスを受けるかです。

図表9-3　譲渡とライセンス

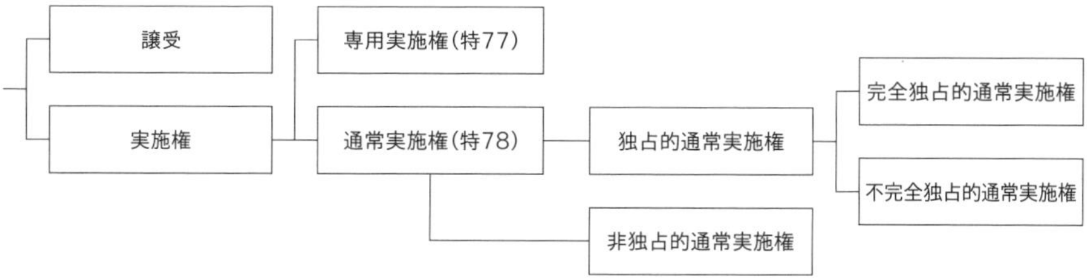

選択肢の全体像は上記のとおり，①有償譲受，②独占ライセンス（専用実施権または独占的通常実施権），③非独占ライセンス（非独占的通常実施権）の3種類です[1]。

相手単独知財の場合と，共有知財の場合でこの3種類のパターンを図示すると**図表9-4**のとおりとなります。

図表9-4　譲渡およびライセンスのパターン

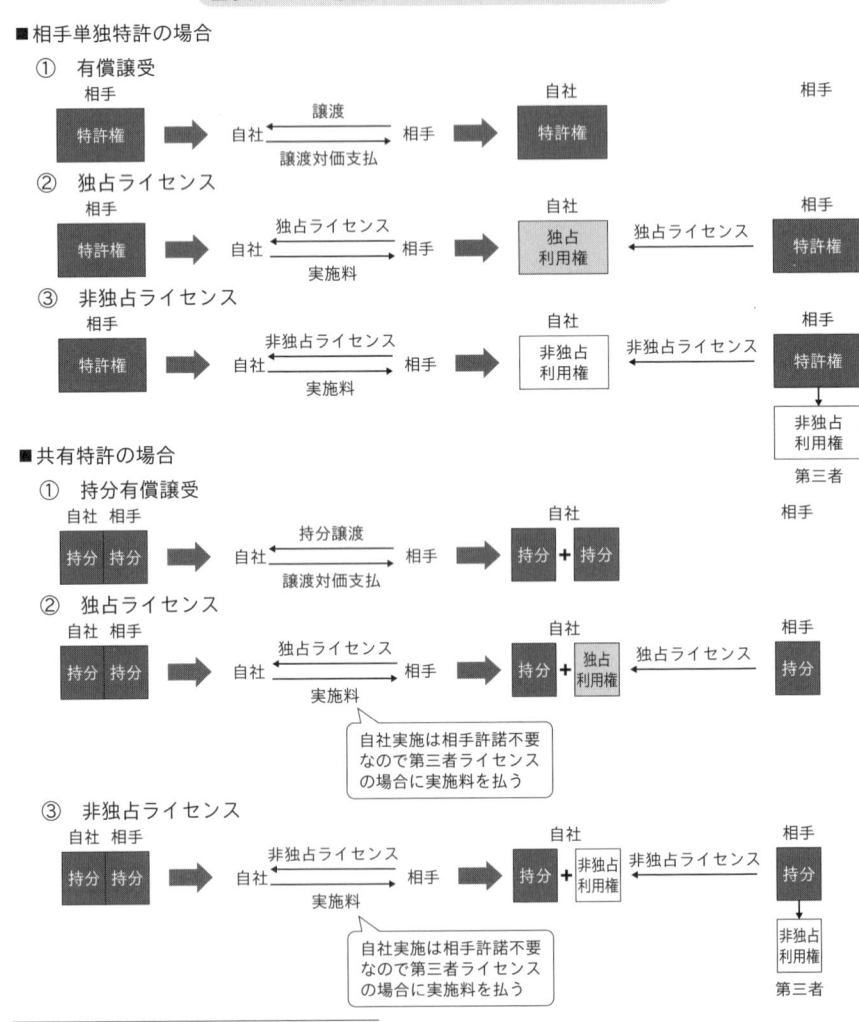

1　独占的通常実施権は，完全独占的通常実施権と不完全独占的通常実施権に分かれますが，前者は特許権者自身も実施できないという点が相違点です。

2-2-1　有償譲受

　DTSUとして第一の選択肢となるのは，特許権を譲り受けることです。

　たとえば，『2022新規上場ガイドブック（グロース市場編）[2]』の「Ⅵ上場審査に関するQ&A」には以下のような記載があり，原則として当該知的財産権を権利者から譲受けることが望まれるとの記載があります。

> **Q53**：大学が保有している特許などの知的財産権を利用して主要な事業を行っている場合，上場承認までに当該知的財産権を譲り受けていることが必要でしょうか。
>
> **A53**：他者が保有する特定の知的財産権を契約により独占的に利用して主要な事業が行われている企業（注1）については，当該知的財産権にかかる契約が解除された場合には事業の継続が困難になる等の理由から，上場に際しては，原則として，当該知的財産権を保有先から譲り受け，自社で保有することが望まれます。
>
> 　しかし，大学については公的な性格を有することから，その研究成果は社会への還元が求められており（注2），譲渡後に当該知的財産権が活用されなかったり（知的財産権の死蔵化），大学が想定していない目的（注3）に使用されたりする懸念は現状においては相当程度排除されなければならないと考えられることから，当該知的財産権の保有先からの譲り受けが困難であることが想定されます。その場合には，当該知的財産権の実施にかかる申請会社の権利の保護が上場後においても大学との契約において適正に講じられていることを，以下のようなポイントを踏まえ，合理的に説明していただく必要があると考えられます。
>
> ①　たとえば，専用実施権（注4）の付与を受けることにより，申請会社が排他的に当該知的財産権を利用でき，また，申請会社自身が特許等侵害に対抗できるような契約になっていますか。
> ②　当該知的財産権を保有している大学が当該知的財産権にかかる管理や保護を組織的かつ適正に行っていますか。
> ③　契約期間は申請会社が上場後も継続的に事業を行っていくうえで適正な期間になっていますか。
> ④　当該知的財産権の実施にかかる費用について，当該契約で明確化されていますか。
> ⑤　大学（注5）から一方的に解除もしくは不利益な条件に変更されない契約内容になっていますか。
>
> （略）
>
> **（注1）** 代替技術の利用が可能な場合や多くの要素を複合的に使用して事業を行っている場合など当該知的財産権の事業上の重要性が低い場合はこの限りではありません。

2　東京証券取引所『2022新規上場ガイドブック（グロース市場編）』（2022年4月）

(注2) たとえば国立大学では，国立大学法人法22条第1項第5号において，国立大学法人の行う業務として，「当該国立大学における研究の成果を普及し，およびその活用を促進すること。」と定められ，研究成果の社会還元が求められています。

(注3) 大学によっては軍事目的や非倫理的目的等に研究成果を利用することを禁止しています。

(注4) 専用実施権とは，特許発明を独占的に実施することができ，また，権利の侵害者に対して自ら差止請求や損害賠償ができる権利であり，特許庁への登録により効力が発生します。なお，申請会社による知的財産権の排他的な利用について専用実施権と同等に一定の保護が図られるスキームであると評価できるものであれば，必ずしも専用実施権に限定するものではなく，審査上認められるものと判断することもあります。

(注5) 申請会社の事業継続の観点から問題ないと評価できる相手先であれば，知的財産権の保有者が大学でない場合についても，審査上認められるものと判断することもあります。

　また，大学知財GGLにおいては，共同研究の結果として大学単独知財や大学共有知財が生まれた場合，「特別な事情」[3]がある場合であれば大学の権利持分を共同研究先に譲渡することも考えられるとしており[4]，DTSUが大学との間で対象特許の譲受交渉をする際に参考になります。

　もっとも，実際には，上記QAにも記載があるように，DTSUが大学から大学保有特許（大学単独帰属特許や，共有特許の大学持分）を譲り受けるのには非常に高いハードルがあるのが実情であり，たとえば東京大学は，特許権は譲渡しないポリシーのようです[5]。

　特許権の譲受けが難しいのであれば，ライセンス（実施権）交渉を行うことになります。

3　大学知財GGLが提案している「特別の事情」の具体例について，詳しくは第10章（286頁）参照。

4　285頁参照。

5　参考：内閣府 知的財産戦略推進事務局での議論（『知財の見える化を起点としたマッチング・エコシステムの構築』（2022年3月14日）（https://www.kantei.go.jp/jp/singi/titeki2/startup/dai3/siryou4.pdf））

　「東京大学は，特許は譲渡しないポリシー。理由は単純で，確実に事業化するなら譲渡してもいいが，事業化しなかったら死蔵化してしまうため。これは結構クリティカルな問題であるというのは，御理解いただければ。我々は専用実施権を設定してもいいのではないかと考えている。譲渡しているのとほぼ同じ意味合いになるし，第三者が特許侵害したときに差止請求権も持てる。」

2-2-2 独占ライセンス：専用実施権および独占的通常実施権

独占ライセンスの種類は，専用実施権（特許法77条）と独占的通常実施権に分かれます。

両者の相違点はいくつかありますが（専用実施権の設定には登録が必要等），最大の相違点は，**「専用実施権を設定すると，専用実施権者（ライセンシー）自身が自ら特許侵害に対して権利行使（差止請求や損害賠償請求等）をすることができる」**という点です。

この点は非常に大きな相違点です。

ある特許権についてライセンス契約を締結した後，第三者が当該特許権の侵害行為を行った場合，独占的通常実施権の場合，専用実施権と異なりライセンシーはライセンサーに対して権利行使をすることを要請するところまでしかできません[6]。

特に，大学が単独保有する特許権のライセンスを受けた場合にこの相違が大きな問題となります。

一般的に言って，日本の大学は仮に特許権侵害が生じたとしても，権利行使をすることに対して非常に消極的だからです。つまり，DTSUがせっかく苦労して大学との間で独占的通常実施契約を締結したとしても，結局「侵害され放題」ということになりかねないのです。

先ほど紹介した『2022新規上場ガイドブック（グロース市場編）』（東京証券取引所，2022年4月）の「Ⅵ上場審査に関するQ&A(2)大学発ベンチャーについて」Q53で「専用実施権（注4）の付与を受けることにより，**申請会社が排他的に当該知的財産権を利用でき，また，申請会社自身が特許等侵害に対抗できるような契約になっていますか。**」と記載されているのは，このような趣旨からです。

そのため，DTSUとしては，特に大学から独占ライセンスを受ける際には，独占的通常実施権ではなく専用実施権の設定を受けることを目指すべきと言えます[7]。

2-2-3 非独占ライセンス：非独占的通常実施権

DTSUが当該特許を独占的に実施できなくても問題ないのであれば，非独占ラ

---

6 ただし，独占的通常実施権の場合でも債権者代位権の転用によって，ライセンシー自身がライセンサーが有する差止請求権等を代位行使できるという説もあります。

7 2008年特許法の改正により，出願後設定登録をされるまでの特許を受ける権利（特許出願）について，「仮専用実施権」を設定できるようになりました。仮専用実施権を設定した場合，設定登録前には独占的効力などはありませんが，設定登録された場合には専用実施権となるべき権利についての対抗力を取得することができます。

イセンス（非独占的通常実施権）が選択肢となります。大学との共有特許については，共有者であるDTSU自身による非独占的な利用であれば，大学に対してライセンス料の支払いが不要とするケースも最近増えています。

以上説明した①有償譲受，②独占ライセンス（専用実施権および独占的通常実施権），③非独占ライセンス（非独占的通常実施権）の3種類を整理したのが**図表9-5**です。

図表9-5　譲渡，専用実施権，独占的通常実施権，非独占的通常実施権の相違

	譲受	専用実施権[*1]	完全独占的通常実施権	不完全独占的通常実施権	非独占的通常実施権
ライセンシーのみが排他的に当該特許発明を実施できるか	可能	可能	可能	ライセンサーおよびライセンシーのみ可能	不可能
特許権侵害に対して自己の名義で差止請求ができるか	可能	可能	不可能[*2]	不可能[*2]	不可能

（＊1）　OIモデル契約ver2.1（大学・大学発ベンチャー編）ライセンス契約書はこのタイプ
（＊2）　ただし債権者代位制度の転用により可能であるとの説もある。

2-2-4　契約条項

専用実施権を設定する場合の契約条項として，OIモデル契約書ver2.1（大学編：大学・大学発ベンチャー）ライセンス契約書の関係条項を紹介します（甲：DTSU，乙：大学）。

■　**OIモデル契約書ver2.1（大学編：大学・大学発ベンチャー）ライセンス契約書**

（専用実施権の設定）
第2条　乙は，甲に対して，本件特許発明等のうち，特許権として登録されているもの（本契約締結後に特許権として登録されたものも含む。以下同じ。）について，本件契約の有効期間中，範囲を限定しない専用実施権（以下「本件専用実施権」という。）を設定する。ただし，外国の特許権について，当該国の法令により専用実施権（これに相当する独占的な実施権を含む。）が設定できない本件特許発明等についてはこの限りではない。

2　甲は，自己の費用により，本件専用実施権の登録手続をとるものとし，乙は，当該登録手続に協力するものとする。

3 乙は，本契約有効期間中，本件特許発明等について，第三者への譲渡または担保の設定を行わないものとする。

4 本件専用実施権の設定期間は，対象となる特許権の存続期間満了までとする。ただし，本件専用実施権を設定後●年間甲が対象の発明を正当な理由なく実施しない場合には，乙は，甲に対し，本件専用実施権の設定を取り消し，本件専用実施権の対象となっていた特許発明について甲に対する非独占的通常実施権を設定することを求めることができる。

5 甲は，乙を含む教育または研究を主たる目的とする大学もしくは政府系研究機関等による，教育または研究目的での本件特許発明等のうち，特許権として登録されているものの実施行為に対し，本件専用実施権を行使しないものとする。

6 甲は，乙に対し，本件特許発明等のうち，特許権の登録がなされていないものについて，日本または甲が指定する国において特許権を取得するための手続をとることを求めることができるものとする。当該取得費用は甲が負担するものとする。

（通常実施権の設定許諾）
第3条 乙は，甲に対して，本件特許発明等のうち，専用実施権の設定ができないものについて，本件契約の有効期間中，範囲を限定しない独占的通常実施権（以下「本件独占的通常実施権」という。）を設定する。

2 本件独占的通常実施権の許諾期間は，対象となる特許権の存続期間満了または本契約期間満了までのいずれか遅い方までとする。ただし，本件独占的通常実施権を設定後●年間甲が対象の発明を正当な理由なく実施しない場合には，乙は，甲に対し，本件独占的通常実施権を非独占的通常実施権に切り替えることを求めることができる。

　この条項では，2条において対象特許発明について原則として専用実施権を設定するとしつつ，専用実施権の設定ができないもの（例：登録前の特許権や，専用実施権に対応する制度がない海外における実施など）については独占的通常実施権を3条で許諾するという構造になっています。

　また，特に大学との間のライセンス契約においてよく見られる条項として，2条4項ただし書きおよび3条2項ただし書きの規定があります。

　この規定は要するに「独占的実施権を持っているライセンシーが，一定期間正当な理由なく対象発明を実施しない場合には独占的実施権を失う」という内容ですが，大学の公的な性格や大学が関与して生み出された成果を可能な限り広く社会に還元すべきという観点から設けられるものです。

2-3　サブライセンス権

図表9-6　サブライセンス権

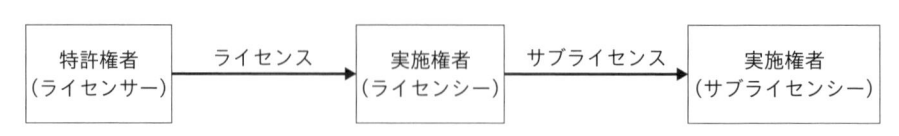

　リソースに限りがあるDTSUがライセンシーの場合，特許権者から実施許諾を受けた特許発明について，さらに第三者に（再）実施許諾をすることがあります。
　この（再）実施許諾を「サブライセンス」といいますが，仮に特許権者から専用実施権の設定や独占的通常実施権の許諾を得たとしても，それだけで自動的にサブライセンスができるわけではありません。ライセンシーがサブライセンスをするのであれば，その点についてライセンス契約において定めておく必要があります。
　具体的な定め方としては，①サブライセンスについて予め包括的に（都度ライセンサーの事前承諾不要の形式で）承諾を受ける方法，②特定の会社に対するサブライセンスについて予め承諾を得る方法，③都度事前承諾を得る方法がありますが，もっとも柔軟なのは①の方法です。
　OIモデル契約書ver2.1（大学編：大学・大学発ベンチャー）ライセンス契約書では，①のパターンを前提として，以下のような条項を設けています。

■　OIモデル契約書ver2.1（大学編：大学・大学発ベンチャー）ライセンス契約書

（再実施許諾）
第4条　甲は，第三者に対して本件特許発明の非独占的通常実施権を自由に許諾することができるものとし，乙は甲によるかかる第三者への実施権の許諾について何らの異議を述べないこととする。

　なお，DTSUと大学との間のライセンス契約の場合，DTSU自身の実施に伴うライセンスフィーとは別に，DTSUがサブライセンシーから受領したライセンスフィーの一部を大学に支払うのが通常です。

Column　下請の実施とサブライセンス権

　ライセンシーがサブライセンス権の設定を受けていない場合でも，特許製品の製造を第三者（下請会社）に製造委託することができるか，が問題となることが

あります。

　この問題は，下請会社による製造がライセンシー自身の製造とみなすことができるのか，ライセンシーとは無関係の第三者による製造とみなされるのかの問題です。

　前者を前提とすると，下請会社による製造は，ライセンシーによるサブライセンス（再実施許諾）行為ではありませんので，ライセンサーの同意なく行うことができますが，後者を前提とすると，下請会社による製造についてもライセンサーの同意なく行うことができないということになります。

　この点について，裁判例（最判平成9年10月28日（判時1206号4頁））は，以下の事情がある場合に，ライセンシーは下請会社に対してライセンサーの承諾なく特許製品を製造委託することができるとしました[8]。これは，下記要件を満たす場合には，下請会社はライセンシーの手足として製造を行っているに過ぎず，ライセンシー自身の実施行為と同視できるためです。

　①　ライセンシーが下請会社に工賃を支払っていた。

　②　ライセンシーが金型を下請会社に貸与していた。

　③　下請会社は製造した製品全部をライセンシーに納品していた。

　したがって，これらの事情がある場合には，ライセンス契約においてサブライセンス権の設定がない場合であっても，ライセンシーはライセンサーの承諾なく下請業者に製造委託をすることができます。

　もっとも，現実的には，上記事情があるか明らかでない場合も多いことから，ライセンス契約において下請製造の可否について明確に定めるべきでしょう。

　たとえば，京大共同研究契約では，共有となった特許権等をライセンシー（乙）が実施許諾するに際して以下のように定めています。

第9条（共有特許権等の取扱い）

1　略

2　乙が，前項第2号の独占的実施又は前項第3号の非独占的実施を選択した場合，次の条件が適用される。

　①，②略

　③　乙の子会社による実施，及び乙又は乙の子会社の事業のための第三者による製造（乙又は乙の子会社が納入（部材購入による場合を含む。）を受ける範囲での製造に限る。）は，乙の実施として取り扱われる。

3　略

8　ただし，この裁判例は，共有特許権の共有者が下請業者に特許製品を製造委託した場合において，当該製造委託が，当該共有特許権の「通常実施権の許諾」（特許法73条3項）に該当するかどうかが争われた裁判例です。

2-4　バックグラウンドIPについて気をつけるべきこと

　これまでバックグラウンドIPについて適宜言及してきましたが，ここで改めて，バックグラウンドIPについて気をつけるべきことをまとめて解説します。

2-4-1　バックグラウンドIP・フォアグラウンドIPとは

　バックグラウンドIP（BGIP）とは，共同研究契約の当事者が共同研究契約締結前から保有していた知的財産権（および共同研究契約締結後に共同研究とは関係なく取得した知的財産権）をいい，フォアグラウンドIP（FGIP）とは共同研究契約の当事者が共同研究の実施により得た知的財産権をいいます。

　共同研究契約→ライセンス契約のパターンにおいてはこの両者がライセンスの対象となることが多い点が特徴です。

図表9-7　バックグラウンドIPとフォアグラウンドIP

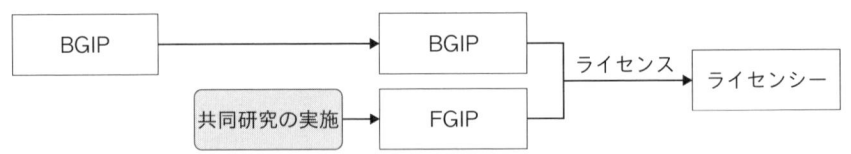

2-4-2　BGIPの保有者（ライセンサー）が注意すべきこと

　BGIPの保有者（ライセンサー）が注意すべきことは「BGIPの管理を怠ると，共同研究契約締結前に保有していたBGIPと，契約締結後に新たに生じたFGIPの区別が曖昧になり，本来単独の特許として出願できたはずのBGIPが，共同研究開発の成果物とされ，共有特許や相手方の単独特許となってしまうリスク（コンタミネーションリスク）がある」という点です。

　このようなコンタミネーションリスクを避けるために行うべきこととして，OIモデル契約書（新素材編）共同研究契約書・逐条解説8頁では，以下の3点を紹介しています。

---

① 共同研究開発の開始時点におけるバックグラウンド情報をリストにして開示・交換する
② 他者が実施したときにその実施を検出できる（侵害検出性がある）技術情報は，特許出願をしておく。侵害検出性がある技術方法としては，物の構成や形状，物質の組成などが挙げられる。

---

③　侵害検出性がない技術情報（例：プロセスノウハウ・データ・ソースコードなど。）については，公証制度やタイムスタンプサービスの利用により，共同開発契約締結時に既に保有していたという証拠化を図る。

　このうち，②と③は解説が必要でしょう。

　コンタミネーションリスクを防止するためには「共同研究開始前に当該BGIPを自ら保有していたこと」を証明できることが必要です。

　そして，そのための最もシンプルな方法は，②のように共同研究開始前に当該BGIPについて特許出願をすることです。出願により，共同研究開始前に当該BGIPを自ら保有していたことを容易に証明することが可能だからです。

　もっとも，他者が実施したときにその実施を検出できる（侵害検出性がある）BGIPでないと，特許出願は意味がありません。

　侵害検出性がない技術情報を特許出願することは，技術情報を特許出願により無償で開示し模倣リスクを自ら高めている一方で，仮に侵害が行われても権利行使ができないということを意味しますので，特許出願が有害と言える場合すらあります（詳細は「第1部　知財戦略」の第2章1-2秘匿の特徴の部分をご参照ください）。

　したがって，BGIPの保有者が，当該BGIPをコンタミネーションリスクから守るためには，原則として特許出願を検討すべきですが，当該BGIPに侵害検出性がない場合は，例外的に特許出願以外の方法で「共同研究開始前に当該BGIPを自ら保有していたこと」を証明することになります。

　そのための方法が，先ほど紹介した③「公証制度やタイムスタンプサービスの利用」です。公証制度とは，封緘した状態で公証役場に技術情報を持参し，確定日付印を押印してもらう方法などです。それにより，当該確定日付の時点で，当該技術情報が存在していたことを容易に立証できます。また，デジタルデータの場合は，第三者が提供するタイムスタンプサービスを利用することで，当該デジタルデータがある日時に存在していたことを立証することもできます[9]。

2-5　実施料（ロイヤルティ）

2-5-1　実施料の種類

　特許権の実施対価として，ライセンシーがライセンサーに対して支払う対価を実施料（ロイヤルティ）と呼びます。

9　特許法上の先使用権立証の文脈ではありますが，これらの公証方法について説明したものとして，特許庁『先使用権』https://www.jpo.go.jp/system/patent/gaiyo/senshiyo/document/index/senshiyouken_kanryaku.pdfの28頁

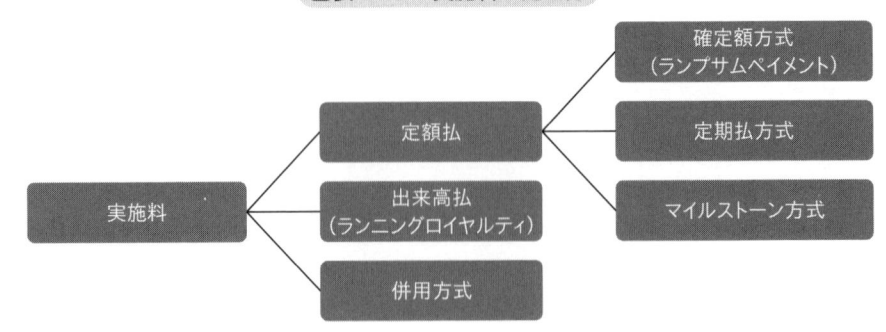

図表9-8　実施料の定め方

実施料の定め方としてはさまざまなものがありますが，**図表9-8**のように分類することが多いです。

定額払いとは，特許の実施の程度に関わらず，ライセンス契約においてあらかじめ定額の支払金額および支払い条件（トリガー）を定める方式です。

そのうち確定額方式（ランプサムペイメント）とは，全期間中の実施料の総額を定める方式であり，定期払方式とは，単位期間（たとえば1年間）あたりの一定額を定める方法です。

また，第8章4「研究成果に対する対価」（251頁）で紹介したマイルストーン方式も定額払いの一種です。

出来高払（ランニングロイヤルティ）とは，ライセンスの対象となった特許発明の実施の程度（販売や製造等の出来高）に応じて，契約期間中，継続的に実施料を支払う方式です。

DTSUがライセンサーの場合，実際には，①定額払として，契約締結時に一時金を支払ってもらい，かつ②出来高払としてランニングロイヤルティを支払ってもらうという併用方式がほとんどではないかと思います。

なお，DTSUが大学との間で締結するライセンス契約における実施料については，その一部を新株予約権で支払うことなどが行われることがありますので，第10章5「新株予約権による実施料（ロイヤルティ）」（296頁）で別途説明します。

2-5-2　実施料の「相場」

よくDTSUのみなさんから，実施料，特にランニングロイヤルティにおけるロイヤルティ料率の「相場」のようなものはありませんか，と聞かれることがあります。

なかなかお答えが難しいのですが，公刊されている資料としては，かなり古い

ですが，「実施料率技術契約のためのデータブック[10]」や「ロイヤルティ料率データハンドブック[11]」などがあります。

　もっとも，実際には，DTSUの事業計画（売上や利益率）を前提とし，当該利益に対する知財の貢献度や，ライセンス対象技術の代替手段の有無などを考慮して算定するしかないと思われます。

　ロイヤルティ料率について，ライセンサー（事業会社）とライセンシー（スタートアップ）との間の交渉がどのように行われるかについて具体的に解説しているのが，特許庁が公開している『オープンイノベーション促進のためのモデル契約書ver2.0解説パンフレット（新素材編）』（2023年5月改訂）です[12]。

　このパンフレットでは，具体的事例を元に，スタートアップのCEO，事業会社の担当者，VCなどが登場してロイヤルティ料率についての交渉を行う場面がかなりのリアル感を持って描写されており，イメージを掴むことができるのではないかと思います。

　特にロイヤルティ料率については，交渉初期段階ではスタートアップが「5パーセント未満はあり得ない」と主張したのに対し，事業会社側が「業界の相場は0.1％程度が相当」と反論するなど，双方の乖離が相当大きいところから交渉がスタートしています。

　困ったスタートアップはVCに相談し，VCとの議論の中でいくつかの気づきを得て再度事業会社と交渉し，最終的に許諾製品の事業会社における売上規模に応じてロイヤルティ料率を変化させるという内容で合意に至っています。

2-5-3　契約条項（併用方式）

　OIモデル契約書ver2.1（新素材編）ライセンス契約書4条は，ライセンス料について下記のとおり定めています。

■　OIモデル契約書ver2.1（新素材編）ライセンス契約書

第4条（本製品2に関するライセンス料）
　乙は，甲に対し，本製品2に関する本特許権および本バックグラウンド特許権に係る発明の実施許諾の対価（以下「ライセンス料」という。）として，以下の支払いを

10　発明協会研究センター編『実施料率 技術契約のためのデータブック〈第5版〉』（発明推進協会，2003年）

11　経済産業省知的財産政策室編『ロイヤルティ料率データハンドブック』（現代産業選書：知的財産実務シリーズ）（経済産業調査会，2010年）

12　https://www.jpo.go.jp/support/general/open-innovation-portal/document/index/startup-pamphlet-ma-a4.pdf

行う。

① 本契約締結日から1ヶ月以内に金●円

② 本契約の期間中に乙の販売するすべての本製品2の正味販売価格の●％（以下「ランニングロイヤルティ」という。）

2　乙は，甲に対し，ランニングロイヤルティの計算のため，本契約締結日以降，[期間] 毎に，当該期間の販売状況（販売個数・単価，その他ランニングロイヤルティの計算に必要な情報を含む。）を[●から●日以内に]書面で報告するとともに，当該ランニングロイヤルティを当該期間の末日から●日以内に支払う。

3　乙は前項のライセンス料を甲が指定する銀行口座振込送金の方法により支払う。これにかかる振込手数料は乙が負担する。

4　本条で定めるライセンス料についての消費税は外税とする。

5　本条のライセンス料の遅延損害金は年14.6％とする。

　この条項は，①本契約締結日から1カ月以内に金●円の一時金と，②本契約の期間中に乙の販売するすべての本製品2の正味販売価格の●％のランニングロイヤルティという併用方式を前提としています。

　このうち，ランニングロイヤルティの算定基準となる「正味販売価格」については，要するに「売上高（販売単価×販売数量）－販売に要する費用等」で計算されるものですが，その解釈について疑義が生じないよう，以下のように明確に定義することもあります（OIモデル契約書ver2.1（大学編：大学・大学発ベンチャー）ライセンス契約書1条オプション1）。

■　OIモデル契約書ver2.1（大学編：大学・大学発ベンチャー）ライセンス契約書

【1条：オプション条項】

⑥　正味販売価格

　本件特許発明を実施した製品の販売価格から次号に定義する控除費用を控除した金額をいう。ただし，当該控除は，当該販売価格の20%を上限とする。

⑦　控除費用

　甲が第三者に対し支払った，本件特許発明を実施した製品の販売に要する以下の費用であって，当該支払いにつき証明可能なものをいう。

(1)　梱包費，運送費もしくは輸送費，倉庫料または商社手数料

(2)　運送または輸送に係る保険料

(3)　消費税，物品税または付加価値税その他本件特許発明を実施した製品の販売に直接課せられる租税公課

(4)　関税

2-5-4　段階的なロイヤルティ設定

　ライセンス期間が長期にわたってくると，DTSUの製品やサービスにおいて，ライセンサーから事業初期段階でライセンスされた特許の重要度・貢献度が低下することがありますが，それにもかかわらず，ランニングロイヤルティ料率が維持され続けると，DTSUにとってコスト効率が悪くなる恐れがあります。

　また，ライセンサー側も，長期間にわたってロイヤルティを受け取っている場合の後半の期間や，ランニングロイヤルティの算定対象となる売上が一定規模を超えた場合にはロイヤルティ料率を下げることに応じてくれることがあります。

　たとえば，『オープンイノベーション促進のためのモデル契約書ver.2.0解説パンフレット（新素材編）』の「第3章　交渉シーンおよび交渉ノウハウの紹介」では，①売上規模20億円までの部分についてはロイヤルティ料率は売上の0.5%，②20億円を超過した部分については売上の0.25%とする「段階的ロイヤルティレート」の考え方が紹介されています。

　また，OIモデル契約書ver2.1（大学編：大学・大学発ベンチャー）ライセンス契約書では，以下のようなロイヤルティ料率の変更についての減額協議条項を5条（対価）の変更オプション条項2として設けています（甲：DTSU，乙：大学）。

■　**OIモデル契約書ver2.1（大学編：大学・大学発ベンチャー）ライセンス契約書**

第5条（対価）　変更オプション条項2

　甲は，乙に対し，本契約締結後1年毎に，下記の考慮要素を踏まえ，本条第1項②のランニングロイヤルティの額が不相当となった場合，本条第1項②のランニングロイヤルティの額の減額を求めることができるものとする。この場合の減額後の具体的なロイヤルティの額については，甲乙協議の上定めるものとする。

記

① 　甲が製造販売する製品（以下「本件製品」という。）について，本件特許以外で実施されている特許発明の数
② 　本件製品における本件特許発明等の寄与度
③ 　本件特許発明等の代替技術の存在および内容内容
④ 　その他本条第1項の対価の設定に関連する一切の事実

2-5-5　ロイヤルティスタッキング（複数のライセンス料の累積）問題

　DTSUが大学や事業会社から知財のライセンスを受けて開発や事業を進めていくと，事業を実行していくうえで必要となるライセンスの件数が増えていく（同

一の大学や企業からのライセンスが増える場合のみならず，第三者から受けるライセンスの件数が増える場合も含む）場合があります。

その結果，各知財に関するライセンスの対価を単純に足していくと，当該ライセンス料の合計がDTSUの利益を超えてしまうという不合理な事態が生じかねません（たとえば，利益率が10%の事業でライセンス料が20% = 2 % × 10件など）。

そのような事態を防ぐために，DTSUにおいて複数の特許等のライセンスを受けることが見込まれる場合は，以下のようにライセンス料の総額の上限を定めておくことが考えられます。

【条項例】

第●条

ライセンシー又はライセンシーの指定する者が，本発明と併せて，ライセンサー以外の者が権利を有する特許発明（以下「他者特許発明」という）を実施又は再実施許諾する場合の「年間実施料」及び「再実施料」については以下の計算に従うものとする。

① 年間実施料＝前項に定める年間実施料×（1 ／（1 ＋他者特許発明を有する者の数））

② 再実施料＝前項に定める再実施料×（1 ／（1 ＋他者特許発明を有する者の数））

2−6　改良発明

ライセンシーが実施許諾を受けた特許発明を用いて技術開発を行った場合，ライセンシーによって改良技術が開発され，同改良技術についてさらなる発明，考案等（以下「改良発明」といいます）が発生することもあります。

その場合，仮にライセンス契約において改良発明について何も合意していないと**図表9−9**のようにライセンサーの事業領域が狭まってしまうリスクがあります。

そのため，ライセンス契約においては，改良発明の取扱いについて定めるのが通常です。具体的な条項の内容はケースバイケースですが，「改良発明が生じた場合に当事者間で扱いを協議する」というシンプルな内容にすることも多いです。

また，改良発明は，ライセンサー・ライセンシーともに発生する可能性があります。そのため，双方の改良発明についての扱いを定める条項例もあります。

たとえば，OIモデル契約書ver2.1（新素材編）ライセンス契約書7条は，以下のように双方の改良発明について通知義務と，双方が改良発明について非独占的な実施権を有する内容となっています。

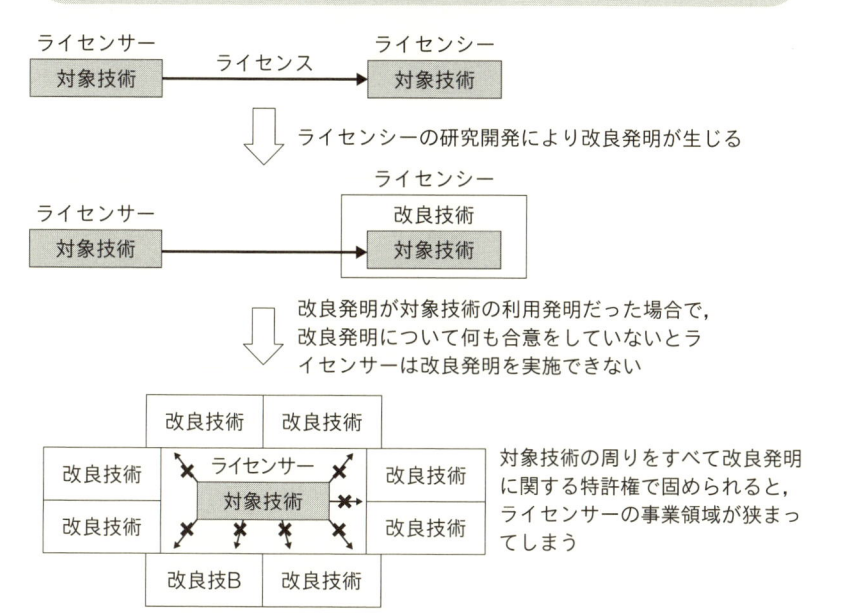

図表 9-9　ライセンシーの改良発明によりライセンサーの事業合意式が限定されるリスク

ライセンサー　対象技術　──ライセンス──▶　ライセンシー　対象技術

↓　ライセンシーの研究開発により改良発明が生じる

ライセンサー　対象技術　──────▶　ライセンシー　改良技術　対象技術

↓　改良発明が対象技術の利用発明だった場合で，改良発明について何も合意をしていないとライセンサーは改良発明を実施できない

改良技術　改良技術
改良技術　ライセンサー　対象技術　改良技術
改良技術　改良技術
改良技B　改良技術

対象技術の周りをすべて改良発明に関する特許権で固められると，ライセンサーの事業領域が狭まってしまう

■　OIモデル契約書ver2.1（新素材編）ライセンス契約書

第7条（改良技術）

　　甲は乙に対し，自己の裁量で，本契約期間中に，本特許権または本バックグラウンド特許権にかかる発明に改良，改善等をした場合（本製品に関する改良技術を開発した場合を含むが，これに限られない。），その事実を通知し，さらに，乙の書面による要請があるときは，当該改良技術を乙に開示する。乙は，本契約第2条に規定される条件に準じて，本地域において，かかる改良技術に基づき本製品を製造，販売する非独占的権利を有する。

2　甲が当該改良技術につき特許を取得した場合，乙は，本契約に規定される条件に従い，本地域において，当該特許にかかる発明を無償で実施する非独占的権利を有する。

3　乙は，本契約期間中に乙により開発されたすべての改良技術を，開発後直ちに甲に開示し，当該改良技術につき，当該改良技術に基づき本製品を製造，使用および販売する無期限，地域無限定，無償かつ非独占的な実施権を，再許諾可能な権利と共に，甲に許諾する。

4 乙が，いずれかの国において当該改良技術の特許出願または実用新案出願を申請することを希望する場合，乙は甲に対し，かかる出願前に出願内容の詳細を開示する。

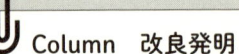

Column　改良発明と独占禁止法違反

改良発明に関する条項を設計する際には，独占禁止法との関係に注意が必要です。公正取引委員会が公表している『知的財産の利用に関する独占禁止法上の指針』では，ライセンス契約における改良発明に関して以下のとおり記載されています（第4の5⑧および⑨）。

(1)　原則として不公正な取引方法に該当するもの

①　ライセンサーがライセンシーに対して，ライセンシーが開発した改良技術について譲渡義務を課す行為

②　ライセンサーがライセンシーに対して，ライセンシーが開発した改良技術について独占的ライセンスする義務を課す行為

(2)　公正競争阻害性を有する場合には，不公正な取引方法に該当するもの

ライセンサーがライセンシーに対して，ライセンシーが開発した改良技術に係る権利をライセンサーとの共有とする義務を課す行為

(3)　原則として不公正な取引方法に該当しないもの

ライセンサーがライセンシーに対して，ライセンシーによる改良技術をライセンサーに非独占的にライセンスをする義務を課す行為

2-7　ライセンサーの保証義務

ライセンス契約交渉においては，ライセンシーからライセンサーに対して，①特許の技術的効果があること，②特許権の有効性，③第三者の権利の非侵害を保証して欲しいと要請されることがあります。

ライセンシーが当該保証を行うか否かは当事者間の力関係や対象技術の内容によってケースバイケースですが，一般的には特許ライセンス契約の場合，いずれの保証も困難なケースが多いのではないかと思われます。

たとえば，②特許権の有効性については，特許権の無効事由は多岐にわたるうえ，当該事由に該当するか否かは法的な判断も含むため，無効事由が存在しないことについて，事前にライセンサーがすべて調査をすることは現実的には非常に

難しいといえます。

　また，③第三者の権利の非侵害についても，同じく当該技術分野に関する特許権等を調査し尽くすことは困難ですし，そもそも特許権侵害となるかどうかの判断も非常に高度な法的な判断が要求されます。

　したがって，DTSUがライセンサーとして特許ライセンス契約を締結する場合には，これらの点については保証できない旨を明確に定めるべきと考えます。仮に保証をするのであれば「本契約締結時においてライセンサーが知る限り」という限定を付すことが最低限必要です。

　OIモデル契約書ver2.1（新素材編）ライセンス契約書6条では，対象となる特許権の無効審決が確定した場合でもライセンス料を返還しないことを定めています。

■　OIモデル契約書ver2.1（新素材編）ライセンス契約書

第6条（ライセンス料の不返還）
　　乙は，本契約に基づき甲に対して支払ったライセンス料に関し，計算の過誤による過払いを除き，本特許権等の無効審決が確定した場合（出願中のものについては拒絶査定または拒絶審決が確定した場合）を含むいかなる事由による場合でも，返還その他一切の請求を行わない。なお，錯誤による過払いを理由とする返還の請求は，支払後30日以内に書面により行うものとし，その後は理由の如何を問わず請求できない。

　また同モデル契約書9条では以下のように，③第三者の権利の非侵害についての非保証条項を定めています。

■　OIモデル契約書ver2.1（新素材編）ライセンス契約書

第9条（非保証）
　　甲は，乙に対し，本契約に基づく本製品の設計・製造・販売が第三者の特許権，実用新案権，意匠権等の権利を侵害しないことを保証しない。
2　本契約に基づく本製品の設計・製造・販売に関し，乙が第三者から前項に定める権利侵害を理由としてクレームがなされた場合（訴訟を提起された場合を含むが，これに限らない。）には，乙は，甲に対し，当該事実を通知するものとし，甲は，乙の要求に応じて当該クレームに対する対応（防禦活動）に必要な情報を提供するよう努める。

3　乙は，本特許権等が第三者に侵害されていることを発見した場合，当該侵害の事実を甲に対して通知する。

📎 **Column　AIと著作権侵害**

「AI学習済みモデルの場合，学習データの収集・利用が実は著作権法に違反している，商用利用禁止である，という場合がよくある（特に大学の研究成果を利用する場合）かと思いますが，そのような場合に備えてAI学習済みモデルのライセンス契約締結の注意事項はありますか。」という質問をいただくことがあります。

まず，日本の著作権法上は，学習済みモデル生成のための著作物の利用は原則として著作権侵害を構成しませんが（著作権法30条の4），例外的に，モデル生成に用いられたデータセットについて，その収集・利用が著作権侵害やライセンス違反を構成することはありえます（例：データベース著作物に該当するデータセットを無断で利用したり，会員制のDB（限定提供データ）を無断で利用したケース）。

ただし，ある学習済みモデルの生成に用いられたデータセットの収集・利用が著作権侵害やライセンス違反を構成したとしても，生成された学習済みモデルの利用にその違法性が影響し，モデルAの利用も違法となるかどうかは別問題です。

学習用データセットと学習済みモデルの間には通常は同一性・類似性がないため，モデルの利用＝学習用データセットの利用にはならないためです。

もっとも，ライセンシーとしてはライセンス契約上「当該モデルの生成に違法行為（法令違反またはライセンス・契約違反等）が介在していないこと」は保証してもらうことが無難だと思われます。

このような保証は，本文中で説明した特許ライセンス契約における非侵害保証条項と異なり，ライセンサーとして保証することが可能であるためです。

3　その他の契約

ここでは特許権ライセンス契約と共に締結されることが多いその他の契約について簡単に解説をします。

3-1　ノウハウ供与契約（技術援助契約）

特許権のライセンスを受けただけでは事業化が難しい場合には，ライセンス契

約とは別の契約として，あるいはライセンス契約の中の条項としてノウハウ供与契約（技術援助契約）を合意することがあります。

具体的内容は，ノウハウの開示・ライセンスや，オンサイトでの技術指導などさまざまですが，特許ライセンス契約におけるロイヤルティとは別料金が発生するのが通常です。

大学との契約として学術指導（コンサルティング）契約が締結されることもあります。たとえば以下のような内容の約款に基づく契約です[13]。

■ ○○大学学術指導約款

> **（学術指導料の納付等）**
> **第●条**
> 　委託者は，申請書に定める学術指導料を，学術指導の受入決定日から7日以内に●●大学より発行される請求書に従い，申請書に記載の請求期限までに納付するものとします。
> 　本学は，委託者から納付された学術指導料を原則，委託者に返還しません。
> **（知的財産権・所有権等の取扱い）**
> **第●条**
> 　学術指導により知的財産権が生じた場合は，その帰属，取扱い等について，別途協議して決定するものとします。
> 　なお，学術指導において新たな発明等の発生が予測される場合には，速やかに共同研究契約その他適切な契約を締結するものとします。
> 　学術指導料により取得した機器，設備その他の物品の所有権は本学に帰属するものとします。

3-2　データ利用契約

共同研究開発の成果物として，技術的アイデアや著作物（ソフトウェア）に加えて，データ（実験データや医療データなど）が存在し，当該データについての利用条件を定める場合に締結される契約です。

「データ利用契約」として独立した契約ではなく，共同研究契約やライセンス契約の中の条項として定められることもあります。

13　文部科学省・経済産業省『産学官連携による共同研究強化のためのガイドラインにおける産学協創の充実に向けた大学等の「知」の評価・算出のためのハンドブック別冊冊子』（2023年3月29日）39頁より引用。

具体的には，データの利用可能範囲，対価，データの再提供の可否，派生物の扱いなどを定めることになります。

さくらツール（個別型）の2017年における改訂[14]では，全類型のモデル契約に，以下のようなデータ関連条項（「本データ」「利用権限」「各当事者提供データ」「本成果データ」の定義や，それらのデータの利用方法についての定め）が追加されています[15]。

■ さくらツール契約モデル集（個別型）

第1条（定義）

(7) 「本データ」とは，個人情報の保護に関する法律（平成15年法律第57号）2条所定の「個人情報」以外の情報についての電磁的記録（電子的方式，電気的方式その他人の近くによっては認識できない方式で作成される記録であって，電子計算機による情報処理の用に供されるものをいう。）をいう。

(8) 「各当事者提供データ」とは，本契約締結前から各当事者が利用権限を有し，本共同研究の目的で提供する本データであって，各当事者について別紙[1]に示される。

(9) 「本成果データ」とは，本研究の遂行の過程で，又は，これに関して，創出され，取得又は収集される本データであって，別紙[2]に示される。

(10) 「利用権限」とは，データを利用，管理，開示，譲渡（利用許諾を含む。）又は処分することのほか，データに係る一切の権限をいう。

第21条（ノウハウ及びプログラム，データ等）

4　当事者提供データについては当該データを提供した各本当事者がそれぞれ利用権限を有し，また，本成果データについては別紙に定めるとおりデータの利用権限を有するものとし，かかる利用権限の内容は，別紙においてデータ毎にそれぞれ定める。但し，別紙において特段の定めがないときは，各当事者は，他の当事者が提供した当事者提供データ及び本成果データについて本研究の目的で利用するための利用権限を有するものとする。なお，各本当事者は，自己が提供した当事者提供データ及び本成果データの有用性及び正確性について保証せず，何らの責任も負わない。

14　https://www.mext.go.jp/a_menu/shinkou/sangaku/1403849.htm
15　データ利用契約に関する詳しい契約文例は，経済産業省『AI・データの利用に関する契約ガイドライン-データ編-』（2018年6月）（https://www.meti.go.jp/policy/mono_info_service/connected_industries/sharing_and_utilization/20180615001-1.pdf）を参照

第10章 大学との間の契約交渉

　DTSUは事業会社だけではなく，大学と共同研究契約やライセンス契約等の契約交渉をする場面もたくさんあります。

　DTSUと大学の契約交渉についても，ここまで説明してきたことが基本的には当てはまりますが，大学の特性（自ら事業活動を行うことができない，公的な立場として研究成果の社会実装を目指している等）を踏まえた特殊性があるため，ここでまとめて説明をします。

1 関連ガイドライン等

　これまで文部科学省・経済産業省などから，大学と事業会社のアライアンス活動に関連する主たるガイドライン等として2024年6月時点で以下のものが公表されています。

・『産学官連携による共同研究強化のためのガイドライン』（2016年11月30日）
・『産学官連携による共同研究強化のためのガイドライン（追補版）』（2020年6月30日）
・『ガイドラインを理解するためのFAQ ～「産学官連携による共同研究強化のためのガイドライン」の実務的な活用に向けて～』（2022年3月18日）
・『産学官連携による共同研究強化のためのガイドラインにおける産学協創の充実に向けた大学等の「知」の評価・算出のためのハンドブック』（2023年3月29日）（以下，単に「ハンドブック」ともいう）
・『産学官連携による共同研究強化のためのガイドラインにおける産学協創の充実に向けた大学等の「知」の評価・算出のためのハンドブック別冊冊子』（2023年3月29日）

・『大学知財ガバナンスガイドライン』（2023年3月29日）（以下，「大学知財GGL」）

※それぞれのURLは巻末資料を参照ください。

これらのガイドラインの位置づけは**図表10－1**のとおりです。

図表10－1　各種ガイドライン等の位置付け

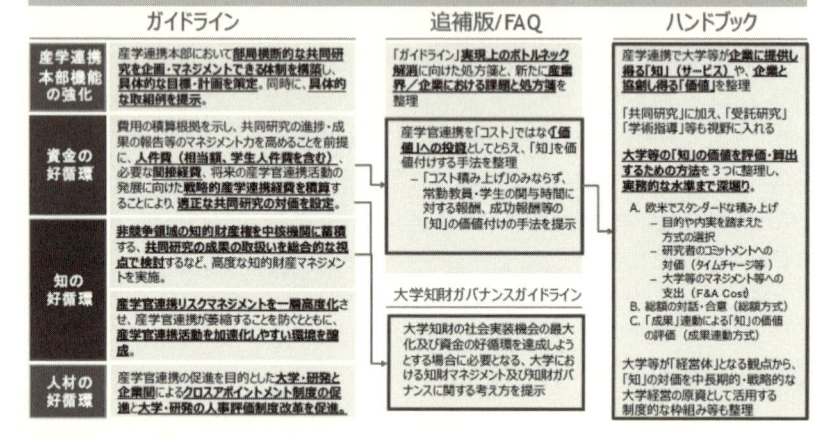

産学官連携による共同研究強化のためのガイドライン及び追補版、FAQ、ハンドブック、大学知財ガバナンスガイドラインの関係

出所：産学官連携による共同研究強化のためのガイドライン（追補版）（2022年6月30日）4頁より引用。

　これらのガイドラインは，DTSUとして必ずそのすべての内容を把握しておく必要があるわけではありません。

　もっとも，これらのガイドラインは産学官連携の「今後のあるべき姿」について詳細に検討したものであり，大学側の交渉スタンスや今後のトレンドなどを把握するのに非常に重要な内容を含んでいます。

　本書ではこれらのガイドラインのうち，大学と契約交渉をするDTSUが知っておくべき重要な部分に絞り込んで紹介します。

2 大学との共同研究における知的財産権の帰属と利用条件

　大学とDTSUの共同研究における知的財産権の帰属と利用条件については，これまで本書で詳細に説明してきたことがすべて当てはまります。

　もっとも，大学知財ガバナンスガイドライン（大学知財GGL）が，当該論点に関する今後のあり方について解説しており，このような考え方が大学との共同研究において今後のトレンドになる可能性もあるのでここで紹介します。

2-1　権利帰属

　大学知財GGLは，まず共同研究成果に関する知的財産権の帰属について以下の2点を指摘しています[1]。この内容自体は特に目新しいものではありません。

> ① 「とりあえず」大学と共同研究先との共有とするのではなく，大学知財の活用を見据え，大学単独帰属，大学と共同研究先との共有，共同研究先単独帰属，のいずれとするか決めることが有効である，
> ② 権利帰属は，大学知財の創出に係る技術的貢献度に基づき決定することが望ましい。

　DTSUが大学との契約交渉で使えそうなポイントは，「特別の事情」がある場合には「共同研究成果に係る大学知財[2]を当該共同研究先に単独帰属させる（大学の権利を共同研究先に譲渡する）」ことも考えられると明言している点です[3]。

　DTSUとしては，できる限り知財を単独で保有すべきであり，共同研究成果に関する知的財産権についても，第一選択としてはDTSU単独帰属の契約条項（どちらが発明者かや，貢献度，技術分野に関わらず，DTSUに単独帰属するという契約条項，あるいは共有知財の相手持分の買取請求権条項）を設けることが望ましいという点については，これまで繰り返し説明してきたところです。

　もっとも，大学とDTSUとの共同研究契約交渉の場合，大学単独知財，または大学と共同研究先との共有知財持分をDTSUに譲渡すること（特に大学単独知財を譲渡すること）について大学側は非常に消極的です。

　DTSUとしては，今後は大学知財GGLが指摘する以下の「特別の事情」がある

1　大学知財GGL 23頁
2　大学単独知財または大学と共同研究先との共有知財のことをいいます。以下同じ。
3　大学知財GGL 24頁

ことを説得材料に大学と交渉し，DTSU単独帰属の契約条項を目指すべきでしょう（(1)～(3)の番号は筆者加筆）。

> **「特別の事情」の具体例**
>
> (1)大学と共同研究先との共同研究成果の社会実装には，当該共同研究先が独自に保有する知財を利用することが必要であり，当該共同研究先が自ら共同研究成果を活用した事業を現に実施又は予定しており，かつ，当該共同研究先が独自に保有する知財について他者への実施許諾意思がないことが明らかな場合。
>
> (2)大学と共同研究先との共同研究成果が，用途が限定されたもの（用途発明等）であり，共同研究先が現に当該共同研究成果を活用した事業を実施している場合であって，当該共同研究成果について他者へ実施許諾意思がないことが明らかな場合。
>
> (3)大学が，共同研究成果の社会実装可能性又は社会実装を追求する必要性が低いと経営判断した場合。

DTSUについては特に(1)の「特別の事情」が当てはまるケースが多いのではと思われます。

(1)の要件としては「①当該共同研究先が独自に保有する知財を利用することが必要」「②当該共同研究先が自ら共同研究成果を活用した事業を現に実施又は予定」「③当該共同研究先が独自に保有する知財について他者への実施許諾意思がないことが明らか」が必要です。

①については，DTSUの場合は通常は満たすことができる（そもそもDTSUに独自保有知財がないと他社との差別化は困難であるため）でしょう。

②については，DTSUが大学と契約交渉をする時点で，独自知財を利用した事業をすでに実施しているケースはそれほど多くはないかもしれませんが「（事業を実施）予定」であっても要件は満たします。

③を満たせるかについては，DTSUの事業領域や全般的な知財戦略によって異なると思われます。たとえば創薬では，基本的にはDTSU自身が知財を実施（製造等）するのではなく大手製薬会社に対する実施許諾を行うことが前提となっていることが多いためです。

「特別の事情」を満たす可能性のあるDTSUは知財権的に大学に付してDTSU単独帰属をめざしましょう。

2-2 利用条件

共同研究成果に関する大学知財（大学単独知財または大学共有知財のことをいう。以下同）の利用条件に関して大学知財GGLが提言しているのは，筆者なりにまと

めると，「**大学知財の①実施許諾範囲の限定と，②実施許諾期間のフレキシブルな限定を行うこと**」です。

これは，自らは大学知財の社会実装の事業主体とはなれない大学が，共同研究先との間で追求すべきプリンシプルとして「大学知財の社会実装機会の最大化および資金の好循環のために必要となる権利の確保を目指すこと」を大学知財GGLが設定していることに対応するものです。

このような限定は，一見すると共同研究先にとっては大学知財の利用可能範囲が狭まるという意味で不利益にも思われますが，一方で，**共同研究先による大学知財の利用可能範囲を限定することで，共同研究先は大学から実施許諾を受けやすくなり，ライセンスフィーが合理的な範囲に収まる**という利点もあります。

もちろん，共同研究先が希望し，かつ条件について大学との間で合意できれば，広い範囲で実施許諾を受けることも可能です。

つまり，大学知財GGLが提言しているのは，単純に「共同研究先による大学知財の実施可能範囲を狭める」ということではなく，共同研究先による大学知財の実施可能範囲の選択肢を増やしているとみることが可能なのではないかと思います。

2-2-1 実施許諾範囲の限定

通常，大学と事業会社の間の共同研究契約において大学知財の実施許諾範囲を設定する場合，共同研究先である事業会社は実施許諾範囲を限定しない独占的な実施許諾を希望します。共同研究先としてはライセンスの範囲は広ければ広いほうがよいことからすると，当然の交渉スタンスと思われます。

一方，大学知財GGLは，大学知財の実施許諾範囲について，「共同研究先が対象となる大学知財の実施を予定している事業分野（対象分野）」と，それ以外の分野（「対象外分野」）と区別し，以下のように実施許諾内容を区別します（大学知財GGL29頁〜31頁）。

> **▼ 対象分野**
>
> 　対象分野はまさに共同研究先が事業を実施することを希望する分野であるため，大学は，共同研究先が希望する場合は，共同研究先に対して優先的に独占的な実施権限を許諾する。
>
> **▼ 対象外分野**
>
> 　対象外分野は共同研究先が実施を予定している事業分野ではないため，共同研究先に必ずしも実施許諾権限を許諾する必要はない。もっとも，共同研究先が将来的に当

> 該分野における事業を実施する可能性がある場合は，オプション権又はRight of First Refusal（以下，「RoFR」という）を設定する。そのうえで，共同研究先が将来のいずれかの時点でオプション権又はRoFRを行使した場合には，独占的または非独占的な実施権限（共有知財の場合は　独占的な実施権限）を得ることができる。

　共同研究先としては，独占的に実施権限を行使できる範囲は広ければ広いほどよいことは当然ですが，実施を予定していない事業分野（対象外分野）にまで権利行使可能範囲（許諾範囲）を広げると，当該大学知財の活用先が当該共同研究先に限られ，社会的損失が生ずることを考慮して大学知財GGLは以上のような区別をしています。

　しかし，繰り返しになりますが，このような区別は必ずしも共同研究先にとって不利なものとは限りません。

　これまでのように，実施許諾範囲を限定しないライセンス交渉を大学と行う場合，大学としては「この共同研究先に大学知財を独占的に許諾することによって，当該大学知財を社会実装する機会（マネタイズする機会）をすべて失ってしまう」「であれば，ライセンスの可否については慎重に考えよう（あるいはライセンスフィーは高くしよう）」という発想になるのは当然のことだからです。

　一方，大学知財GGLが提唱するように実施許諾範囲を対象分野と対象外分野に区別することで，大学としては当該大学知財を社会実装する機会が増えることになりますので，DTSUとしては大学と大学知財に関するライセンス契約が締結しやすくなるというメリットがあります。

2-2-2　実施許諾期間のフレキシブルな限定

　通常，大学と事業会社の間の共同研究契約において大学知財の実施許諾期間を設定する場合，共同研究先である事業会社は，当該大学知財の権利存続期間の満了までの実施許諾を希望します。共同研究先としては，ライセンス期間が長ければ長いほうがよいことからすると，当然です。

　一方，大学知財GGLは，大学知財の実施許諾期間について，機械的に「当該大学知財の権利存続期間の満了まで」とはせず，以下のような条件設定を目指すべきとしています（大学知財GGL28頁）。

> ○　共同研究先は，契約で定める期間内に大学知財を実施するために達成すべき目標を定める。
> ○　共同研究先が，契約で定める期間の目標を期間内に達成した場合，又は，期間内に達成しなかったことに正当な理由があると大学が判断した場合には，共同研

究先は，次の期間と当該期間における目標について大学と合意した上で，引き続き独占的又は非独占的な実施権限を有する。

○　一方，共同研究先が，正当な理由なく当該期間の目標を達成しなかったと大学が判断した場合には，共同研究先は実施権限を喪失する。この場合，大学は，もともと共同研究先に許諾されていた事業分野の範囲を含め，共同研究先の同意を得ることなく，第三者に独占的又は非独占的な実施権限を許諾することができる。なお，大学は，共同研究先との信頼関係の下，共同研究先と意思疎通した上で，正当な理由の有無を判断することが望ましい。

　これは，要するに，共同研究先が「正当な理由」なく期間内に目標達成できなければ実施権限を失うという内容であり，共同研究先による大学知財の社会実装（事業化）を促すための強烈な仕組みです。

　現在でも，大学知財の独占的ライセンスを受けた共同研究先が「正当な理由」なく大学知財を実施しない場合には，当該独占ライセンスを失い，非独占ライセンスに切り替わるという実務は存在しています。たとえば東京大学や京都大学の標準共同研究契約書には以下のような条項が存在しています。

■　東京大学共同研究契約書

（第三者に対する実施の許諾）

第21条　甲は，乙又は乙の指定する者が本件知的財産権（筆者注：大学単独知財及び共有知財）に関する独占実施に係る契約を締結した場合にもかかわらず，当該本件知的財産権を出願等した日の翌日から起算して表記契約項目表14.に掲げる期間（以下「実施目標期間」という。）以降において正当な理由なく実施しないときは，乙又は乙の指定する者の意見を聴取の上，乙又は乙の指定する者との間で締結している本件知的財産権に関する独占実施に係る契約を解除し，乙又は乙の指定する者以外の第三者に対し当該本件知的財産権の実施を許諾することができるものとする。ただし，当該独占実施に係る契約の締結に当たり，甲乙協議の上，表記契約項目表14.の実施目標期間と異なる期間を定めることができるものとする。

2　以下略

■　京都大学共同研究標準契約書

第 9 条（共有特許権等の取扱い）

1 ～ 2　略

3　第 1 項第 2 号の独占的実施の場合，本共有特許権等の出願日から 5 年（第 1 項

> 柱書なお書により独占的実施に変更されたときは，その変更の日から3年）経過後も乙による実施がなされず，甲が事前に乙の意見を聴取し斟酌した上で当該不実施に正当な理由がないと判断したときは，甲は，乙に対し，その旨を通知の上，以後，第1項第3号の非独占的実施が選択されたものとして，第三者に対し実施の許諾を行うことができる。

　もっとも，大学知財GGLが提言しているのは，共同研究先が一定期間内に大学知財を「実施」しなくとも，当初設定した目標を達成していればよいということなので，「実施」の有無だけを基準とする現行の実務よりも，よりきめ細やかな条件設定をすることが可能かもしれません。

　このように「正当な理由」の有無により共同研究先の独占的実施権限を失わせる場合，当該「正当な理由」の意味が大きな問題となります。

　この点，大学知財GGLは「正当な理由」を認めるべき例と認めるべきでない例について以下のとおり解説をしており参考になります（大学知財GGL34-35頁）。

■　大学知財GGL

「正当な理由」と認めるべきと考えられる例
○契約で定める期間の開始時点では予測し得なかったやむを得ない事情により社会実装に向けて必要な研究開発に遅延が生じた，又は，当該研究開発が実施できなかったと認められる場合。やむを得ない事情としては，対象となる大学知財に予測し得ない技術上や安全上の課題が事後的に発覚し，それに伴い新たな研究開発に注力する必要が生じた場合や，戦災や天変地異等の影響により社会実装に向けて必要な研究開発に必要な資機材の調達が困難となった場合のほか，社会実装に向けて必要な研究開発の実施に対する社会的な受容が得られなかった場合等が考えられる。
○共同研究成果が，共同研究先が現に実施している又は具体的に予定している事業で採用されている技術に対する代替的な手段等を提供するものである場合であって，共同研究成果に係る知財について第三者に実施許諾した場合，共同研究先の当該事業における競争優位性が阻害されると認められる場合。
○共同研究先において，大学知財の社会実装に向けて研究開発が継続されていることが確認でき，それまでに提示されてきた事業実施に関する計画，研究開発の実施に関する計画等及び今後の同種の計画等に照らして進捗が滞っている等の事情がない場合。

○共同研究先において，医薬品の製造販売承認に向けて研究開発が継続して行われており，進捗が滞っている等の事情がない場合。

○共同研究先が，現時点では大学知財の実施である事業をしていないが，その事業の準備をしていると認められる場合。

「正当な理由」と認めるべきでないと考えられる例

○具体的な事業の予定がないにもかかわらず，将来事業化する予定がゼロではないことを理由として，共同研究先が独占的な実施権限等の確保を求める場合。

○専ら他者が実施権限等を取得するのを防ぐために共同研究先が自身の独占的な実施権限等の確保を求めているものの，共同研究先が現に実施している又は具体的に実施を予定している事業の競争優位性確保のために当該大学知財の独占的な実施権限の保持が必要であると認められない場合。

○クロスライセンスパッケージに含めることを予定しているために，共同研究先が独占的な実施権限等の確保を求める場合。

2-3　大学知財GGLの適用範囲

　以上，大学知財の権利帰属や利用条件についての大学知財GGLが示した考え方を紹介しました。

　大学知財GGLは，直接的には，大学とDTSU含む事業会社との間の共同研究により生じた共同成果に関する知財を対象としています。

　もっとも，共同研究と無関係に発生する，大学自らが創出した大学単独知財のライセンス契約もあります。

　典型的には，大学単独知財を元に研究者が起業する大学発スタートアップが，大学との間で締結する，当該大学単独知財についてのライセンス契約です。

　このような大学単独知財についても，共同研究における大学単独帰属の大学知財と同様に取り扱うべき（つまり，実施許諾範囲の区別と実施許諾期間のフレキシブルな限定）ことは大学知財GGL自身が明記しています[4]。

　DTSUとしては，このような大学知財GGLの記載を根拠に，大学が保有する単独知財について柔軟な条件交渉を行うべきと思われます。

4　大学知財GGL 26頁。なお，大学知財GGLの当該部分には実施施許諾期間のフレキシブルな限定についてしか言及がありませんが，「実施許諾範囲の区別」の考えも同様に当てはまるものと思われます。

📎 **大学発スタートアップの大学とのライセンス契約締結のタイミング**

　DTSUのうち大学発スタートアップについては，大学との間で大学が保有する特許権についてのライセンス契約を締結することが通常です。

　ではどのタイミングで大学とライセンス契約を締結すべきでしょうか。主として外部投資家からの資金調達のタイミングとの関係で問題になります。

　DTSUとしては，大学との間でライセンス契約を締結して企業価値を上げてから資金調達するほうが有利な条件で調達が可能であること，また投資家としても，投資の前提としてライセンス契約が締結されていることを条件とすることが多いことから，原則として「大学との間でのライセンス契約締結→外部投資家からの資金調達」という順番で行うべきです。

　もっとも，DTSUとしては資金調達をしなければ，ライセンス料（特に締結時に支払う一時金）が支払えないという場合もあり，ライセンス契約の締結と資金調達のタイミングをいかに調整するかが問題となることがあります。

　この問題の解決方法としては，以下のような方法があります[5]。

① ライセンス契約における一時金の支払期限を，ライセンス契約締結後一定期間経過後として大学とライセンス契約を締結。当該ライセンス契約締結後に投資家と投資契約を締結して入金を受ける。その後に当該入金された資金を使って一時金を支払う。

② 上記①の対応が困難な場合，まず一時金の一部のみを手持ちの現金で支払って独占的通常実施権を許諾してもらい，資金調達完了後に一時金の残額を支払うことを条件に専用実施権の設定に切り替えてもらうことを内容としたライセンス契約を締結する。当該ライセンス契約締結後に投資家と投資契約を締結して入金を受ける。その後に当該入金された資金を使って一時金の残額を支払う。

3　共同研究費用：従来の考え方と近時の変化

　大学と事業会社（DTSUを含む）の共同研究においては，事業会社が大学に対して共同研究費用を支払います。

　この共同研究費用の計算根拠については，従来は，大学等，特に国立大学法人においては，大学における共同研究の「コスト（直接コスト＋間接コスト）の積み上げ」方式に基づいて算定されていました[6]。

5　OIモデル契約書（大学編：大学・大学発ベンチャー）ライセンス契約書（逐条解説）13頁参照。

しかし，その結果，大学等による「知」の貢献が企業から適切に評価されず，大学等がそれに見合う対価を得られていない（要するに共同研究費用が安すぎる）という危機感，問題意識が，大学を中心に共有されつつあります。

大学が企業との間で共同研究を行う場合，大学等や研究者が多大な労力や費用を投じて蓄積してきた「知」（知財・技術・データ・ノウハウ・学術的知見・経験等の無形資産を含む）を提供して価値を生み出していますが，企業から支払いを受ける共同研究費用が安すぎる結果，大学における「知」の維持／強化のための再投資がままならない，という危機感です。

このような問題意識の下，主要な大学を中心に共同研究経費の見直しの動きが活発化しており，かつ適正な産学協創の対価の設定に向けて，大学等の「知」の「価値」を評価・算出する方法についてのガイドラインが順次作成・公開されています。

それらのガイドラインの全体像は，**図表10-1**（284頁）のとおりです。

これらのガイドラインのうち，特に「大学等の「知」の評価・算出ハンドブック」は，共同研究経費の算定の考え方についてかなり深掘りした内容となっています。

このような，大学との共同研究における共同研究経費の見直しの動きについては，現時点ではまだ大学と大企業との間の動きとしていくつかの具体例があるだけであり，すぐにDTSUに影響があるわけではないと思われます。

そのため，本書での説明はここまでとしますが（詳細を知りたい方は，上記で紹介したガイドライン等を参照ください），「大学の「知」の価値付の適正化」と「（名目はどうあれ）共同研究経費の上昇」という流れは，今後継続・拡大していくことは確実だと思われますので，DTSUとしてもその動向を把握しておくべきでしょう。

4 不実施補償

大学とDTSUを含む事業会社との共同研究契約交渉特有の問題として「不実施補償」の問題があります。

---

6 このような算定方法が採用されてきた経緯は，①多くの大学等，特に国立大学法人においては，民間企業等との契約であっても政府からの競争的研究費等と同様に取り扱われるという実務上の慣習が存在していること，② 大学等の「知」の価値は金銭的価値の算出が困難であること，③大学側もコスト積み上げ方式以外の対価交渉の方法を知らないこと，④企業側に支払う意思があっても受け取る枠組みがないために契約に落とし込めないこと，などが指摘されています（ハンドブック3頁）。

「不実施補償」とは，一般的には「**特許が共有となっている場合において，共有者の一部（大学等）が自らは特許を実施しないこと（不実施）を約束する対価として，他方当事者（企業）が当該不実施者（大学等）に対して対価を支払うこと**」といいます。

　大学はそもそも商業的に特許の自己実施を行うことができないため，特許の共有者である企業に対して「不実施補償」の支払いを求めてくることがあります。

　このような要請にDTSUはどのように対応すべきでしょうか。

　まず「不実施補償」の要請には，合理的な根拠があるものと，それほどないものがありますので，その区別が必要です。

　第8章1-4（237頁）で特許権（特許を受ける権利）が共有となった場合の法律上のデフォルトルールについて説明をしました。

図表8-4　知的財産権の帰属を「共有」とした場合のデフォルトルール

	特許権（特許を受ける権利）		著作権	
	単独	共有	単独	共有
出願	制限なし	共同でないと出願不可（特38）	—	—
自己実施・使用	制限なし	制限なし（特73②）	制限なし	共有者の同意が必要（著65②）
第三者へのライセンス	制限なし	共有者の同意が必要（特73③，同33④）	制限なし	共有者の同意が必要（著65②）
持分譲渡	—	共有者の同意が必要（特73①，同33③）	—	共有者の同意が必要（著65①）

注：「特」は特許法，「著」は著作権法を指す

　まず一般的に言って，通常は「相手と合意しなくとも，法律上のデフォルトルールとして自由に行えること」に対して対価を支払う必要はありません。

　つまり，共有特許についても，「事業会社が大学と合意しなくとも，法律上のデフォルトルールとして自由に行えること」に対しては不実施補償を支払う合理性が乏しいことになります。

　大学と企業が特許権を共有している場合，それぞれ自由に自己実施はできますが，第三者へのライセンスと持分譲渡は相手の同意がなければできないことになります。

　また，ここでいう「自己実施」というのは「双方が自由に自己実施できる」ということですので，「自分だけが自己実施できるようにする（＝自分だけが独占的

実施権を持つ）」状態にするには，その旨の共有者との合意（相手が自らの実施をしないという合意）が必要となります。

つまり，「事業会社が大学と合意しなくとも，法律上のデフォルトルールとして自由に行えること」は「非独占的に自己実施すること」です。

したがって，この「非独占的に自己実施すること」の対価として不実施補償を支払う合理性は非常に低いでしょう[7]。

逆に，事業会社が大学との共有特許について，「独占的に自己実施すること」または／および「第三者にライセンスすること」を希望するのであれば，大学がそれらを許諾することの対価として何らかの支払い（それを不実施補償と呼ぶかは別として）を共有者である事業会社に求めることには合理性があるということになります。

図表10-2　不実施補償の合理性について

DTSによる共有特許の実施形態		大学による許諾と引き換えに大学に不実施補償を支払う合理性
DTS自身による自己実施	非独占的実施	×
	独占的実施	○
第三者に対するライセンス		○

DTSUとしては大学から「不実施補償」の支払い要請を受けた際には，その要請に合理性があるかを検討し，仮に対価を支払う合理性がないにも関わらず要請を受けた際には，法律上のデフォルトルールの存在や，当該共有特許の内容（基本特許か応用特許か），DTSUの事業戦略上の当該共有特許の重要性などを指摘して，大学と粘り強く交渉すべきです。また，不実施補償の支払いをしない代わり

7　そのため，企業と大学との間の共同研究契約の雛形においては，共有特許を企業が非独占的に自己実施する際には大学に支払いを要しないとするものもあります（例：京都大学「共同研究標準契約書」第9条1項3号）し，産総研は企業が共有特許を非独占的に自己実施する場合には不実施補償料を請求しないことを明確にしています（https://www.aist.go.jp/aist_j/news/announce/pr20141030.html）。
　　また，東京大学の『共同研究契約書条文解説（平成23年度版）』には，「大学としては，原則的には，大学の研究者が知的貢献した研究成果の利用に当たっては，独占・非独占実施を問わずその対価をお支払いいただくべきであると考えています。しかしながら，本学では，当該知的財産権の性格や相手方企業等の事業戦略等を考慮することとし，この「不実施補償」について非独占実施時に一律に相手方企業等に求めるといった取扱いはしていません。本条（注：共同研究契約第20条）にあるように，個別に相手方企業等との協議交渉により当該補償をお願いしています。共有知的財産権における出願等費用の負担の有無や，第三者へのライセンスの可能性など多角的視点から考慮し，自己実施しない（できない）大学と自己実施する（できる）企業等との間の実質的な対等の関係の構築を，個々の協議交渉の中で求めていくこととしています。」との記載があります。

に，共有特許の出願・維持費用をDTSUがすべて負担するなどの条件交渉も有効です。

5 新株予約権による実施料（ロイヤルティ）支払い

ライセンス契約における実施料（ロイヤルティ）については第9章2-5（271頁）で説明をしましたが，DTSU（特に大学発スタートアップ）の場合，一時金やランニングロイヤルティの一部を，新株予約権（ストックオプション）を大学に割り当てる方法で支払うケースが近時増加しています。

これは，特に創業間もなく現金が乏しい大学スタートアップが大学から大学知財のライセンスを受けるに際しての資金負担を軽減し，スタートアップの成長につなげるために行われるものです[8]。

また，大学発スタートアップが大学から知的財産権のライセンスやその他の支援を受け，それに伴い大学が株式・新株予約権を取得していることは，その大学発ベンチャーの対外的な評価を高めてその後の資金調達を円滑に進めることができる可能性もあることが指摘されています[9,10]。

> **📎 Column　国立大学（理工系）発スタートアップ，国立大学（人文科学系）スタートアップ，私立大学発スタートアップの違い**
>
> 「5　新株予約権による実施料（ロイヤルティ）支払い」について説明する内容は，国立大学（理工系）発スタートアップにのみを対象にしていることに注意してください。
>
> 国立大学（理工系）発スタートアップについては，2019年1月に施行された「科学技術・イノベーション創出の活性化に関する法律」（「科技イノベ活性化法」）および同月内閣府・文部科学省が発行した「研究開発法人及び国立大学法人等に

8　経済産業省『大学による大学発ベンチャーの株式・新株予約権 取得等に関する手引き～知的財産権のライセンスに伴う新株予約権の取得を中心に～』（SOガイドライン）4頁。

9　米国においては，ライセンス料を株式や新株予約権で支払うことは珍しくなく（たとえば，Googleはスタンフォード大学に対して株式によりライセンス料を支払い，スタンフォード大学は結果として400億円以上に相当する金額をライセンス料として得たと言われている），日本においても，東京大学が，東京大学発ベンチャーであるペプチドリーム株式会社への特許ライセンスの対価を新株予約権として取得し，その後同社の上場および株式の売却による回収まで至った例もある（SOガイドライン・8頁参照）。

10　実施料（ロイヤルティ）支払いの各種方法のメリット・デメリットについては大学GGL・39頁の図10参照。

よる成果活用事業者に対する支援に伴う株式又は新株予約権の取得及び保有に係るガイドライン」[11]において，成果活用事業者（国立大学法人等発ベンチャーを含みます）への支援に伴い，その株式・新株予約権を取得することが認められています。

一方，国立大学（人文科学系）スタートアップについては，科技イノベ活性化法の対象から除かれています。

なお，私立大学（学校法人，株式会社）は，教育に支障のない限り，収益を学校の経営に充てるために収益を目的とする事業を行うことができるとされています（私立学校法26条）ので，自己の事業ポリシーに従い，大学発スタートアップの株式・新株予約権を取得することが可能です。

5-1　DTSUの交渉戦略

先ほど説明をしたとおり，実施料（ロイヤルティ）を新株予約権によって支払うという方法（以下「SOスキーム」ということがあります）は，保有現金に乏しい，あるいは保有現金を研究開発にできるだけ多く振り分けたいDTSUにとって大きなメリットを持ちます。

一方，SOスキームを採用したことがないという大学が現時点ではまだ多く，そのようなスキームを積極的に受け入れる大学は少ないのが現実です。その場合，DTSUとしては，当該スキームがDTSUだけではなく大学にとってもメリットを持つことについて大学を説得しなければなりません。

大学にとってのSOスキームのメリットは，①将来DTSUがEXITをした場合，大きな金額を大学は得ることができ，それを原資として大学発ベンチャー支援体制をさらに整備・強化したり，次なる事業化シーズに投資を行ったりすることができる，②創業間もない大学発スタートアップの資金負担を軽減し，結果的にその大学発ベンチャーが担う研究成果の活用・社会実装のより迅速な推進につながる，③IR等コミュニケーションを通してスタートアップ支援に積極的に関与することができる，④（株式と比較すると）減損処理が不要，などが指摘されているところです[12]。

加えて，筆者は，「SOスキーム」と，「ランニングロイヤルティ（RR）を現金で

11　内閣府政策統括官（科学技術・イノベーション担当）・文部科学省 科学技術・学術政策局『研究開発法人及び国立大学法人等による成果活用事業者に対する支援に伴う株式又は新株予約権の取得及び保有に係るガイドライン』（2019年1月17日）。
12　SOガイドライン4頁，大学知財GGL 38頁。

支払うスキーム」（以下「現金スキーム」という場合があります）の比較が大学に対する重要な説得材料になると考えています。

5-1-1　SOスキームではDTSUの成長による企業価値向上全体を享受できる

　ある特定の大学知財に関するライセンス契約は，当該大学知財を実施することのライセンスですので，当該ライセンス契約におけるRRを現金で支払う場合，RRの計算式としては「当該大学知財を実施することで得られた売上（利益）×●％」という契約を結びます。

　しかし，DTSUの成長過程においては，当該大学知財を実施する事業自体が不振に陥る，あるいはDTSUのピボットにより，当該大学知財を利用する事業を行わなくなるという事態が生じ得ます。その場合，「当該大学知財を実施することで得られた売上（利益）×●％」という計算式でRRを定めている場合，大学が得られるRRが大幅に減少することや，場合によっては0になることがあります。

　一方，SOスキームの場合，「DTSUの特定の事業から生じる売上（利益）に対する一定のパーセンテージ」に応じた実施料ではなく「DTSU全体の成長に伴うDTSUの企業価値上昇」に応じた実施料を受領していることになります。つまり，SOスキームは，DTSU全体が成長している限り，DTSUにおける特定の事業の好調・不調，あるいはピボットの有無の影響を受けないということになります。

　これを別の言葉で言い換えると，SOスキームは大学にとってリスク分散の観

図表10-3　RRを現金のみで支払うことと実施料の一部をSOで支払うことの対比

【RRを現金のみで支払う】

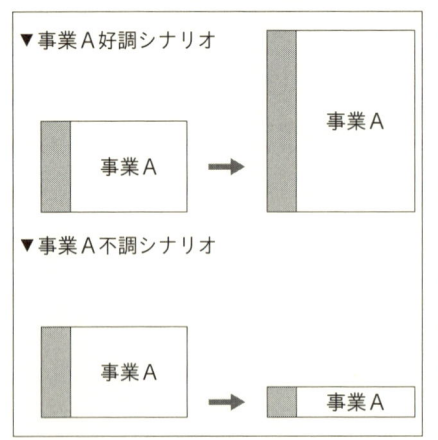

【実施料の一部を新株予約権で支払う】

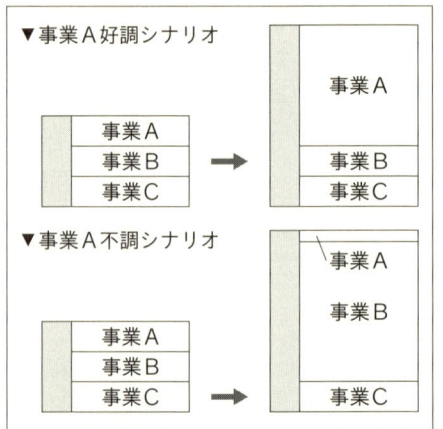

点から有利だということです。

　従来の現金スキーム契約では，その特定の技術が市場で成功するかどうかに大きく依存していますが，SOスキームではDTSUの全体的な成功に焦点を当てるため，1つの技術や製品に依存するリスクを軽減できるのです。

　また，SOスキームにおける大学側のリスクとして金銭的な損失（スタートアップが倒産等に陥る，リビングデッドの状態となる，株式公開・買収時の株価が，新株予約権の行使価額を下回る）などが説かれることもありますが，少なくともスタートアップが倒産等したときにはどちらのスキームであっても大学側は金銭的な損失を負うことになりますので，この点については決定的な理由にはならないように思います。

5-1-2　大学側が得られる追加的な利益（アップサイド）

　加えて，現金スキームとSOスキームとを比較すると，前者では大学側が得られる追加的利益（アップサイド）が限定されるという点が重要です。

　現金スキームでは，大学はDTSU自身が事業から直接得る売上の一定割合をDTSUから受け取るだけです。

　このスキームは，DTSUの事業が成功して売上が増加すれば，それに応じてロイヤリティ収入も増加するという直接的な関連がありますが，DTSUの企業価値の全体的な増加に伴う追加的な利益（アップサイド）を大学側が享受することはできません。

　DTSUが事業の拡大や戦略的な投資によって企業価値を高めた場合，その価値の増加分はロイヤリティ計算には反映されないためです。そのため，現金スキームでは，大学はDTSUの成功から生じる潜在的な追加収益を逃すことになります。

　対照的に，SOスキームを採用した場合，DTSUの企業価値の増加は大学にとっても直接的な利益となります。DTSUが全体として成長し，企業価値が上昇すると，SOの価値も増加し，それによって大学が得る金銭的利益も増加する可能性があります。

　このように，SOスキームは，大学にとってDTSUの成功によるアップサイドを享受するチャンスを提供し，より大きな長期的な収益を見込むことができるのです。

　この点を大学側に説明することで，SOスキームの採用が単なるDTSU側の都合（資金不足の解決策）ではなく，大学の長期的な収益増加にも寄与する戦略的選択であることを強調することができると思われます。

5-2　何に対する対価として新株予約権を付与するか

　大学と大学発スタートアップの間のライセンス契約の場合，実施料の支払い方法は，①定額払として，契約締結時に一時金として当該大学知財取得に要した実費（出願費用および管理費用）を支払い，かつ，②出来高払としてランニングロイヤルティを支払うという併用方式がほとんどではないでしょうか。

　先ほどライセンス契約における実施料の「一部」を新株予約権で支払うという説明をしましたが，実施料のどの部分を現金で支払い，どの部分を新株予約権で支払うかはケースバイケースです。

　たとえば，九州工業大学では，一時金のうち一部を新株予約権で，残りを現金で受け取っているようです[13]。

　また，OIモデル契約書ver2.1（大学編：大学・大学発ベンチャー）ライセンス契約書5条では，一時金を現金で，ランニングロイヤルティを新株予約権で支払う条項を提案し，同条の変更オプション条項1では，一時金を新株予約権で支払い，ランニングロイヤルティを現金で支払う条項を提案しています。

図表10-4　実費相当額を一時金とした場合の実務例

すべて現金で 支払うパターン	一時金		ランニングロイヤルティ	
	現金		現金	

実務の一例 （九州工業大学）	一時金		ランニングロイヤルティ	
	SO	現金	現金	

モデル契約 （大学ライセンス編）	一時金		ランニングロイヤルティ	
	現金		SO	

モデル契約 オプション条項	一時金		ランニングロイヤルティ	
	SO		現金	

大学知財GGL	一時金	大学の知財開発 投資へのリターン	ランニングロイヤルティ	
	現金	SO	現金	

注：一時金：当該大学知財取得に要した実費（出願費用および管理費用）相当額であることが多い
出所：筆者作成

13　SOガイドライン46頁

また大学知財GGLは，①特許出願・権利化費用については原則現金で回収，②将来売上への大学知財の貢献については現金ランニングロイヤルティ，③大学による知財開発投資に対するリターンとしてエクイティ（株式・新株予約権）という，違った視点からの提案をしています。

　当該大学知財取得に要した実費（出願費用および管理費用）相当額を一時金とした場合のイメージは，**図表10-4**のとおりです。

　DTSUとして，実際の大学との交渉でどのような内容での契約締結を目指すかはケースバイケースです。

　大学側は特に一時金については全額現金で支払うことを要請してくることも多いですし，DTSUとしても後述する新株予約権の発行上限の問題がありますので，「現金での支払いをなるべく少なくし，新株予約権での支払いをなるべく多くすればよい」という単純な問題ではありません。

　また，実際に当該知財を事業に利用するか否かが不透明な段階で，あまりに多くの新株予約権を付与することはDTSUにとって不利益になる可能性があります。

5-3　付与個数

　「何に対する対価として新株予約権を付与するか」と合わせて重要なのが「**当該対価として何個の新株予約権を付与するか（新株予約権の付与個数）**」という問題です。

　新株予約権の付与個数は，大学とDTSUとの間の，新株予約権の発行条件交渉の中で最も重要な事項と言ってもよいでしょう。

　新株予約権の付与個数の計算式は「対価として付与する新株予約権の個数＝対価を現金で支払うとした場合の金額÷新株予約権1個あたりの価格」ですので，「対価を現金で支払うとした場合の金額」と「新株予約権1個あたりの価格」のそれぞれを検討する必要があります。

5-3-1　対価を現金で支払うとした場合の金額

　ライセンス契約の実施料の一部を新株予約権で支払う場合は当該実施料を，施設利用料を新株予約権で支払う場合は当該施設利用料を，それぞれ現金で支払う場合はいくらになるかをまず算定する必要があります。

　施設利用料の算定は，使用料表が存在するのが通常なので算定は難しくはありません。

　一方，ライセンス契約の実施料（特にランニングロイヤルティ）については，ケースバイケースなので，DTSU内部での検討および大学との交渉が必要となりま

す。

　実施料のうち一時金については当該大学知財取得に要した費用となることがほとんどなので算定はそれほど困難ではありません。

　一方，ランニングロイヤルティについては，ロイヤルティ料率についての交渉[14]がDTSUにとっては非常に重要な交渉となります。

　大学は，通常はロイヤルティ料率について一定の「相場」を持っていることが多いのですが，DTSUが大学から提案された「相場」をそのまま飲むべきではありません。

　大学知財に関するロイヤルティ料率をDTSUが大学と交渉をする際には，特に**当該大学知財の事業利益に対する貢献度**がポイントになることが多いように思います。

　通常，大学知財がそのまま事業利益に直結することは多くはなく，ほとんどは，当該大学知財（基本特許）をベースにDTSU自身が独自の技術開発・事業開発を行い，必要に応じて応用特許を取得し，特許網を構築することで初めて競合優位性の確保が可能になります。

　また，DTSUはその成長過程において，事業領域をピボットしていくことも多く，その場合，創業当初にライセンス契約を締結した大学知財の貢献度が減少（場合によっては0）になることもあります。

　そのため，ロイヤルティ料率の交渉においては，DTSUが大学知財の現在および将来の事業における実際の価値と貢献度をしっかりと評価し，その結果を交渉テーブルに持ち込むことが重要です。

　この評価は，DTSUの現時点および将来の技術開発の進捗，市場環境の変化，および競合他社の動向を考慮に入れて行われるべきです。たとえば，大学知財がDTSUの技術にとって不可欠である場合，より高いロイヤルティが正当化される可能性がありますが，DTSUがその知財を活用して独自のイノベーションを進め，市場での競争力を高めた場合は，DTSU自身の貢献が大きいと主張し，低い料率を交渉することも可能です。

　さらに，DTSUは将来的な事業展開や市場の不確実性を考慮して，契約条件に柔軟性を持たせることも検討すべきです。たとえば，ロイヤルティ料率を事業の成長段階や市場状況に応じて調整する条項や，特定の技術が事業に対して不要になった場合のロイヤルティ支払いの停止や削減を可能にする条項の追加などです。

14　ロイヤルティ料率に関する一般論は，第9章2-5-2（272頁）で紹介した資料などを参考にしてください。

5-3-2　新株予約権1個あたりの価格

(1)　基本的な考え方

　未公開企業の新株予約権の公正価値の評価は困難であり，それを正確に見積もるには，金融工学的なモデルを用いて専門家が検討を行う必要があります。ただ，そのような専門家に依頼して新株予約権の価値評価を行うためには多額の費用が必要であることから，実際にはそのような検討が行われるケースはほとんどありません。

　そのため，実際にはDTSUと大学（場合によってはベンチャーキャピタル（VC）も）が交渉をしながら新株予約権の価格を簡易的に算定して合意することになります。

　具体的には，以下のような簡易な計算式を使って算定します。

（簡易な計算式）
　新株予約権の価格＝EXIT時の1株あたりの価格－新株予約権の行使価格（≒現在の1株あたりの価格）

　この計算式で価格を算定する際にも「EXIT時の1株あたりの価格」と「新株予約権の行使価格（≒現在の1株あたりの価格）」を算定しなければなりません。

　「EXIT時の1株あたりの価格」は，事業計画や資本政策を立案する際にDTSU側で算定していると思われますので，それらの計画を大学に開示し，当該計画上の数字を使うことになるでしょう。

　また「現在の1株あたりの価格」については，直近でVCから投資を受けている場合には，投資を受けた時点におけるDTSUの株価を算定しているはずなので，その数字を使うことになります。一方，DTSUが設立直後の場合は，設立時の株価の数字を使うしかないでしょう。

　すぐに気付くと思いますが，「付与個数＝対価を現金で支払うとした場合の金額÷新株予約権1個あたりの価格」ですので，「新株予約権1個あたりの価格」は高ければ高いほうがDTSUにとっては有利です。

　そして「新株予約権1個あたりの価格」は「EXIT時の1株あたりの価格－新株予約権の行使価格（＝現在の1株あたりの価格）」ですので，結局「EXIT時の1株あたりの価格」が高く，「新株予約権の行使価格（＝現在の1株あたりの価格）」が安いほうが「新株予約権1個あたりの価格」は高くなり，付与個数は少なくて済むということになります。

(2) 価格算定のタイミングを後回しにする手法

基本的な考え方は上記のとおりなのですが，実際にはDTSUが「EXIT時の1株あたりの価格」「新株予約権の行使価格（＝現在の1株あたりの価格）」を合理性を持って算定することは難しいことが少なくありません。

そこで採用されている手法が，新株予約権の価格算定のタイミングを後回し（VC等による増資を経たタイミング）にする方法です。具体的には「ライセンス契約締結時に対価として新株予約権を付与することのみ合意し，付与個数については，VC等による増資を経た後のタイミングで個数を決定する」という方法です[15]。

DTSUがVCから投資を受ける際には，通常DTSUの企業価値（＝株価）を簡易的に算定・合意し，当該株価を元に投資条件を合意しますので，そこで合意した株価を，ライセンス契約における新株予約権の発行個数算定にも使うということです。

(3) DTSUの資本政策上の制約

また，DTSUの資本政策という観点から，SOの付与個数は一定の制約があることを忘れてはなりません。

具体的には，①外部投資を受けているDTSUにおける新株予約権の発行可能枠は，投資家との関係で，DTSUの発行済株式の総数の10％程度までであることがほとんどであること[16]，②さらに，DTSUにおける新株予約権の発行可能枠は主として重要人材獲得のために利用することを想定しているため，実施料として大学に付与できる新株予約権の枠には限度がある，ということです。

それを踏まえて，SOガイドラインの26頁では「知的財産権のライセンスに伴って大学が保有する株式のシェアは，数％以下となるケースが一般的」とされ，大学知財GGLの41頁では「特許が事業戦略において重要な役割を果たし，大学からの人的支援等のサポートがなされる場合，ライセンス対価として割り当てられる新株予約権の数量は，特許の総体として，付与時の発行済株式の3〜5％前後（その後の企業の資金調達の過程で希釈化が進むことにより，エグジット時点で新株予約権を行使して得られる株式が発行済株式の総数に占める割合は1〜1.5％程度と

15　SOガイドライン25頁
16　これは，日本のVCが投資する場合の株主間契約等において，希釈化防止条項の例外規定として，新株予約権（ストックオプション）の発行については，役職員に付与することと，10-15％を上限とする規定を置くことが多いことに基づきます。そのため，別の方向性の交渉として，DTSUがVCとの間で，大学知財の実施料として発行される新株予約権についてはこの枠外にする（たとえば，「知財の実施料として発行される新株予約権のうち取締役全員の承諾を得たもの」については希薄化条項の例外とするなど）旨交渉することが考えられます。

なることを想定）での交渉を行うことが適当なケースもあるとの専門家の意見もある。」と紹介されています。

5-4　新株予約権の内容（付与個数以外）

5-4-1　新株予約権の発行価額

　新株予約権は，発行の際に払込金が生じる有償発行の形式と，それを必要としない無償発行の形式があります。大学知財のライセンスの際に，払込が生じることは望ましくないと考えられるため，一般的に無償（発行価額ゼロ円）の新株予約権として発行されます。

5-4-2　行使価額

　新株予約権の行使価額は，新株予約権の発行時以降のラウンドで大学発ベンチャーが増資を受けることを想定し，新株予約権割当契約締結時の発行会社の普通株式の時価と同額とすることが一般的です。

　割当契約締結時の普通株式の時価の算定については，先ほど説明したとおり，VCによる投資がすでに行われていれば，直近の資金調達時の株価を参照することになります。

　もし調達が行われていなければ，行使価額については，先ほど「付与個数」の部分で説明したのと同様に，行使価格を契約時に決定せず，または仮の値とし，特定の条件を満たす増資における株価と連動する形で決定または調整する方法を取ることもできます。

5-4-3　行使期間

　新株予約権の行使期間は，DTSUの事業計画に基いてIPOが現実的となる時期を想定して規定することになります。

　IPOの時期は事業領域によって違いが大きいため（例：バイオ分野は長期間，IT分野は比較的短期間など），行使期間についてはある程度保守的に（長めに）設定することが多いです。なお，新株予約権を従業員に付与する場合は，税制上の観点から行使期間を２年経過後かつ10年以内とすることが一般的ですが，大学に付与する場合はそのような税制上の制約はありません。

5-4-4　行使条件

　従業員に新株予約権を付与する場合は，「権利確定のスケジュール（ベスティング条項）」「行使時点に在職していること」「権利者が死亡した場合の相続性の

有無」「1年間の行使限度株式数」などの行使条件を設定するのが通常ですが，大学に付与する場合はそのような行使条件の設定をする必要はありません。

　一方，DTSUが大学とライセンス契約を締結するに際して，実施料として新株予約権を大学に付与する場合には，行使条件として「行使時にDTSUと大学との間にライセンス契約が継続していること」を設定することができると，DTSUにとってライセンス契約の安定性を確保することが可能となります。

5-4-5　EXITの際の新株予約権の扱い：合併，吸収分割，新設分割，株式交換，株式移転に伴い新たに交付される新株予約権の内容

　ベンチャー企業のEXITの形として，株式公開（IPO）以外にもM&A（合併や買収）も想定されるため，DTSUが買収される場合に，既発行の新株予約権がどのように取り扱われるかについても予め設定しておく必要があります。

　たとえば，DTSUが買収される場合には，大学はDTSUに新株予約権を適切な額で買い取ってもらう，DTSUを買収した会社から新たに同じ価値の新株予約権を付与してもらうなどの方法の取決めなどです。

📎 **Column　「キャッシュを保有するDTSUは実施料をSOでは支払えない」は本当か**

　SOスキームについて，DTSU側で大学と交渉をしていると大学から「VCから投資を受けるなどしてキャッシュがあるのであれば，そのキャッシュを使ってライセンス料を支払えばよいのだから，新株予約権での支払いは認めることができない」と言われることがあります。

　これは本当でしょうか。

　この大学の言い分は，おそらく「研究開発法人及び国立大学法人等による成果活用事業者に対する支援に伴う株式又は新株予約権の取得及び保有に係るガイドライン[17]」に，大学が株式・新株予約権を取得する対象について，「支援を行う国立大学法人等の研究成果を活用した事業の有望性が高い法人発ベンチャーであって，当該国立大学法人等による支援に対し，**現金による支払を免除または軽減することが当該ベンチャーの経営の加速のために特に必要と考えられる場合**が対象になる」とされていることを根拠としていると思われます。

　しかし，その後に発行されたSOガイドラインでは，SOを発行しようとする企業の，その時点で保有しているキャッシュの多寡だけでSO発行の可否を判断す

17　前掲注11

べきではないとしています。

　具体的には，SOガイドライン19頁には「(筆者注：上記ガイドラインにおける)『現金による支払を免除又は軽減することが当該ベンチャーの経営の加速のために特に必要と考えられる場合』である基準については，ベンチャー企業の成り立ちや将来的な事業計画，また大学との関わりは多様であり，株式・新株予約権の取得の妥当性を画一的な基準で判断することは困難です。そのため，株式・新株予約権の取得可否の判断は，**対象とする企業がその時点で保有しているキャッシュの多寡だけではなく，ライセンスに伴って現金による支払を免除又は軽減することがその企業の事業計画を勘案すると必要かどうか，また，企業側が希望しているかどうかという視点で検討することが適切**であると言えます。」との記載があります[18]。

　すなわち，DTSUがその時点でキャッシュを持っていたとしても，当該キャッシュを遊休資産として保有していることは通常なく，研究開発や優秀な人材の確保，事業開発などにあてることを計画しているのが通常です。そのような場合においては，DTSUが一定程度キャッシュを保有していたとしても，「現金による支払を免除又は軽減することが当該ベンチャーの経営の加速のために特に必要と考えられる場合」だとして，SOによる実施料の支払いが認められるべきということになります。

5-5　具体的契約条項

　先ほど説明したとおり，SOスキームにおいては，ライセンス契約締結時に新株予約権の付与個数を確定的に合意する場合と，ライセンス契約締結時に対価として新株予約権を付与することのみ合意し，付与個数については，VC等による増資を経た後のタイミングで個数を決定するという場合の両方があります。

　それぞれのケースの契約条項は以下のとおりです。

5-5-1　ライセンス契約締結時に新株予約権の付与個数を確定的に合意する場合

　一時金について現金および新株予約権で支払い，ランニングロイヤルティについては現金で支払う場合には次のような条項になります[19]。

18　SOガイドライン19頁
19　SOガイドライン22頁で紹介されている条項を一部修正。

第○条（対価）

乙は，本契約に基づく本件特許の実施許諾の対価を，甲に対して以下の方法により支払うものとする。

(1) 契約一時金

① 本契約締結後○○か月以内に，金●万円

② 甲乙間で●●●●年●●月●●日付で締結した新株予約権割当契約書に基いて乙が甲に対して割り当てる新株予約権●個

(2) ランニングロイヤルティ

乙及び再許諾先による許諾製品の売上額（消費税等を含まない。）に●％を乗じた金額（1円未満を切り捨てる。）

(3) 再許諾料

乙が再許諾先から受領する本実施権の再許諾の対価（以下「再許諾収入」という。）に●％を乗じた金額（1円未満を切り捨てる。）

5-5-2 付与個数についてはVC等による増資を経た後のタイミングで個数を決定する場合

付与個数についてはVC等による増資を経た後のタイミングで個数を決定する場合は以下のような条項になります。

■ OIモデル契約書ver2.1（大学編：大学・大学発ベンチャー）ライセンス契約書

第5条 甲は，乙に対し，第2条に基づく専用実施権【独占的通常実施権】の設定，第3条に基づく実施許諾および前条に基づく第三者への実施許諾の対価として以下の各号に定める対価による支払いをなすものとする。

① ●円

② 新株予約権（新株予約権1個の目的である株式の数は1株とし，新株予約権の個数については甲が外部の投資機関より最初に投資を受けた時点で，その内容を受けて決定する。●年●月末日までに投資を受けなかった場合は，乙が●個の新株予約権を●年●月末日までに受け取るものとする。）

2 前項1号の対価は，本契約締結後30日以内に支払うものとする。

3 甲，乙に対し，本条第1項1号の対価を乙が指定する銀行口座振込送金の方法により支払う。これにかかる振込手数料は乙が負担するものとする。

4 本条の対価の遅延損害金は年14.6％とする。

6 利益相反

DTSUのうち大学発スタートアップ特有の問題として，「利益相反」の問題があります。

これは，たとえば，大学の教員が大学発スタートアップの創業株主・取締役になったり，当該スタートアップと大学（における当該教員の教室）が共同研究契約などの取引を行う場合の問題であり，大学発スタートアップを創業しようと考えている大学教員にとっては必須の知識であるため，具体的な設例[20]をもとに説明します。

【設例1】

N大学のA教授が，N大学の研究成果を移転した大学発ベンチャーO社に出資（株式等の取得）をしたいと考えている。もし出資をしたら利益相反問題が生じるのだろうか。

【設例2】

P大学のB教授の研究成果をもとに，B教授が大学発ベンチャーQ社を設立し，かつB教授がQ社の代表取締役に就任した場合，B教授とQ社が共同研究を行うことは可能か。その場合に，B教授に関して利益相反が生じるか。Q社が行う研究開発に関しては，そもそもそれに必要な研究設備がB教授の研究室にしかなく，しかも，ノウハウについてもその研究室で保有されている。したがって，仮に，こうした共同研究が認められなければ，Q社が立ち行かないという事情がある。なお，大学とベンチャーとの間で同一人物が共同研究を行うということは可能だろうか。

【設例3】

R大学のC教授の研究成果をもとに，C教授が大学発ベンチャーS社を設立し，かつC教授がS社の代表取締役に就任した。C教授が大学で研究を行うために，S社の製造する製品を購入することは可能か。その場合に，C教授に利益相反が生じるか。そもそもS社は最先端技術をもとに設立したベンチャーなので，C教授が購入しようとしているS社の製品については他企業に同等品がない。したがって，仮に，この製品の購入が認められなければ，大学においてC教授の研究が遂行できなくなるという事情がある。

※設例の回答は314頁より。

20　新谷由紀子・菊本虔『大学における利益相反を学ぶ—利益相反研修用テキスト—』（https://coi-sec.tsukuba.ac.jp/wp-content/uploads/2019/06/201707.pdf）記載の設例を引用。

なお，大学の産学官連携活動における利益相反については，2002年11月１日に文部科学省の利益相反ワーキング・グループにより公表された「利益相反ワーキング・グループ報告書[21]」（以下「利益相反報告書」といいます）が重要ですので，本書でも同報告書を適宜引用しながら説明をします。

6-1　概念の整理

まず利益相反に関連する概念について，簡単に説明します。

日本では，大学の産学官連携活動における利益相反に関して明確な定義はありませんが，利益相反報告書では，利益相反という用語を**図表10-5**のように概念整理しています。

図表10-5　『利益相反』の概念整理

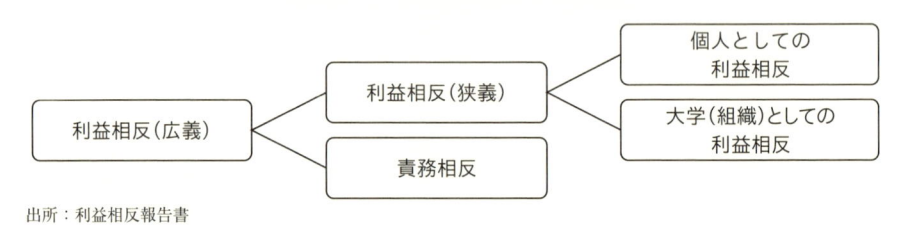

出所：利益相反報告書

Ⅰ　広義の利益相反
　狭義の利益相反(ⅱ)と**責務相反**(ⅲ)の双方を含む概念。

Ⅱ　狭義の利益相反
　教職員又は大学が産学官連携活動に伴って**得る利益**（実施料収入，兼業報酬，未公開株式等）と，教育・研究という**大学における責任**が衝突・相反している状況。

Ⅱ-ⅰ　個人としての利益相反
　狭義の利益相反のうち，教職員個人が得る利益と教職員個人の大学における責任との相反。

【具体例】
　①　教員が大学発スタートアップの取締役や技術顧問に就任し報酬を受領する。
　②　教員やその家族が大学発スタートアップに出資し，配当益，株式公開によるキャピタルゲイン等を得る。
　③　大学と大学発スタートアップが共同研究契約やライセンス契約を締結する。

21　科学技術・学術審議会・技術・研究基盤部会・産学官連携推進委員会・利益相反ワーキング・グループ『利益相反ワーキング・グループ報告書』（2004年11月１日）

④ 当該教員の指導のもとにある学生が大学発スタートアップに派遣される。

⑤ 大学発スタートアップから研究員が派遣される（受託研究員）。

⑥ 大学発スタートアップの製品（試料等）を教員の研究室が購入する。

Ⅱ-ⅱ　大学（組織）としての利益相反：

狭義の利益相反のうち，大学組織が得る利益と大学組織の社会的責任との相反。

【具体例】

① 大学（組織）が大学発SUの未公開株式を保有し，かつ，当該SUとの間で共同研究契約を締結する。

② 学長が大学発SUの未公開株式を保有し，かつ，当該SUとの間で大学（組織）が共同研究契約を締結する。

Ⅲ　責務相反：

教職員が主に兼業活動により企業等に職務遂行責任を負っていて，大学における職務遂行の責任と企業等に対する職務遂行責任が両立しえない状態。責務相反は，要するに職務と職務外の行為の間の時間（エネルギー）配分の問題です。

【具体例】

教員が企業の役員や技術指導等の兼業活動を行っている場合に，このような企業の業務に関する責任を優先したために，休講が多い，あるいは研究室に不在がちで学生への対応が不十分となっている。

※　狭義の利益相反と責務相反の異同

どちらも大学における責任の遂行が不十分となることが問題となる点では同じですが，その要因が「企業等から得る利益」である場合には狭義の利益相反，「企業等に対して負う責任（責務）」である場合には責務相反，と区別することができます。

　大学発スタートアップに直接関係するのは，上記のうち「Ⅱ-ⅰ　個人としての利益相反」と「Ⅲ　責務相反」ですが，本書では特に問題となることの多い「Ⅱ-ⅰ　個人としての利益相反」について説明をします[22]。

6-2　利益相反に関する基本的な考え方

　最初に強調しておきたいのは，**産学官連携活動における利益相反行為は「悪」**

---

22 「責務相反」については，主として大学教員の「兼業」と「クロスアポイントメント」が問題となります。いずれの場合も，大学教員としての職務と職務外の行為の間の時間（エネルギー）配分が問題になりますが，各大学は「兼業規程」「クロスアポイントメントに関する規程」を定めてマネジメントしています。

であるとか「できるだけ避けるべき行為」ではないということです。

利益相反に対する対応策としてまず考えられるのは「望ましくない利益相反行為を列挙して予め禁止する」という行為規範的なアプローチです。

しかし，利益相反状況は産学連携活動に伴って必然的に生じる状態であり，利益相反状況に入ること自体を禁止すると，そもそも産学連携活動が不可能になります。

もっとも，利益相反状況について大学が何もせずに放置すると，①社会一般の目からすれば大学における責任が果たされていないかのように見えてしまい，大学に対する社会的信頼が損なわれるおそれがある，また場合によっては，②法令違反（背任，横領等）まで行き着いてしまう可能性があります。

そこで，日本では，産学官連携活動における利益相反行為を一律禁止するのではなく，①②のようなことが起こらないように「適切にマネジメント」するという対応がとられています。

繰り返しになりますが，産学官連携活動における利益相反行為は「法令違反」のような「悪」「できるだけ避けるべき行為」ではなく「適切にマネジメントすべき行為」である，ということになります。

法令違反と利益相反の相違は**図表10-6**のとおりです。両者が全く異なる概念であることがよく理解できると思います。

図表10-6　法令違反と利益相反の比較

	法令違反	利益相反
責任の性質	法律上の責任（刑事罰，行政罰，民事上の損賠賠償責任）	社会に対する説明責任，社会的責任
責任の主体	規制に違反した個人・法人の責任者等	大学（組織）
違反・相反状態への対象方法	一律に回避されるべき状態	必ずしも回避する必要はなく，情報開示やモニタリング等，透明性を高めることによりマネジメント可能
判断基準	法令による一律のルール	各大学ごとのポリシーによるルール利益相反委員会で個別に判断，多様な対応方法が可能
最終的な判断権者	裁判所	大学

出所：利益相反報告書

6-3 利益相反に関する「適切なマネジメント」とは？

利益相反については「適切なマネジメント」が重要であると述べましたが，各大学の理念や状況が異なることからすると，具体的なマネジメント方法は全国一律ではなく，各大学が自主的に対応策を講じるのが望ましいとされています。

たとえば，特にスタートアップ創出支援による社会貢献に重点を置く大学では，スタートアップ支援のための株式保有や役員就任に伴う責務相反等について，許容範囲を比較的広く捉えることも考えられるでしょう。

利益相反報告書では「利益相反への対応策については全国一律ではなく，各大学が固有の利益相反ポリシーを定めることが適当である」とされています。それを受けて，各大学は，利益相反ポリシーや規則を独自に策定・公表しています。

そのため，各大学発スタートアップにおいては，自社に適用される具体的な利益相反ポリシー（たとえば，創業者が大学教員の場合は当該大学教員が所属する大学，大学と共同研究等を行う場合は当該共同研究先の大学）を確認する必要があることになります。

ここでは，DTSUにとって特に重要な「個人としての利益相反のマネジメント」について各大学の利益相反ポリシーの共通点を簡単に紹介します。

「個人としての利益相反」のマネジメントの一般的な内容は以下のとおりです。

ステップ1：教職員の金銭的情報の学内での開示（報告）
↓
ステップ2：教職員から提出された金銭的情報の記録・保存
↓
ステップ3：利益相反アドバイザー（アドバイザーがいる場合）が
　　　　　　　具体的な事実関係を調査・検討
↓
ステップ4：利益相反委員会による対応方策の決定
↓
ステップ5：定期的なフォローアップ

たとえば，東北大学は「国立大学東北大学利益相反マネジメント規程」を公表していますが[23]，同規程の「個人としての利益相反」のマネジメントに関する各規定は**図表10-7**のようになっています。

23　東北大学利益相反マネジメント事務室「規程・ガイドライン等」
　　https://www.bureau.tohoku.ac.jp/coi/regulation/index.html

図表10-7 東北大学の利益相反マネジメント規程

(i) 対象	第3条 個人としての利益相反マネジメントは，役職員が，次に掲げる行為を行う場合を対象としてこれを行う。 一 企業及び団体(以下「企業等」という。)と社会貢献活動を行う場合 二 企業等から一定額以上の金銭若しくは株式等を取得する場合又は便益の供与を受ける場合 三 企業等から一定額以上の物品，サービス等を購入する場合 四 本学の学生等を社会貢献活動に従事させる場合 五 その他第8条に規定する利益相反マネジメント委員会が個人としての利益相反マネジメントの対象として認めた行為を行う場合

【注意】対象行為はかなり広い。

(ii) 申告	第32条役職員のうち別に定める者は，所定の時期及び第3条に定める対象となる事象の発生前に，利益相反の状況についてマネジメント委員会に申告しなければならない。

(iii) 審査	第33条マネジメント委員会は，前条の申告に基づき利益相反を審査の上，当該申告を行った役職員に対し，承認又は回避要請の別により通知する。

出所：国立大学法人東北大学利益相反マネジメント規程

6-4　設例の回答

【設例1】

N大学のA教授が，N大学の研究成果を移転した大学発ベンチャーO社に出資（株式等の取得）をしたいと考えている。もし出資をしたら利益相反問題が生じるのだろうか。

A教授が，N大学の研究成果を移転した大学発ベンチャーO社に出資することは，通常，大学における利益相反マネジメントの対象となります。

その場合，利益相反委員会は具体的には以下のようなマネジメントを行うことになると思われます。

① O社の企業価値及びA教授が保有する株式数について情報を求める。

② A教授とO社との間で，新たな経済的利害関係（役員報酬やコンサルフィーの受領等）が発生する場合や，N大学とO社が産学官連携活動等を実施する場合（共同研究等）は，事前に利益相反マネジメント委員会に申告することを求める。

【設例2】

P大学のB教授の研究成果をもとに，B教授が大学発ベンチャーQ社を設立し，かつB教授がQ社の代表取締役に就任した場合，B教授とQ社が共同研究を行うことは

可能か。その場合に，Ｂ教授に関して利益相反が生じるか。Ｑ社が行う研究開発に関しては，そもそもそれに必要な研究設備がＢ教授の研究室にしかなく，しかも，ノウハウについてもその研究室で保有されている。したがって，仮に，こうした共同研究が認められなければ，Ｑ社が立ち行かないという事情がある。なお，大学とベンチャーとの間で同一人物が共同研究を行うということは可能だろうか。

大学教員が大学発スタートアップを設立しようとする場合，当該スタートアップは創業時には自前の設備や施設を保有していないことが多く，大学との間の共同研究が認められなければそもそも設立すらおぼつかないものがほとんどです。

また，大学と大学発スタートアップとの共同研究を通じて，その研究成果を社会実装すること自体は大きな意義を有しています。そのため，この場合でも，Ｐ大学と大学発スタートアップＱ社との共同研究は積極的に進められるべきものですが，Ｂ教授が大学教員として，自らが代表取締役を勤めるＱ社との間で共同研究を行うことは，通常，大学における利益相反マネジメントの対象となります。

その場合，利益相反委員会は具体的には以下のようなマネジメントを行うことになると思われます。

① 大学の運営会議や教員会議等で当該共同研究の受入れの審議を行う場合には，Ｂ教授を関与させないこと。

② 大学がＱ社との間で共同研究契約の締結をする際に，当該契約締結の決裁にＢ教授を関与させないこと。

③ 共同研究において発明等の知財が生じた場合，Ｐ大学とＱ社のどちらに権利があるかなどの問題が生じないよう，契約時点で双方の役割分担を明確にしておくこと。

また，Ｐ大学とＱ社の共同研究契約が，実質的にはＰ大学のみの貢献で独自に開発した技術について，研究開発主体としての実態を持たないＱ社をトンネル代わりにしてＱ社に知財や利益を落とすためだけに締結されることはあってはならないことです。

そのため，Ｑ社としては，設立当初はやむを得ないとしても，将来的には，外部資金の調達や助成金の受け入れを通じて，Ｑ社独自の研究施設・設備を設け，研究員・技術者を雇用し，独自の研究開発主体としての実態を備えるよう努力していかなければならないことは言うまでもありません。

【設例3】

　R大学のC教授の研究成果をもとに，C教授が大学発ベンチャーS社を設立し，かつC教授がS社の代表取締役に就任した。C教授が大学で研究を行うために，S社の

製造する製品を購入することは可能か。その場合に，Ｃ教授に利益相反が生じるか。そもそもＳ社は最先端技術をもとに設立したベンチャーなので，Ｃ教授が購入しようとしているＳ社の製品については他企業に同等品がない。したがって，仮に，この製品の購入が認められなければ，大学においてＣ教授の研究が遂行できなくなるという事情がある。

　本設例において，Ｃ教授自らが起業し，代表取締役となってＳ社を設立した場合，大学におけるＣ教授の研究がＳ社の中心的な事業の対象であることは当然と思われます。また，Ｓ社の製品について他企業に同等品がないこと，および仮に，この製品の購入が認められなければ，大学においてＣ教授の研究が遂行できなくなるのであれば，基本的に物品購入は認められるべきものと思われます。

　もっとも，Ｃ教授はＳ社の株主であり代表取締役でもあることから，ただし個人としての利益相反マネジメントの対象となります。

　その場合，利益相反委員会は具体的には以下のようなマネジメントを行うことになると思われます。

①　Ｒ大学からＳ社への発注手続（発注の仕様書の作成や発注金額の見積等）にＣ教授を関与させたり，当該物品の発注を審査・決定する委員会の委員にＣ教授を就任させたりしないこと。

②　物品購入等の契約の締結の決裁にＣ教授を関与させないこと。

③　購入する物品等の個数や金額が大学における研究の遂行に必要な合理的な範囲のものであること，およびなぜ他の企業に発注しないでＳ社に発注するのかをきちんと説明できるようにしておくこと。

📄 主な資料

序　章

特許庁「オープンイノベーションポータルサイト」
　https://www.jpo.go.jp/support/general/open-innovation-portal/index.html

第2章

経済産業省知的財産政策室『秘密情報の保護ハンドブック　〜企業価値向上にむけて〜』（2016年2月発行，2024年2月最終改訂）
　https://www.meti.go.jp/policy/economy/chizai/chiteki/pdf/handbook/full.pdf

第5章

京都大学「共同研究標準契約書」（京都大学産学官連携本部「産学官連携制度のご紹介」内）
　https://www.saci.kyoto-u.ac.jp/introduction/collaborative/
経産省・特許庁『オープンイノベーション促進のためのモデル契約書（ver. 2.1)』（特許庁「オープンイノベーションポータルサイト」内）
　https://www.jpo.go.jp/support/general/open-innovation-portal/index.html

第6章

東京大学産学協創推進本部『成果有体物提供契約書』
　http://www.ducr.u-tokyo.ac.jp/rules_and_forms/index.html#seika

第8章

東京大学『共同研究契約書』（東京大学産学協創推進本部「規則・様式一覧」内）
　https://www.ducr.u-tokyo.ac.jp/rules_and_forms/index.html#kyodo
内閣府・文部科学省・経済産業省『大学知財ガバナンスガイドライン』（2023年3月29日）
　https://www.kantei.go.jp/jp/singi/titeki2/tyousakai/daigaku_gov/governance_guideline.html
文部科学省『さくらツール・契約モデル集（その1・コンソーシアム型)』
　https://www.mext.go.jp/a_menu/shinkou/sangaku/1403848.htm
文部科学省『さくらツール・契約モデル集（その2・個別型の改訂版)』
　https://www.mext.go.jp/a_menu/shinkou/sangaku/1403849.htm

内閣府・文部科学省・経済産業省『大学知財ガバナンスガイドライン』（2023年3月29日）

https://www.kantei.go.jp/jp/singi/titeki2/tyousakai/daigaku_gov/governance_guideline.html

公正取引委員会『共同研究開発に関する独占禁止法上の指針』（1997年4月20日，2017年6月16日最終改定）

https://www.jftc.go.jp/dk/guideline/unyoukijun/kyodokenkyu.html

東京大学『共同研究契約書条文解説（平成23年度版）』

https://www.ducr.u-tokyo.ac.jp/content/400060264.pdf

第9章

日本証券取引所『2022 新規上場ガイドブック（グロース市場編)』（2022年4月）

https://www.jpx.co.jp/equities/listing-on-tse/new/guide-new/nlsgeu000005p64a-att/nlsgeu000005pjjl.pdf

特許庁『オープンイノベーション促進のためのモデル契約書ver2.0解説パンフレット（新素材編)』（2023年5月改訂）

https://www.jpo.go.jp/support/general/open-innovation-portal/document/index/startup-pamphlet-ma-a4.pdf

経済産業省『AI・データの利用に関する契約ガイドライン―データ編―』（2018年6月）

https://www.meti.go.jp/policy/mono_info_service/connected_industries/sharing_and_util　ization/20180615001-1.pdf

第10章

イノベーション促進産学官対話会議 事務局『産学官連携による共同研究強化のためのガイドライン』（2016年11月30日）

https://www.mext.go.jp/a_menu/kagaku/taiwa/1380912.htm

文部科学省・経済産業省『産学官連携による共同研究強化のためのガイドライン（追補版)』（2020年6月30日）

https://www.meti.go.jp/policy/innovation_corp/sangakurenkei/230329_UPDATED_guideline_add.pdf

経済産業省産業技術環境局大学連携推進室・文部科学省科学技術・学術政策局産業連携・地域振興課『ガイドラインを理解するためのFAQ ～「産学官連携による共同研究強化のためのガイドライン」の実務的な活用に向けて～』（2022年

3 月18日）

https://www.meti.go.jp/policy/innovation_corp/guideline_faq.pdf

文部科学省・経済産業省『産学官連携による共同研究強化のためのガイドライン
における産学協創の充実に向けた大学等の「知」の評価・算出のためのハンド
ブック』（2023年 3 月29日）

https://www.meti.go.jp/policy/innovation_corp/230329_handbook_.pdf

文部科学省・経済産業省『産学官連携による共同研究強化のためのガイドライン
における産学協創の充実に向けた大学等の「知」の評価・算出のためのハンド
ブック別冊冊子』（2023年 3 月29日）

https://www.meti.go.jp/policy/innovation_corp/sangakurenkei/230329handbook_
booklet.pdf

内閣府・文部科学省・経済産業省『大学知財ガバナンスガイドライン』（2023年
3 月29日）

https://www.kantei.go.jp/jp/singi/titeki2/tyousakai/daigaku_gov/governance_
guideline.html

東京大学『共同研究契約書条文解説（平成23年度版）』

https://www.ducr.u-tokyo.ac.jp/content/400060264.pdf

経済産業省『大学による大学発ベンチャーの株式・新株予約権 取得等に関する
手引き～知的財産権のライセンスに伴う新株予約権の取得を中心に～』（2019
年 5 月）

https://www.meti.go.jp/policy/innovation_corp/start-ups/tebiki_report_rev.pdf

内閣府政策統括官（科学技術・イノベーション担当）・文部科学省 科学技術・学
術政策局『研究開発法人及び国立大学法人等による成果活用事業者に対する支
援に伴う株式又は新株予約権の取得及び保有に係るガイドライン』（2019年 1
月17日）

https://www8.cao.go.jp/cstp/cst/kihonhou/guideline_2.pdf

文部科学省科学技術・学術審議会・技術・研究基盤部会・産学官連携推進委員
会・利益相反ワーキング・グループ『利益相反ワーキング・グループ報告書』
（2002年11月 1 日）

https://www.mext.go.jp/b_menu/shingi/gijyutu/gijyutu8/toushin/021102.htm

索　引

𝄐 各モデル契約書（雛形）へのリンク集

　本書で参照する各モデル契約書へは，下記の二次元コードよりアクセスできます。
※下記では本書の呼称を用いています。

■OIモデル契約書
　（大学編：大学・大学発ベンチャー）
●共同研究開発契約書・ライセンス契約書

■OIモデル契約書（新素材編）
●秘密保持契約書・PoC契約書・
　共同研究開発契約書・ライセンス契約書

■京都大学共同研究標準契約書

■東京大学成果有体物提供契約書
　（東京大学MTAモデル契約）

■東京大学共同研究契約書

■さくらツール契約モデル集

■ 執筆者紹介

大瀬佳之（おおせ・よしゆき）　　　　　　　第1部第2章2，第4章

IoT・サービス関連の特許実務を専門とする弁理士。東京大学大学院で超弦理論を研究後，企業知的財産部門を経て，現在は特許情報サービスを提供するパテント・インテグレーション株式会社のCEOとIPTech弁理士法人の事務副部長を務める。

Udemyでは知財分野のトップクラス講師として，『初心者でもわかる特許の書き方講座』や『はじめて使うChatGPT講座』などを提供。専門誌への寄稿や学会発表，YouTubeへの出演など，知財分野での活発な情報発信も行っている。

特許出願・中間処理，ライセンス契約，知的財産紛争・訴訟・交渉，特許調査・技術動向分析など幅広い分野に精通しており，プリンタ，ソフトウェア，ビジネスモデル，バーチャル人体モデル，量子コンピュータなど多岐にわたる技術分野での経験を持つ。

奥村光平（おくむら・こうへい）　　　　　　第1部第1章4，第2章4-5

弁理士法人IPX代表弁理士COO/CTO。

2013年，高速視線制御システムの研究で博士（情報理工学）を取得。その後，都内特許事務所を経て，2018年にスタートアップ支援，ソフトウェア技術，外国での権利化等を強みとする特許業務法人IPX（現・弁理士法人IPX）を共同設立して現在に至る。ロボット制御，画像処理，医療機器，VR/AR等の分野を特に専門とする。『AR/MR関連出願で使用されるクレーム表現の考察』パテント，Vol.74，No.8，pp.43-54（2021），『コロナ前から見据えた次世代型特許事務所の立ち上げと運営』パテント，Vol.75，No.8，pp.44-54（2022）。日本弁理士会常議員（2024年～）。

柿沼太一（かきぬま・たいち）　　　　　　　はじめに，序章，第2部

編著者紹介を参照。

加島広基（かしま・ひろもと）　　　　　第1部第1章3，第2章6，第3章3～4

日本橋知的財産総合事務所 代表弁理士。

1999年東京大学工学部卒業，2004年弁理士登録。2021年に日本橋知的財産総合事務所を設立し，現職に至る。

弁理士法人IPXの押谷昌宗弁理士と共同でYouTubeにて「知財実務オンライン」の配信を毎週行っており，知財コンテンツの情報発信や専門家コミュニティの形成に努める。

特許庁のI-OPEN PROJECTやIPAS事業に参画し，イノベーションを起こそうとする企業を知財面から支援。近年はスタートアップ・ベンチャー企業等のIT・ソフトウェア系の特許出願業務や知財コンサル業務を精力的に行っており，2024年3月には数多くのITスタートアップ支援実績が評価され特許庁第5回IP BASE AWARD スタートアップ支援者部門の奨励賞を受賞した。主要著作に『新規事業を成功させる知財活用法』（中央経済社，2024年）。

北原悠樹（きたはら・ゆうき）　　　　　　　　第1部第2章3-6〜3-8，4-2
弁理士。稲垣・北原・藤原特許事務所　共同代表パートナー。
2008年　大阪大学工学部卒業。2008年　グローリー株式会社入社。2012年　特許業務法人深見特許事務所入所。2012年　弁理士登録。2021年4月　稲垣・北原・藤原特許事務所を共同で設立して現在に至る。
企業では紙幣識別や顔認証などに関する機械学習アルゴリズムの研究開発に従事。特許事務所では国内外におけるさまざまな特許業務に従事。AI関連の技術開発を行っている企業をクライアントに多く持つ。

澤井　周（さわい・しゅう）　　　　　　　　　第1部第2章4-4，5
弁理士　博士（工学）。
株式会社エアロネクスト　知財技術部　部長。
TopoLogic株式会社　取締役COO。
2017年弁理士登録，都内特許事務所，企業知財部出向を経て，2019年特許業務法人iPLAB Startups（現Oneip弁理士法人）入所，2021年4月よりエアロネクスト現職，2021年7月にTopoLogic設立に関わり，11月より現職。日本弁理士会関東会中小企業・スタートアップ支援委員会所属。2023年度経済産業省産業構造審議会知的財産分科会審査品質管理小委員会委員。現職の他にスタートアップ・VC・大学の知財支援にも従事。

竹本如洋（たけもと・ゆきひろ）　第1部第1章1，第2章3-1〜3-5，4-3，第3章1〜2
弁理士・米国弁護士（DC, NY）。弁理士法人瑛彩知的財産事務所代表。
日立製作所，Hitachi America, Ltd.の知財部にて特許の戦略構築，出願，権利化，ライセンス交渉，訴訟，標準必須特許対応等に従事，その後ボストンコンサルティンググループにて多数の新規事業開発プロジェクトを遂行。「知財×コンサル」に特化し2018年に瑛彩知的財産事務所を開設。2019年にAI+RPAによる商標出願サービス「すまるか」をローンチ。国内外のスタートアップやTech系企業の知財コンサルおよび知財出願サポートを行う。

南野研人（みなみの・けんと）　　　　　　　　　　　　第1部第2章4
弁理士，博士（生命科学）。弁理士法人レクシード・テック　パートナー弁理士。
2012年バイオ系特許事務所入所，2014年弁理士登録。2022年に，化学・バイオ分野を中心として一気通貫のサービスを提供する弁理士法人レクシード・テックを共同設立して現在に至る。専門分野は，バイオ・医薬分野における知財戦略・契約。特許庁「知財アクセラレーションプログラム」知財メンター（2022年〜），日本弁理士会バイオ・ライフサイエンス委員会（2020〜2021年度委員長），京都市ライフイノベーション創出支援センター「KYOTO発起業家育成プログラム」知財専門家（2018年〜）。

森田　裕（もりた・ゆたか）　　　　　　　第1部第1章2，第2章1
弁理士。弁護士法人大野総合法律事務所パートナー。

2011年弁理士登録，2011年大手特許法律事務所入所，2014年現職。外国ベンチャー企業知財調査研究会主催。日本弁理士会中央知的財産研究所研究員，産業構造審議会審査基準専門委員会ワーキンググループ委員，日本弁理士会バイオ・ライフサイエンス委員会2016年度および2018年度委員長。専門分野はバイオ医薬領域におけるイノベーション保護と知財活用。「第3回IP BASE AWARD」知財専門家部門グランプリを受賞。日経バイオテクオンラインにてコラム連載中。

■ **編著者紹介**

柿沼太一（かきぬま・たいち）

弁護士。STORIA法律事務所代表。

2000年弁護士登録。2015年にテック系企業・スタートアップのサポートを重点的に取り扱う
STORIA法律事務所を共同設立して現在に至る。専門分野はスタートアップ法務，AI・データ
法務，ディープテック法務。経済産業省「AI・データ契約ガイドライン検討会」検討委員（〜
2018年3月）。「第2回 IP BASE AWARD」知財専門家部門グランプリを受賞（2021年）。主要
著作に『機械学習工学（機械学習プロフェッショナルシリーズ）』（共著，講談社，2022年）。

ディープテック・スタートアップの知財・契約戦略

2024年9月20日　第1版第1刷発行
2024年12月10日　第1版第3刷発行

編著者	柿	沼	太	一
著　者	大	瀬	佳	之
	奥	村	光	平
	加	島	広	基
	北	原	悠	樹
	澤	井		周
	竹	本	如	洋
	南	野	研	人
	森	田		裕
発行者	山	本		継

発行所　㈱中央経済社

発売元　㈱中央経済グループ
　　　　パブリッシング

〒101-0051　東京都千代田区神田神保町1-35
電話　03 (3293) 3371（編集代表）
　　　03 (3293) 3381（営業代表）
https://www.chuokeizai.co.jp

©2024
Printed in Japan

印刷／文唱堂印刷㈱
製本／誠製本㈱

＊頁の「欠落」や「順序違い」などがありましたらお取り替えいた
しますので発売元までご送付ください。（送料小社負担）

ISBN978-4-502-50191-3　C3032